Duana C. Welch

ENAMÓRATE DE TI Y ENCUENTRA AL AMOR DE TU VIDA

10 PASOS PARA LOGRARLO

DIANA

Título original: *Love factually*

Diseño de portada: Ramón Navarro
Traducido por: Elena Preciado Gutiérrez
Diseño de interiores: Mónica Díaz Robles

Love Factually © 2015 Duana C. Welch, Ph.D. publicado por primera vez por LoveScience Media, www.LoveScienceMedia.com todos los derechos reservados, por acuerdo con Sylvia Hayse Literary Agency, LLC, London, Oregon, USA / Zarana Agencia Literaria.

Derechos reservados

© 2017, Editorial Planeta Mexicana, S.A. de C.V.
Bajo el sello editorial DIANA M.R.
Avenida Presidente Masarik núm. 111, Piso 2
Colonia Polanco V Sección
Delegación Miguel Hidalgo
C.P. 11560, Ciudad de México
www.planetadelibros.com.mx

Primera edición impresa en México: octubre de 2017
ISBN: 978-607-07-4433-4

Impreso en los talleres de Litográfica Ingramex, S.A. de C.V.
Centeno núm. 162-1, colonia Granjas Esmeralda, Ciudad de México
Impreso y hecho en México - *Printed and made in Mexico*

Dedicatoria:

Para ti, hoy.
Para Julia, mañana.
Para Vic, siempre. (∞)

Contenido

Introducción:
¡Nada de *otra* experiencia de aprendizaje! 11

Paso 1:
¿El amor es más que suerte?
Abandona los mitos que dificultan tu progreso 23

Paso 2:
Tu pareja en el espejo.
Detalla los rasgos que quieres en tu pareja 45

Paso 3:
Buenas vallas hacen grandes amantes.
Ámate en una gran relación 63

Paso 4:
Juegos mentales. Domina la mente del apareamiento 81

Paso 5:
No existe ningún perfume llamado Desesperación.
Hazte la difícil 101

Paso 6:
A través de un salón (de chat) lleno de gente.
Busca donde encontrarás 125

Paso 7:
Por fin se conocen. No arruines la cita 147

Paso 8:
Corta sin dolor. Termina las relaciones equivocadas
para conseguir al Indicado 169

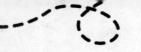

Paso 9:
Induce el "¡Sí, acepto!". Éxito llamando al 911 193

Paso 10:
Progreso, no perfección.
Persiste, ten esperanza, ¡sé valiente! 215

Agradecimientos 233

Lecturas recomendadas 237

Notas 243

Sobre la autora 271

Introducción
¡Nada de *otra* experiencia de aprendizaje!

Tal vez ya viste esa calcomanía para coches que dice: "Ay no, otra %#*@%#*@ experiencia de aprendizaje." Y seguro ya la viviste, como yo.

En 1997 estaba terminando el doctorado en psicología. Mi especialidad no eran las relaciones sociales, sino la memoria. Si ésta te angustiaba, si querías saber cuáles cambios eran normales por la edad y cuáles no, si te preocupaba qué provoca su deterioro o necesitabas recuperar lo perdido, yo era la persona indicada.

Mi ocupación extraoficial (a la cual le invertía, como mínimo, el mismo tiempo que a mi investigación) era encontrar al señor Correcto. Como algunos de ustedes, sabía sin reservas que quería al Amor De Mi Vida y suponía que valía la pena dedicarle mucho tiempo y esfuerzo. *Trabajaba duro, pero no de forma inteligente.*

De hecho, tenía éxito en mi carrera mientras fracasaba (¿me flagelaba?) en el amor. Sentía como si fuera a tientas en un cuarto oscuro, esperando engancharme en la relación correcta y quedarme en ella de algún modo. Quizá. ¿?

Una noche, después de una ruptura devastadora que ni un pastelillo, un chocolate o la caridad de mis amigos pudieron consolar, estaba parada en una librería aliviando mi corazón roto (porque como nerd, voy a las librerías cuando me siento desconsolada) y tuve El Momento: la epifanía que transformó la forma en que vivía mi existencia amorosa y me llevó a las respuestas objetivas y verificables a todas mis preguntas.

Preguntas como:

- ♥ *¿Encontrar el amor sólo es cuestión de suerte? Y si lo encuentro, ¿puedo conservarlo?*
- ♥ *¿Por qué los chicos que me interesan no se interesan por mí y viceversa? ¿Estaré haciendo algo para atraer a los hombres que no quiero y ahuyentar a los que deseo con pasión?*
- ♥ *¿Estaré pidiendo demasiado o siendo muy irrealista con mis estándares? ¿O éstos estarán demasiado bajos?*
- ♥ *¿Cuáles serán los mejores lugares para conocer al señor Correcto? ¿O aparecerá si dejo de buscar?*
- ♥ *¿Cómo puedo averiguar lo que necesito saber de alguien antes de estar muy involucrada?*
- ♥ *Una vez que conozco a alguien que me gusta, ¿cuánto tiempo debería salir con él?*
- ♥ *¿Qué tan pronto es "muy pronto" para tener sexo?*
- ♥ *Si tengo que dejar a alguien, ¿cuáles son las dos frases más simples que harán la ruptura menos difícil?*
- ♥ *Si a mí me cortaron, ¿cómo alivio mi corazón roto?*
- ♥ *¿Cómo puedo sacar una relación del estancamiento y llevarla hacia el compromiso?*
- ♥ *¿Cuál es el significado de la vida?*

De acuerdo, la última pregunta está más allá de los alcances de este libro. Pero El Momento en verdad me guió a las respuestas de las otras.

El dolor que te lleva a ganar

Volveremos a El Momento, pero primero regresemos un poco en el tiempo y revisemos los errores y el dolor que me llevaron a él. Como otras personas, cuando las cosas suceden de manera fácil, no las cuestiono demasiado. Pero cuando hay mucho dolor, quiero evitar sentir más.

Y al igual que otras personas, cometí los mismos errores una y otra vez. En mi caso, algunos problemas graves eran saber con quién salir, en quién confiar y cuándo cortar y correr. Mis estándares eran como una mala actuación de la historia de los *Tres osos*: no sabía si estaban demasiado bajos, irracionalmente altos o correctos. Además, para donde volteara (amigos, familia, terapia, libros, cultura popular), parecía haber una respuesta diferente.

Así, les di demasiadas oportunidades a los hombres equivocados, menospreciando mi propia experiencia y viendo las cosas a través de sus ojos tantas veces… que me olvidé de usar los míos. Porque, ¿qué tal si dejaba ir a éste y no llegaba nadie mejor?

Recuerdo un hombre con quien salí que parecía tenerlo todo. Era seductor, divertido, bien educado, estable, trabajador, adinerado, inteligente, guapo, alto e interesante, y provenía de una familia famosa. Era honesto y se presentaba tal y como era. En esencia, era un ser humano excelente: lo respetaba muchísimo.

Pero no podía decirme nada más íntimo que lo que yo podría contarle a mi dentista. Me amaba tanto como podía y me decía tanto como podía, pero no era suficiente para mí. Pensaba que era una persona oficialmente horrible por sentirme de esa manera, pero así me sentía.

Nos fuimos de vacaciones juntos, pero llamaba a mis amigos sólo para tener alguien con quien hablar. De hecho, pasé varios meses enfrentando el dilema de si debía aguantar en esa relación. Me preguntaba: ¿será un estándar correcto querer intimidad emocional? Al final lo dejé porque ¡sola me sentía menos solitaria! Y esto pasó no con un hombre en un año, sino con tres a lo largo de diez.

También tenía el hábito de involucrarme demasiado con hombres que no conocía bien. Bajo el título de "Vergonzoso pero cierto", me comprometí con uno que dijo ser abogado cuando en realidad era asistente legal. Conforme se acercaba la fecha de la boda, resultó que debía casi dos millones de pesos, no tenía ningún plan para pagarlos y quería adueñarse de la mitad de mi casa. Tenía miles de historias sobre gente que le había hecho esto o aquello, pero nada era su culpa. No me dejó conocer a sus amigos (de cuya existencia empecé a dudar) y cuando al final me presentó a su hermana, ella me echó indirectas de que pronto estaría manteniendo a un hombre inmaduro y pobre que no se llevaba bien con nadie.

Empecé a tener ataques de pánico, incluido uno que ocurrió durante un sueño en el cual escuchaba mi propia voz diciendo: ¡NO PUEDES y NO DEBES casarte con ese hombre! Creo que mi función intuitiva del lado derecho del cerebro estaba cansada de dar pistas y al final dejó que el hemisferio izquierdo consciente me golpeara la cabeza para reaccionar. Por fortuna, hice caso de su instrucción, corté con él esa misma tarde y nunca volví a tener otro ataque de pánico.

Otro patrón que tenía era hacerme la difícil en cuanto perdía interés en un hombre. Por extraño que parezca, recibí varias propuestas de matrimonio (de tipos con los que no quería casarme).

Nunca olvidaré la cara de corazón roto de uno que, después de atravesar el país en avión para proponerme matrimonio, parecía genuinamente sorprendido de que yo no aceptara. Me sentí terrible por confundirlo de alguna manera; ¿acaso no me había desaparecido? Él estaba tan molesto, que tomó un taxi para viajar 160 kilómetros al aeropuerto más cercano para cambiar su boleto y volar de regreso el mismo día.

En otra ocasión, un exnovio me llamó por casualidad justo cuando estaba saliendo con alguien más. No nos habíamos visto en más de medio año, pero lo evité para poder continuar con mi vida. A estas alturas ya había superado nuestra ruptura, así que su llamada me sorprendió pero fue bienvenida. Muy orgulloso, me contó sobre su nueva novia, lo cual me pareció bien. Entonces, cuando me preguntó cómo estaba, no pensé que habría ningún problema en revelarle lo feliz que me sentía en mi vida amorosa. No te miento, las siguientes palabras que salieron de su boca fueron: "¿Te casas conmigo?". Lo dijo completamente en serio; tenía una fecha establecida, repitió la propuesta varias veces, etc. Mi siguiente pensamiento fue algo acompañado con la frase "qué demonios…". Pero formulado de manera más fuerte. ¡¿Y esto qué... significa?!

No estoy orgullosa de tales momentos, ni de los sucesos previos a ellos. Todavía no entendía la conexión entre mi comportamiento y los resultados. Cada vez, pensé que había algo mal en *ellos*.

Por otra parte, generalmente trataba de salir con hombres que quería (ya sabes, llamarlos y hacerles comida y estar disponible a cualquier hora y lugar, y darles amor y sexo hasta la exageración). Digo, a mí me gusta ese tipo de comportamiento, ¿verdad? Así que también debería funcionar con ellos. Pues no.

Lo que conseguí en lugar de eso fue perder oportunidades con varios hombres que pudieron haber sido "El Hombre". El peor desamor fue Evan (*no es su verdadero nombre; de hecho, salvo mi esposo Vic y yo, o los autores y personas referidos por su nombre y apellido, todos los inocentes/culpables en este libro fueron protegidos con seudónimos y alteraciones al azar de los detalles que los identifican*). Era mi profesor de literatura, alto, moreno, guapo, ingenioso y al principio me persiguió con pasión ardiente. Decía que me amaba, que nunca había conocido a alguien tan perfecta para él y quería presentarme a su mamá. Además, ofrecía la idea del matrimonio.

Pero muy pronto en la relación, admití que estaba locamente enamorada de él y empecé a llamarlo para preguntarle cuándo podía verlo otra vez y si quería pasar una tarde con mi madre, mi hija pequeña y yo. Su pasión se enfrió muy rápido y su actitud se transformó de discutir un futuro a preguntar "si esto necesita ir a algún lado". Jalé el enchufe, pero sólo porque la relación ya había cruzado al Otro Lado.

Y me fui y lloré. Mucho.

Parecía que mis amigos tenían razón: todas las relaciones son cuestión de suerte. Y yo simplemente no la tenía.

Al fin, El Momento

¿Era eso? Ahí, en la librería, me pregunté: ¿por qué estoy tropezando en esta área tan importante de mi vida cuando soy tan buena en mi trabajo (modestia aparte)? ¿Ningún otro nerd ha estudiado todo esto? Si es así, ¿por qué no lo sé? Quiero decir, estaba y estoy involucrada en ciencias sociales. Todas éstas (psicología, sociología, antropología, etc.) son como otras ciencias porque aplican los mismos métodos, pero los usan para estudiar fenómenos sociales. ¿Podría existir información basada en la realidad sobre encontrar y mantener el amor?

Porque, enfrentémoslo, mi propio cerebro tendencioso, los cerebros tendenciosos de mis amigos y los cerebros tendenciosos de los demás son... tendenciosos. El cerebro humano no es lógico. Genera creencias y luego busca confirmarlas, en vez de hacer la tarea racional de recolectar datos y luego analizarlos; así es como funciona.[1] Todos nosotros, sin importar qué tan inteligentes, bien intencionados o educados seamos, terminamos creyendo cosas que no son ciertas. Luego, actuamos de maneras acordes con ellas y arruinamos nuestras vidas.

La ciencia es la única ruta para la objetividad. ¿Se conoce algo objetivo sobre el amor? Si es así, ¿podría ayudarme?

Sí. Y sí.

El porqué de este libro

El libro que estás leyendo presenta toda la información que necesitaba en 1997, 1998, 1999 y... bueno, cada año hasta que conocí y me casé con mi amado Vic, en enero de 2008. Es la guía que necesité y no tuve. Aunque he disfrutado muchos libros sobre relaciones (los comparto en la lista de Lecturas recomendadas), creo que todavía tendían a enfocarse en consejos basados en opiniones o presentar datos científicos por su cuenta, sin mostrar cómo usar esa información.

Ninguno de ellos combina la investigación con la práctica para darte el panorama completo (desde antes de conocer a alguien hasta comprometerte con él). Y aunque pasé cinco años como autora de *LoveScience*,[2] un blog sobre relaciones que da consejos desde una perspectiva social y científica, éstos están demasiado dispersos como para entender el todo punto por punto.

Quizá hubo una época en que me habría asustado desviarme por un acercamiento científico al amor. Pero, así como entender la digestión no me desalienta de comer, conocer la información ba-

16

sada en hechos sobre la relación, cortejo y apareamiento humanos no me arruinó el romance. Al contrario, saber cómo funciona el amor preparó mi camino a la felicidad y redujo mi dolor de forma drástica.

Este libro es el que yo anhelaba, da consejos prácticos paso a paso en una forma fácil de seguir, que está bien sustentada en la ciencia sin ser un libro científico. Es un libro de amor que usa la ciencia. Representa mis mejores esfuerzos por darte algo que a mí nadie me dio: las herramientas comprobadas que necesitas para encontrar y mantener el amor de tu vida.

¿Quién eres?

Lo creas o no, has estado en mi mente desde 1998, la primera vez que alguien me pidió escribir este libro. Algunas personas creen que sólo las mujeres leen consejos sobre relaciones, pero he observado otra cosa: un tercio o más de los lectores del blog *LoveScience* son hombres. Como veremos en este libro, ambos sexos quieren, necesitan y merecen amor duradero. Así que te imagino como alguien soltero o en alguna etapa de salir o cohabitar, sin importar si eres hombre o mujer. Pocos de mis lectores son homosexuales o lesbianas, y la mayoría de las investigaciones sobre relaciones personales se realiza en parejas heterosexuales, pero si eres gay o lesbiana también te servirá casi todo el libro (y cuando no, puse una nota). A pesar de tu género o preferencia sexual, eres bienvenido. Cuando termines de leer este libro sabrás muchas cosas sobre ti y las citas exitosas, así como acerca de la psicología del emparejamiento de ambos géneros.

Quizá seas un lector del blog *LoveScience* o tal vez jamás hayas escuchado de él. A lo mejor eres un estudiante o un amigo. O bien, un estudiante que se volvió mi amigo. Tal vez eres un cliente o un miembro de la familia. En algunos años podría ser mi hija quien encuentre este libro en su buró cuando sea el momento correcto. La amo con todo mi corazón y si pudiera resolver sólo uno de sus problemas, elegiría ayudarle a lograr un matrimonio feliz, estable y para toda la vida.

Pero hay personas para las que no es este libro: los casados o los que están unidos de forma permanente. Si es tu caso, tal vez sea tiempo de dejar de preguntarte si estás en la relación correcta (la cual es una pregunta de noviazgo) y cuestionarte en cambio cómo puedes mejorar la relación que tienes (una pregunta de compromiso). La mayoría de los matrimonios infelices pueden cambiar y volver a ser felices.[3] A menos, claro, que seas pareja de alguien que acostumbre practicar cualquier forma de abuso, adicción o adulterio (las tres A). En ese caso, el divorcio puede ser la mejor respuesta. Necesitas un libro diferente y estaré feliz de guiarte a él si me escribes a duana@lovesciencemedia.com.

¿Qué hay en este libro?
Diez pasos comprobados para llevarte del "Me gustaría" al "¡Sí, acepto!"

En este libro vamos a responder las polémicas preguntas que mantienen a la gente soltera y herida. También encontrarás soluciones a los problemas comunes de prepararse para el amor, hallar a la pareja correcta para ti, enamorarte de ella, hacerla que se enamore de ti y lograr un compromiso total y feliz.

¿Sientes ambivalencia ante el amor o vergüenza por buscarlo? A mucha gente le sucede. En el **Paso 1** examinaremos por qué tantas personas tienen miedo de no encontrar el amor (y por qué se asustan cuando lo hacen). Si tienes dudas, descubriremos de dónde vienen y por qué debemos empezar por reconocer tu incertidumbre y los mitos sobre las citas que te reprimen.

En el **Paso 2** analizaremos tus estándares. ¿Eres demasiado quisquilloso o no exiges lo suficiente? ¿Y cómo puedes saberlo? ¿De qué manera crear más oportunidades para el verdadero amor y ni siquiera iniciar relaciones que no tengan futuro? ¿Cuáles estándares deberían estar al principio de tu Lista? Lo creas o no, puedes usar información basada en hechos para responder estas preguntas y más. Muy probablemente este paso sea el trabajo más importante que realizo con mis clientes. No debes perderte el Paso 2.

Resulta que algunas cosas que todo el mundo te ha dicho son verdad: no puedes amar a otra persona más que a ti. Y en un mundo que parece superficial, es importante no sólo encontrar a la persona correcta, sino ser la persona correcta. ¿El carácter cuenta? Puedes apostarlo. Y, como verás, las probabilidades están de tu lado. El **Paso 3** prepara el terreno para amarte más a ti y establecer los límites de a quién dejarás entrar en tu vida.

Los **Pasos 4 y 5** quizá no sean políticamente correctos, pero por experiencia sé que son ciertos. Éstos te llevan a participar en los juegos que practica la gente (y a entender por qué existe y siempre ha existido la lucha de sexos). Basta de ser irresistible para los que no queremos y demasiado resistible para quienes deseamos. ¿Cómo puedes hacer uso de la mente de apareamiento para atraer más y mejores parejas? ¿Qué señales puedes enviar para atraer mujeres y cuáles son repelentes? ¿Cuáles son las dos señales más importantes que le indican a un hombre que encontró a su pareja para toda la vida? ¿Y por qué, ay por qué, hacerse la difícil le da una ventaja a la mujer?

En los **Pasos 6 y 7** ya estarás listo para conocer al señor Correcto o la señora Correcta. ¿Pero dónde? Las investigaciones ofrecen por lo menos cuatro lugares comprobados. ¿Has probado todos? Y cuando conozcas al señor o señora Posible, ¿cuáles son las cinco formas de dejarlos queriendo más? Lo más escabroso de todo: la mayoría de nosotros tenemos secretos, cosas difíciles de decir o admitir. Pero si pueden influir en la relación, con el tiempo tendremos que sacarlas. ¿Cuándo es el mejor momento y la mejor manera de lidiar con estos monstruos bajo la cama?

El **Paso 8**, romper con alguien, es demasiado difícil. Pero no puedes decirle sí al correcto si estás atorado con el incorrecto, ¿o sí? ¿Cuáles son las cinco formas de decirle al señor o a la señora Casi pero no que ya no quieres estar con él o ella? ¿Qué hacer si te sientes inseguro después de hacerlo? ¿Pueden seguir siendo amigos? Y cuando se requiere seguir adelante, ¿cuál es esa frase (bueno, las dos frases) que puedes usar para librarte tan pronto como sea posible y con el menor sufrimiento para él?

Hombres y mujeres tienen diferentes puntos de vista respecto a la decisión del compromiso, y el **Paso 9** no sólo te dice por qué, sino cómo responder. ¿Qué tal si encuentras al Indicado y no te propone matrimonio? ¿Deberías tantear el terreno? Si ya viven juntos, ¿cómo puedes descubrir si alguna vez querrá llegar al "Sí, acepto"? Un ultimátum es feo, pero, ¿deberías ponerlo? Este paso es el 911 del compromiso.

Por último, en el **Paso 10** se discuten las tres estrategias más importantes para salir con alguien: persistencia, persistencia y persistencia. Cuando llegues a este nivel, ya sabrás todo lo necesario para encontrar y mantener al Indicado, pero de todos modos cometerás errores y quizá te canses o te desanimes. ¿Cómo apuntar hacia el progreso, no a la perfección? ¿Y de qué manera curar tu corazón roto para volver a amar si todavía estás enredado en una ruptura?

Resulta que la ciencia sabe mucho sobre cómo pasar del "Me gustaría" al "¡Sí, acepto!". Y aunque quisiera ahorrarte la realidad de la calcomanía para el coche, leer este libro no te garantiza terminar con tus "experiencias de aprendizaje". Somos criaturas emocionales y, a veces, aun cuando sabemos lo que funciona, nos vamos con lo que nos hace sentir bien a corto plazo o dejamos que las esperanzas infundadas superen a las realidades comprobadas.

Está bien. Cambiar es un proceso. Encontrar el amor también. Incluso después de saber todo lo que expongo en este libro, cometí errores.

Pero han sido menos que antes. He mejorado. Y encontré al amor de mi vida. Llevo seis años felizmente casada con la persona con quien pienso permanecer hasta que la muerte nos separe (por causas naturales, no por homicidio). Y ahora, cuando cometo errores en el amor, son pequeños y pasan casi desapercibidos si los arreglo de inmediato, por ejemplo, no escuchar con atención cómo estuvo el día de Vic o no agradecerle por algo que hizo. Ya no son el tipo de equivocaciones que requieren cambios en la geografía, contratar un abogado y romper corazones.

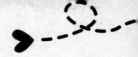

Así, el libro que tienes en las manos es la respuesta a mi propio deseo. Lo escribí para la yo del pasado. Para quien eres tú en el presente. Y para la alegría del futuro que se extenderá al resto de tu mundo cuando estés felizmente emparejado.

Como dice la calcomanía del coche, la vida nos provee con muchas experiencias de aprendizaje. Pero no todas tienen que doler. Merecemos un: felices para siempre. Sabio Lector, vamos a encontrar el tuyo.

Doctora Duana C. Welch
Austin, Texas, febrero de 2014

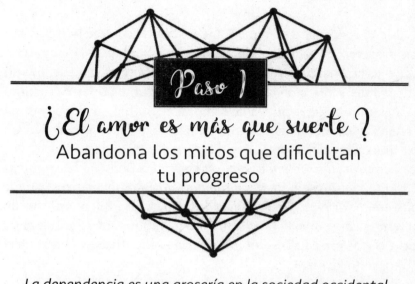

Paso 1

¿El amor es más que suerte?
Abandona los mitos que dificultan tu progreso

La dependencia es una grosería en la sociedad occidental.
DOCTORA SUE JOHNSON

"No lo sé, supongo que por ahora sólo me estoy divirtiendo." Kendra mordió su nudillo mientras discutía con Al, el hombre con quien regresaba después de tres rupturas anteriores. Ésta fue su respuesta cuando le pregunté por qué seguía con algo que tenía tantas probabilidades de fracasar.

Kendra tiene algunas creencias típicas al entrar (y salir) de esta relación; por ejemplo: es probable que el señor Correcto ni siquiera exista. La mayoría de la gente casada es miserable, sólo mírala, la tasa de divorcios lo comprueba. Debemos vivir el momento y no preocuparnos por el mañana. Además, es desesperado necesitar a alguien. Primero, debes ser feliz por ti mismo. No se requiere un plan; si algo va a ser, será. Todo es cuestión de suerte.

La creencia de Kendra en los mitos de emparejamiento detenía su progreso incluso antes de que conociera a alguien. Hacía que titubeara sobre poner manos a la obra y alejarse de malas parejas, elegir una pareja correcta de manera consciente y marcar el ritmo de la relación para convertirla en íntima y comprometida de verdad.

Me vi reflejada. De manera inconsciente, yo creé barreras para mi progreso de salir con alguien porque compartía la mayoría de aquellas creencias. Para mí era extraño cortar con alguien sólo una vez, mi pensamiento estaba lleno de los mismos tipos de justificaciones e ideas indiscutidas de Kendra. Y al igual que las suyas, mis creencias me atoraban y reprimían hasta que las examiné y encontré una forma de darles la vuelta.

Las creencias son poderosas, en especial cuando no se examinan. Forman nuestras emociones y comportamientos de maneras profundas, tanto hirientes como útiles.[4] En general no intentamos lo que creemos imposible. O tal vez sí, pero de modo que garantice el fracaso (la confirmación de esas creencias negativas y una profecía que se autorrealiza).

¿Tienes creencias dañinas que dificultan tu progreso? ¿Qué puedes hacer al respecto? *Si eres como la mayoría de los amantes en potencia, es tiempo para una limpieza mental. He aquí cuatro grandes barreras para el amor y cómo superarlas.*

Mito dañino 1
"Encontrar y mantener el amor es sólo para algunos afortunados."

Por favor, tómate un momento para contestar estas preguntas:
P1: Si pudieras tener una pareja amorosa o un matrimonio feliz y para toda la vida, ¿lo querrías?
P2: ¿Crees que puedes tenerlo?

Año tras año, cuando les hago a mis estudiantes la primera pregunta, casi todos levantan la mano. Pero cuando les pido que dejen el brazo arriba si creen que pueden tener un matrimonio feliz por el resto de su vida, las manos y los rostros bajan.

A través de las décadas las encuestas han descubierto que un matrimonio feliz y duradero parece ser un objetivo importante para la mayoría de los estadounidenses adultos. Pero este porcentaje está bajando (junto con la tasa de matrimonios) tanto como el número de personas que creen que sí es posible el matrimonio feliz.[5]

Recibí una nota de un hombre llamado Jean que decía: "Hace dos años, hubo mucho bombo y platillo por la boda de un amigo; ahora él está peleando con su esposa. ¿Ves por qué soy un cínico? ¿Dos personas pueden estar juntas para siempre y ser felices?".

Hay muchas razones por las que este cinismo se ha arraigado: historias en los medios de comunicación, películas, novelas y música sobre fracasos amorosos, más tus experiencias personales con las implosiones de tu relación o las de otras personas. Hasta el sistema legal participa en ello.

¿Sabías que antes de 1970 el divorcio en Estados Unidos se basaba en la culpa (causal)? Si los cónyuges no podían probar una o más de las tres A (adicción, adulterio, abuso), tenían que seguir casados. No quiero un mundo donde las parejas que se odian deban apretar los dientes durante toda una vida de enojo y soledad. Son lazos que ciegan y amordazan. Pero en estudios recientes se ha demostrado que hay una relación entre el fácil acceso al divorcio y los sentimientos que tiene la gente sobre el matrimonio. En la actualidad, los felizmente casados no son tan felices como las parejas de antes del divorcio sin causal.[6] La exposición a los divorcios de otros ha hecho que la gente pronostique y tema por el suyo. Jean tiene un punto.

Pero la creencia en las probabilidades de divorcio es mala para ti, porque crea ambivalencia: dudas respecto a si vale la pena casarse. ¿Y qué tan probable es que te organices para encontrar y mantener una vida de pareja si ni siquiera estás seguro de que te hará feliz?

Hoy, conforme la fe en la posibilidad de un buen matrimonio disminuye, al tiempo que aumenta la creencia de que el matrimonio feliz es pura suerte, menos personas se casan.

Reemplaza el mito con hechos

El antídoto para la mentira de la suerte es simple: necesitas exponerte a información precisa. *Reemplaza los pensamientos falsos con los siguientes hechos basados en realidades.*

Primero

El matrimonio no hace feliz a la mayoría de la gente, o al menos no más feliz que cualquier otro acuerdo de vida.

Es cierto que tener un matrimonio horrible hace muy infeliz a la gente. Comparando varios tipos de personas, las que viven un matrimonio triste son las más miserables de todas.

Pero también es cierto que tener un matrimonio bueno y duradero es una de las pocas cosas que en verdad causan felicidad. *Un matrimonio sólido hace más feliz a la gente que tener riqueza, fama, carrera o muchas de las otras cosas que buscamos en la vida.*[7] Deberías seguir el epigrama de E. M. Forster: "¡Sólo conecta!".

Además, el matrimonio provoca más felicidad que sólo vivir juntos. A pesar de la tendencia cultural a creer que el matrimonio es sólo una elección más de estilo de vida no muy diferente de las demás opciones, los felizmente casados están más contentos que cualquiera de los grupos con los cuales son comparados (incluyendo solteros, divorciados, viudos, novios o personas que viven en unión libre). Este resultado se obtuvo en todas las culturas estudiadas.[8]

Cuando la socióloga Linda Waite analizó el mayor conjunto de datos sobre matrimonio y cohabitación en Estados Unidos, descubrió que la gente casada era más feliz... por mucho. ¿Por qué? Bueno, nunca podremos saberlo a partir de los experimentos porque este tipo de estudios siempre son correlacionales (sin causa definitiva). Pero las investigaciones muestran que aunque los que viven juntos tienen más libertad que los casados, se privan de ese apoyo a nivel fundamental que sólo se encuentra en el contexto comprometido del matrimonio. Por ejemplo, es probable que las parejas que cohabitan digan que esperan que su pareja sea fiel, pero es mucho más probable que abandonen la relación primaria por sexo.[9] La doctora Waite señala que, como los esposos invierten mucho en el otro y en un futuro compartido con horizontes de tiempo ilimitados, los hombres y mujeres casados viven más, son más saludables, tienen más y mejor sexo, presentan menos violencia doméstica, producen más dinero y tienen mejores carreras. Sus hijos también son mejores en casi todos los sentidos. Como ella nos dice: "¿Qué más queda, salvo, quizá, la belleza?".[10]

Lo que quiero, y la mayoría de la gente quiere, es el tipo de felicidad que transmite Katrina en este fragmento de la carta que me envió cuando les pedí a los lectores de *LoveScience* que mandaran notas sobre su feliz matrimonio:

> Hace poco nos separamos durante dos semanas y cuando regresé fue a recogerme al aeropuerto. Le sugerí que no se estacionara y que yo saldría caminando del aeropuerto para encontrarlo. Antes de bajar la mitad de la escalera eléctrica, vi a mi esposo parado al final, esperándome. Me di cuenta de que, al verlo, sonreí de oreja a oreja. Hoy me sigue haciendo tan feliz como lo hacía cuando nos conocimos... hace 10 años.

Segundo
Un matrimonio feliz es un recurso común y renovable

¿Te preocupa que se agote el oro, el cobre o el petróleo del mundo? ¿O el chocolate? Porque, Dios nos libre, pero escuché que está escaseando. Pues, ¡buenas noticias! El amor no funciona así. Es común... y altamente renovable.

La experiencia de Katrina es normal: de hecho, mucha gente tiene matrimonios felices. En la actualidad, en Estados Unidos, más de la mitad de los primeros matrimonios duran para toda la vida, y alrededor de dos tercios de divorciados se vuelven a casar. Entre 25 y 40% de ellos también se quedan juntos para siempre.[11]

¿Qué significa? *Que el amor de por vida es normal, no raro.* ¡La mayoría de la población forma lazos eternos! Y generalmente son felices.

Mi esposo y yo somos parte de la estadística. Nos conocimos después de divorciados (él llevaba un año y yo cuatro). Ambos teníamos un hijo, un perro, un gato y una hipoteca. A los dos nos lastimaron mucho, no sólo en el divorcio, sino durante los años que llevaron a la ruptura. En el periodo que siguió al desastre, debimos lidiar con componer no sólo nuestras arruinadas vidas, sino las de nuestros hijos.

Pero, como la mayoría de la gente, reaccionamos encontrando un amor para siempre y haciendo un compromiso completo, no diciendo "Nunca Más". *Hemos conocido suficiente de la felicidad como para querer encontrar una pareja que en verdad sea compatible. Y lo hicimos.*

Vic es mi mejor amigo, amante y testigo de todos los eventos importantes de mi vida. Es al primero que llamo para contarle buenas noticias y a quien extraño mucho si por alguna causa no duermo con él. Es mi soporte en cualquier situación y puedo contar con su apoyo y opinión con absoluta confianza. Es el hombre que no se perdería ninguno de los conciertos de coro de nuestra niña y el que la ama como si fuera suya, aunque la conoció cuando tenía seis años. Es quien se inclinó hacia mi cama de hospital, reflejando mi expresión adolorida, cuando salí de una cirugía de corazón. Es la mano que sostengo y me corresponde.

Espero ser tan buena para Vic como él lo es para mí, porque hay una fila de mujeres solteras formada afuera de nuestra puerta mientras escribo…

¡Bono extra! La felicidad perdida con frecuencia se recupera en el mismo matrimonio. Es común volver a enamorarte de alguien a quien ya amaste. Por ejemplo, en un estudio, el 86% de la gente que siguió casada durante un periodo de infelicidad, volvió a ser feliz en los cinco años siguientes.[12]

Tercero
La felicidad en el matrimonio no es casual, se puede aprender

Así como mis estudiantes bajaron la mano cuando les pregunté si pensaban que tendrían una relación feliz y duradera, mucha gente piensa que encontrar y mantener el amor es una apuesta. Es algo al azar que puede llegarles (o no) desde un Dios del Amor benevolente aunque impredecible.

Pero las habilidades que crean y sustentan los matrimonios felices se pueden aprender. *Encontrar y mantener el amor es una serie de acciones positivas.[13] Es algo que aprendí. Algo que mis clientes, estudiantes y lectores del blog han aprendido. Y es algo que TÚ también puedes aprender.* Usar la ciencia de las relaciones para ese fin es la razón principal por la que lancé *LoveScience* y escribí este libro.

¿Funcionará para ti? Sólo hay una forma de saberlo...

Declaración para enfrentar el mito de que el amor es sólo para algunos pocos suertudos

"La mayoría de la gente se casa, la mayoría de los matrimonios perduran y la mayoría son felices en el transcurso. Encontrar y mantener un matrimonio feliz es normal y bastante probable. Puedo aprender y realizar las cosas que harán que esto me pase."

Mito dañino 2
"Antes de poder ser feliz con alguien, debes estar feliz contigo."

Esto suena bastante creíble. Como veremos en el Paso 3, en realidad es cierto que no podemos amar a otros más que a nosotros mismos y necesitamos hacerlo para poder absorber el amor que alguien más nos profesa.

Pero la creencia de que debes ser feliz sólo para ser feliz con alguien más no es la misma idea. *Puedes amarte y de todos modos necesitar a los demás (incluyendo una pareja). De hecho, esto es una característica humana.*

Como especie, nos desarrollamos en contexto con otros seres humanos. La gente no evoluciona aislada. Antiguamente, quizá hubo personas que dejaron a sus bebés abandonados, pero seguro esos niños no se convirtieron en nuestros ancestros, ¡sino en algún almuerzo!

La gran dependencia de los bebés humanos puede ser la razón por la que dos adultos se necesitan tanto entre sí. Nuestros niños nacen muy poco desarrollados, les toma años llegar a ser autosuficientes. Muchos científicos, como la antropóloga biológica Helen Fisher, dice que el vínculo sexual entre los progenitores debe durar no sólo lo suficiente para crear vida, sino para mantenerla.[14] *Con razón, para la mayoría de la gente, la dependencia de amigos, familia y comunidad es insuficiente para crear felicidad duradera la mayor parte del tiempo; estamos programados para encontrar intimidad en pareja.*

Hoy el mundo está poblado de personas que necesitan personas. Recuerdo cuando mi hija, que tenía seis años, entró corriendo por la puerta, casi sin aliento, para contarme lo que había aprendido en la escuela aquel día: "Mamá, ¿sabías que la gente *necesita* amor? No sólo lo desean, ¡lo *necesitan*! ¡Como el aire!".

Sí. Estar solo no es bueno para nosotros. Para la mayoría, de hecho, la soltería es un peligro considerable para la salud mental y la vida misma. Por ejemplo, la probabilidad de muerte por cualquier causa en los hombres que siguen solteros o divorciados es seis veces mayor que en los casados. Incluso si consideras otros factores, como dinero, género y matrimonios previos, los solterones tienen muchos problemas que el matrimonio parece aliviar.[15]

Ayer, estaba caminando afuera cuando llegó un vecino, un hombre de noventa y tantos años. Tendió una mano temblorosa para tomar la mía mientras me decía que su amada esposa había muerto el día anterior. "Oh, lo siento mucho, sé que ella es el amor de tu vida", le dije. Asintió con la cabeza y grandes lágrimas rodaron por sus mejillas. "Estábamos muy enamorados. La extraño mucho."

La opinión y el trato de los demás hacia nosotros nunca dejan de importar. La conexión jamás se vuelve irrelevante. La necesidad de intimidad es genuina y cuando la gente la cumple, mejora nuestra vida. *Pensar que alguna vez dejaremos de necesitar a otros, incluyendo a una persona especial, no sólo va contra los hallazgos científicos, sino que es completamente raro.*

De hecho, te acercarás más a la verdad si inviertes el Mito dañino 2: *Para ser feliz contigo, es bueno conectarse con otro.* En vez de avergonzar a los que admiten querer el amor, deberíamos apoyarlos en su búsqueda.

Mito dañino 3
"El amor sólo llega cuando no lo estás buscando."

Hace dos días vi esta publicación en Facebook: "Ya no busques más. Si el amor es para ti, llegará." Estaba lleno de "me gusta".

Amigos, hay una palabra para la gente mayor de 25 años que espera que el amor les llegue... "soltero".

Pero la gente sigue creyendo que el amor encontrará una forma, sin necesidad de ayuda. ¿Por qué?

Cuando somos muy jóvenes, en realidad no tenemos que buscar compañeros. Los encontramos de forma natural dondequiera que estemos. Los sociólogos afirman que cuando las personas son reunidas en circunstancias que las hacen interactuar, las amistades surgen de manera fácil.

Así que mucha gente encuentra pareja sin buscarla, siempre y cuando el entorno donde no están buscando sea un lugar lleno de el Disponible (como la preparatoria o la universidad).

Ahora bien, pasan cosas raras, y cuando lo hacen es normal que la gente ponga atención a lo extraño y subestime la norma científica. Nuestro cerebro se conecta con las historias, no con las estadísticas (en especial cuando son historias vividas por personas cercanas o por nosotros mismos). Esto ayudó a que nuestros ancestros evitaran los peligros; no tenían estadísticas, pero tenían el beneficio de la experiencia de otros para guiarlos hacia la seguridad. Así que, si tienes una amiga que de forma accidental empujó al señor Correcto en el metro de camino al trabajo, es tentador pensar que tú tampoco tienes que buscar.

¡Pero ella es una excepción!

A veces la gente no entiende que la ciencia ofrece probabilidades, no certezas, y es buena para predecir lo que ocurrirá en grandes grupos de personas, en vez de en individuos. Por ejemplo, digamos que escuchaste que fumar mata a seis de cada diez fumadores. Esto es cierto de forma objetiva. Pero digamos que tienes un tío que fumó toda su vida y murió a la edad de 100 años. ¿Su longevidad hace que la ciencia esté equivocada? No. Hace que tu tío sea una excepción. Las cosas excepcionales suceden (en el caso de fumar, cuatro de cada diez veces fumar no causa cáncer). Además, la ciencia no nos dice cuáles cuatro de los diez serán los sobrevivientes.

Pero si estuviera comprando un coche y el vendedor me dice: "Ésta es una buena elección, aunque debo mencionar que este vehículo causa la muerte por explosión en seis de diez compradores", entonces compraría otro coche.

La ciencia ofrece probabilidades de que ocurra un evento; no dice con exactitud cuándo y a quién le ocurrirá. No dice: "Tú, Tanya, haz lo que te aconseja este libro y el próximo martes encontrarás el amor." Dice: "Esto le pasa a la mayoría de la gente la mayor parte del tiempo, así que, si quieres aumentar tus probabilidades, aquí dice cómo".

Si quieres certeza, ¡págale a alguien con una bola de cristal! Si quieres consejos basados en anécdotas emocionantes… bueno, siempre tendrás las experiencias de tus amigos. O la mía. Las historias son maravillosas, pero no son datos. *Si quieres las mejores probabilidades, basadas en hechos objetivos, consulta a la ciencia.*

¿Conclusión? Si eres un estudiante universitario o estás en algún otro ambiente lleno de gente soltera, entonces ya estás buscando (sin tener que hacerlo). En realidad, sí podrías tropezar con una pareja maravillosa.

Pero si estás leyendo este libro, es probable que no te encuentres en ese tipo de entorno. Y aun si lo estás, usar una estrategia para buscar no dañará tus oportunidades de encontrar el amor, les ayudará. ¡No te rindas! Usar las estrategias que ayudan a la mayoría de la gente la mayor parte del tiempo es de lo que trata el resto del libro.

Declaración para enfrentar los mitos dañinos 2 y 3

"Soy una persona y la gente está programada para necesitar a otras personas. Es perfectamente natural, incluso saludable, querer un amor especial en mi vida. Merezco dar y recibir amor, así como aumentar mis probabilidades de encontrar una pareja que valga la pena buscando de forma activa en vez de esperar pasivamente."

Como dijo un Sabio Lector: "En mi corazón siempre supe que para ser feliz en verdad… no debía estar solo. Toda la vida supe que quería y necesitaba amar y ser amado. Mi problema era cómo encontrar una pareja".

Tenía razón.

Mito dañino 4
"No inspiro amor."

¿Cuántas veces has escuchado a alguien decir "es imposible amarme"? O "no necesito a nadie más que a mí" o "mis parejas siempre me sofocan". En muchos casos estas declaraciones son *mitos o historias personales que la gente se dice, pero que no están basadas en hechos, sino en percepciones dictadas por su estilo de apego*. En un momento definiremos estos tipos de apego. Pero primero, de los siguientes párrafos elige el que te describa mejor. *Tal vez seas una combinación de dos, incluso de todos, pero por favor escoge sólo uno, con el que te sientas más identificado.*

A) Me parece bastante fácil acercarme a los demás y me siento cómodo confiando en ellos y viceversa. No me preocupa mucho que me abandonen o alguien se vuelva muy cercano a mí.

B) Siento que los demás son reacios a acercarse a mí tanto como me gustaría. Me preocupa que mi pareja no me ame de verdad o no quiera estar conmigo. Quiero unirme con alguien por completo, pero a veces, este deseo parece asustar a la gente.

C) Me siento incómodo al acercarme a las personas. Quiero relaciones cercanas de forma emocional, pero me parece difícil confiar por completo o depender de ellas. Me preocupa salir herido si me permito demasiada cercanía.

D) Estoy cómodo sin relaciones emocionales cercanas. Para mí es muy importante sentirme independiente, autosuficiente y prefiero no depender de los demás (y viceversa).[16]

¿Cuál elegiste? ¿Puedes adivinar cuál escogió Becky (una Sabia Lectora que me envió esta carta)?

> Fui criada por una madre perfeccionista y un padre amoroso que viajaba mucho. Nuestros parientes vivían a miles de kilómetros. Mi mamá tenía cargos directivos en la iglesia y en grupos comunitarios, y nunca fue buena para delegar. Aprendí que si quieres algo bien hecho, debes hacerlo tú mismo. Ella no tenía muchas amistades cercanas, así que nunca aprendí cómo formarlas. Igual que mis hermanos. Hablamos sobre lo difícil que es tener amigos cercanos. Mi exesposo muchas veces me asustaba porque parecía que quería fundirse por completo conmigo y yo prefería tener algo de espacio. Mi novio actual se queja de que no confío en él lo suficiente para dejar que me cuide. ¿Cómo le hago para aprender esta habilidad que tanto afecta mi vida?

Correcto, Becky seleccionó el C. Tu estilo de apego es la *forma típica en que percibes y reaccionas a los vínculos emocionales prolongados con otras personas*. Si esto no te parece un mito, tienes razón. Es más una forma de ser, pero una que influye de manera excesiva en tu comportamiento para construir (o explotar) relaciones personales.[17] Este elemento fundamental de tu ser afecta de manera profunda la calidad de la intimidad que tienes y la forma en que

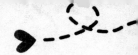

tomas la búsqueda (o la falta de ella). *De todos los problemas en este paso, éste es por el que más clientes me buscan, y el que muchos de nosotros necesitamos resolver para encontrar el amor.*

¿Cuáles son los cuatro estilos de apego y cómo afectan nuestras relaciones adultas?

La primera vez que escuché sobre los estilos de apego, me sorprendió descubrir que el mío no era **A (Seguro)**.

Si eres una persona **A**, es probable que te sientas relajado acerca de apoyarte en los demás y viceversa; en pocas palabras, te sientes querido y digno de amor. Eres bueno en aspectos como confiar en tu pareja, aceptar la intimidad que te ofrece, no exagerar los problemas y responder de la manera en que ella y tu relación necesitan. Posees habilidades grandiosas para las relaciones, porque tiendes a hacer todo lo necesario para lograr la felicidad a largo plazo. Y quizá piensas que el sexo en una relación en curso sólo mejora con el tiempo. Si hay una ruptura a la vista, incluso manejas mejor el dolor que la gente con otros estilos de apego.

Diría que te ganaste la lotería, pero los ganadores de lotería son raros (y el apego Seguro resulta ser bastante común). En diversos estudios, incluyendo una encuesta informal que hice en *LoveScience*,[18] más o menos entre 60 y 70% de los niños y adultos son Seguros. Como dijo una mujer en nuestra encuesta:

"Me gusta apreciar el bien en la gente. ¡Incluso cuando veo lo malo! ¿Qué puedo decir? ¡Soy una verdadera optimista!"

Pero hay otros tres estilos, los cuales tienden a complicar el relajarse y ser feliz con alguien más. La gente con tipos de apego Inseguros presenta mayor temor sobre la cercanía que quiere lograr o qué tan digna se siente de recibir amor (o ambas).

Las personas con estilos Inseguros son más propensas a notar contrariedades en las relaciones, aumentarlas y hasta crear problemas y dramas que no existen. Es posible que no respondan de la manera que necesita su pareja o que no acepten el apoyo que su compañero les ofrece. Con razón tantos se encuentran atorados en su búsqueda de una buena relación.

Por ejemplo, si elegiste **B**, tienes un **estilo de apego Ansioso**. Te sientes seguro de la capacidad de otros para recibir amor, pero te preocupa la tuya. Éste era mi estilo cuando hice el cuestionario por primera vez a mis treinta y tantos. ¡Qué sorpresa fue! Explicaba tanto...

La gente con este estilo dice que le gustaría unirse por completo con alguien, tal vez como quería el esposo de Becky, pero les preocupa ahuyentar a los demás. En definitiva, yo me sentía así. Recuerdo un hombre en particular que me adoraba, diciendo con cierta sorpresa: "Cuando la gente te conoce por primera vez, pareces tan segura, pero en realidad tienes algo de inseguridad. No entiendo de dónde proviene." No estaba siendo cruel, sólo hacía una observación (acertada).

Algunos se preocupan tanto que empiezan a protegerse contra abandonos futuros haciendo la única cosa que en verdad hace que los dejen: tener aventuras amorosas.[19] He recibido cartas como ésta. Una mujer escribió que sabía que su esposo en realidad no la quería, así que tuvo una aventura para conseguir el amor que le faltaba y asegurarse para el día en que estuviera sola. Tomó el riesgo que podría llevarla al rechazo que tanto le aterrorizaba.

Algunos estudios han revelado que alrededor de una quinta parte de los bebés y adultos son Ansiosos. Una mujer del cuestionario de *LoveScience* dijo:

"Soy muy extrovertida y generalmente ayudo a la gente a sincerarse con rapidez. La intimidad se me da de forma natural, pero deseo con toda el alma la estabilidad."

Otra dijo: "Me parece difícil creer que alguien pueda quererme".

¿Qué pasa si elegiste **C**? Tienes un estilo **Evasivo** que también es **Temeroso**, justo el mismo que Becky escogió. Puede ser un camino emocionalmente difícil, ya que este tipo de apego se siente como un estira y afloja: estiras para involucrarte con alguien, pero te da tanto miedo ser dependiente que aflojas hacia acciones autoprotectoras (como sabotear las relaciones). Claro, esto puede destruir la anhelada cercanía. Una mujer escribió:

"Me siento desnuda al dejar que alguien me conozca de verdad."

Otra dijo: "Mi primera reacción cuando alguien me da un abrazo es rechazarlo".

Y un hombre publicó: "Me gustan las mujeres, pero prefiero ir por la vida ligero y despreocupado, sin ataduras. Soy muy amable y condescendiente. Si algo pasa, pasa, pero prefiero guardar mi distancia. Nunca viviré con una mujer. De ninguna manera".

Por último, si te identificaste con **D**, también tienes un estilo de apego **Evasivo** (pero en vez de Temeroso, **Desdeñoso**). La mayoría de las personas que sienten de esta forma piensan que la confianza no vale la pena; la independencia está de moda. ¡Seguro no están leyendo este libro!

Aunque si es tu caso, tal vez sientes que es mejor vivir bajo tus términos sin mucha intimidad verdadera. Sospecho que estas personas no sólo encuentran tolerables las relaciones a distancia, sino que las prefieren. *No es que no confíen mucho en los otros o que no quieran que los demás dependan de ellos; más bien, de verdad valoran su independencia.*

Mira a Adam. Desde la adolescencia ya sabía que nunca se casaría y su razón era clara y honesta: quería su independencia y no valoraba la cercanía emocional. Ahora, a sus sesenta y algo, me dijo: "Me gusta tomar mis decisiones sin consultar a nadie. Moría de ganas por crecer y salirme de la casa de mis padres para dejar de avisar cuándo llegaba. Eso nunca ha cambiado".

Como expresó un hombre en la encuesta de *LoveScience*: "Nunca sentí la necesidad de estar cerca de alguien. Creo que la mayoría de las relaciones no van a durar tanto y cada quien debe hacer sus propias cosas sin confiarse en que recibirá ayuda".

Y una mujer escribió: "No soy del tipo de relaciones largas. Siempre he sido capaz de seguir mi vida con facilidad. Supongo que no me permito demasiado apego porque las cosas siempre cambian. Mis sentimientos hacia la otra persona tienden a ser fugaces porque tampoco quiero que se involucren demasiado conmigo. No me gusta lastimar a la gente… estoy muy cómoda con mi estilo de apego. Hace mucho más fáciles las transiciones. Aunque hace poco me dijeron que era una insensible…".

¿Por qué todos (incluso los Evasivos) nos seguimos involucrando?

Todos los que estamos leyendo este libro fuimos apoyados y alimentados lo suficiente para crecer, lo cual significa que estamos conectados con otros en algún nivel. Y los científicos en muchos campos saben que la conexión no sólo es una cosa de bebés; nunca deja de importar.

Aunque los estilos C y D suenan como que evitan las relaciones personales por completo, eso no es cierto. La evolución ha seleccionado sin compasión en contra de los que prefieren estar verdaderamente solos. Descendemos de quienes buscaron conexión, incluyendo contacto sexual y emocional (sin importar si fue fugaz o desgarrador).

El hombre que dijo que siempre había deseado ser capaz de tomar sus propias decisiones me escribió porque estaba molesto debido a que su novia quería dejarlo. *Él no quería matrimonio. Pero no es lo mismo que no querer conexión de ningún tipo.* Casi todo el mundo quiere y necesita conexión (al menos la suficiente para entrar y salir en las relaciones personales).

*Nuestro estilo de apego no predice si vamos a estar en alguna relación, ya estamos. Más bien, representa *lo que hacemos mientras estamos en ella*.*

Enfrenta la creencia. Supera tu ambivalencia Notando y Redireccionando

Para saber cómo podría cambiar tu estilo, ayuda saber en dónde empezó: Mamá. Numerosos estudios muestran que los estilos de apego en adultos provienen de nuestras primeras experiencias al ser alimentados. Aunque tus vivencias en secundaria (y posteriores) pueden afectar tu estilo, las *probabilidades indican que dos de cada tres personas tienen el tipo de apego que sus madres les inculcaron. De hecho, desde la década de 1970 las investigaciones muestran que probablemente ¡tienes el mismo estilo que tu mamá!*[20] Así como Becky y su madre, quienes seguro son C.

Si tu primer cuidador oscilaba entre frío y caliente (a veces estaba disponible y a veces no), eres propenso a presentar un estilo

Ansioso. La gente cuya figura materna generalmente estaba apartada, distante o indiferente tiende a un estilo Evasivo. Y la gente con apego Seguro casi siempre son aquellos a quienes su mamá, o la persona que fungió como tal, hizo lo que los bebés necesitaban, cuando lo necesitaban. Sus hijos reaccionaron a esta crianza sensible, disponible y consistente de maneras que los ayudaron no sólo durante la niñez, sino a lo largo de décadas.

Así que si tienes un tipo Seguro, ¡celébralo y disfrútalo! Estás listo para seguir al Paso 2.

Pero si tienes un estilo Inseguro y quieres acercarte a la Seguridad, ¿cómo hacerlo? Bueno, la mayoría de las veces, cuando la gente cambia su estilo es por accidente. A veces es más una colisión. Por ejemplo, creo que empecé mi niñez con un estilo Seguro, gracias al amor consistente de mi mamá, pero me volví Insegura después de un rompimiento horroroso, desgarrador y que destruyó mi confianza en mi etapa adulta temprana.

James y yo nos conocíamos desde niños. Incluso, cuando teníamos diez años, vivió un tiempo corto en casa de mis padres para escapar de una mala situación familiar. Por fin, a principios de nuestros veinte años, nos hicimos novios. Pensé que era para toda la vida, pero fuimos a universidades diferentes y… bueno, se enamoró de alguien más. De oídas me enteré de que ella estaba usando el anillo de compromiso que pensé que él había comprado para mí.

Fue una pérdida devastadora, y ahora me doy cuenta de que afectó mis decisiones a lo largo de todos mis veinte y principios de mis treinta.

Por suerte, la gente también puede tener accidentes felices (buenas experiencias que la hacen más Segura). Y los estudios muestran que muchas veces un buen matrimonio tiene una fuerza curativa detrás.[21] Una mujer que avanzó hacia una mayor Seguridad, dijo: "Cuando me casé, me volví más segura y no sentí que me fueran a abandonar (al menos, no mi esposo)… Mi mayor preocupación era regresar a sentirme la persona insegura que solía ser".

Me identifico con eso. El amor de Vic también me transformó. Su confianza constante fue parte de lo que me acercó hacia la Seguridad que ahora siento. Sé que me volví más entera, más amorosa y sin duda más feliz después de conocer a Vic. Mi depresión, contra la que había luchado durante años, desapareció y no regresó. Una serenidad tranquila reemplazó al doloroso sentimiento de soledad. La parte del día que me aterraba (entre que mi hija se acostaba y yo lograba dormir) se volvió uno de mis momentos más valiosos. Y no sólo eso, resolver el problema de encontrar a Vic me liberó y pude concentrarme en otras áreas de crecimiento (¡como escribir este libro!). Toneladas de investigaciones demuestran que éstos son los resultados comunes de decir ¡Sí! a una conexión genuina en una relación íntima.

La mayoría de los problemas humanos se crean en las relaciones y, por tanto, sólo se reparan en las mismas. Si quieres moverte hacia la Seguridad, el camino comprobado es tener y permanecer en una relación positiva con alguien que ya sea Seguro (aprendiendo cómo confiar en el contexto de una unión estable y responsable).[22] Encontrar y mantener estas relaciones sólidas es de lo que trata este libro.

Conectarme con Vic me dio la oportunidad de alargar y acrecentar la confianza que se había dañado en mi vida anterior. Hoy, soy una persona más amorosa y satisfecha con la vida no a pesar de él, sino gracias a él.

Pero ya me había acercado a la Seguridad antes de conocerlo. Cuando me di cuenta de que quería cambiar mi estilo, no me senté y esperé que alguien o algo lo cambiara, busqué hacer algo proactivo.

He aquí lo que hice para volverme más Segura *mientras* encontraba al señor Correcto; mis clientes también lo han hecho. No sé si hay experimentos formales que demuestren que estas técnicas de comportamiento cognitivo específicamente cambien nuestro estilo de apego. Al igual que la personalidad, el estilo es parte de nuestro fundamento y cambiarlo es un gran reto. Pero varios experimentos han comprobado de manera repetida que estos métodos son efectivos para muchos y diferentes tipos de cambios en el pensamiento y las sensaciones.[23] Funcionó para mis clientes y para mí.

Debes hacer esto: **nota** cuando estés haciendo cualquier cosa que quieras cambiar. Entonces **redirecciona** tus pensamientos para

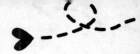

alinearlos con la realidad al comparar tus pensamientos y comportamientos con lo que en verdad está sucediendo. *Lo que nos decimos al momento de redireccionar depende de nuestras metas.* La gente con estilo Ansioso en definitiva desea cariño; los que tienen estilos Evasivos no están seguros. Necesitan redireccionar para acercarse a la intimidad a pesar de sus dudas. Por último, **repite** este proceso miles y miles de veces, cada vez que surja una situación o un miedo nuevo.

Probemos un ejemplo con cada uno de los apegos inseguros

B Ansioso

Carol, recién involucrada con Manny, no supo nada de él una tarde y sintió que quizá ya había perdido interés. En un segundo, sus pensamientos pasaron de: "No puedo confiar en él, en realidad no me quiere" a "Nadie vale la pena" o "Siempre quiero a los hombres más de lo que me quieren a mí. Aquí vamos de nuevo".

Primero, Carol necesita **notar**. Sin juzgarse o mortificarse, sólo debe descubrir cuándo lo está haciendo. Quizá se diga: "Lo estoy haciendo otra vez, dudando de mi valía", o "Me siento asustada y poco valorada. Haré un alto para ver los hechos". La vergüenza nos mantiene atrapados, pero notarlo es la puerta de entrada al cambio.

Segundo, Carol necesita **redireccionar** su pensamiento para alinearlo con lo que está pasando en ese momento: "Bueno, Manny me llamó tres veces hoy, en realidad no es señal de desinterés, aunque me siento asustada". Claro que si Manny no hubiera llamado en semanas, Carol tendría razón y su preocupación estaría basada en hechos, ¡no en su estilo Inseguro! Después de redireccionar, puede decir: "Soy adorable sin importar si Manny me quiere o no, puedo estar incómoda y aun así encontrar amor".

Tercero, Carol debe **repetir** este proceso cada vez que empiece a sentirse insegura, amenazada o asustada.

C Evasivo / Temeroso

Ted y Jessica han salido durante varios meses. Un día, después del almuerzo, ella sugirió que fueran a caminar juntos. Las emociones de Ted escucharon "vivir juntos." Y no sonó bien (sonó como que estaba necesitando demasiado).

Ted empezó a **notarlo**, sin juzgar: "Tengo miedo de que Jessica me necesite". "Siento que me estoy sofocando". "Siento que quiero escapar".

Luego, **redirecciona** para superar su miedo y acercarse a la intimidad con ella: "Estoy aquí porque quiero, no porque esté atado a algo". "Quiero intimidad (sentir miedo no me lastima, sólo es el mismo sentimiento de siempre)". "En general yo soy el que propone pasar tiempo juntos. Ella no me está amarrando".

Por último, debe **repetir** este proceso cada vez que se sienta agobiado, acorralado o asustado.

D Evasivo / Desdeñoso

Lucy y Jack apenas han salido cinco veces y Lucy se siente muy molesta por el interés constante de Jack: "Bravo, ahora cree que es mi novio. Piensa que soy de su propiedad y no puedo salir con nadie más. Pues le tengo noticias: Yo no pertenezco a nadie".

Lucy necesita **notar** sus pensamientos sin juzgar: "Hola, percibo que todavía soy independiente". O quizá: "Me siento como si me estuviera ahogando en este momento".

Luego, **redirecciona**: "Él no ha dicho una palabra sobre tratar de controlarme. Quizá debería ver cómo se comporta, en vez de pronosticar lo que va a hacer". O "Puedo aceptar esta intimidad aun cuando tenga miedo, ¿puedo? En realidad, esto no me lastima, aunque me asusta perder mi independencia". "Otras personas han encontrado formas de mantener quienes son y tienen una relación buena. ¿Por qué yo no?".

Por último, **repetirá** el Notar-Redireccionar cada vez que sienta el deseo de terminar una relación o tenga miedo de perder su independencia.

Es todo. Es simple, pero seguro no es fácil. Aunque con el tiempo es una solución para los que no queremos esperar a tener suerte.

¿Vale la pena esforzarse de manera continua sólo para tener mayor estabilidad, menos miedo y más amor? Bueno, yo lo hago, de hecho, lo *sigo* haciendo… y pienso que sí lo vale. Espero que lo intentes y lo compruebes. Tu vida es tu experimento, tu ejercicio para ver qué funciona y qué no. Ya te mostré lo que sirve para mis clientes y para mí. Si no lo hace para ti puedes parar. Pero intentar estas estrategias comprobadas vale la pena, ¿no lo crees?

Ahora que estás trabajando en tus creencias, internémonos en la búsqueda de amor. Así como es inteligente empezar un gran viaje con un mapa, también aquí es mejor trazar el curso. ¿Cómo se verá tu mapa?

Como veremos en el Paso 2, tal vez esté en tu espejo.

Paso 2

Tu pareja en el espejo
Detalla los rasgos que quieres en tu pareja

Una persona que es amable contigo, pero grosera con el mesero, no es una persona amable.
DAVE BARRY

"Practico muchos deportes", explicó Carlos. "Ciclismo, atletismo y levantamiento de pesas. Soy vegetariano. Es muy importante para mí. He intentado salir con chicas de un sitio web para vegetarianos, pero no he encontrado a nadie con quien haga un verdadero clic." ¿Podrías imaginar una vida con alguien que coma carne de vez en cuando y vea las caminatas diarias como la cima del esfuerzo físico? "No. Necesito alguien como yo."

¿El problema? Estábamos en una cita. Y, amigos, en comparación con él, yo era una perezosa con ganas de comerse una hamburguesa de vez en cuando (término medio por favor). Esto no nos hace malos. Pero no estábamos bien juntos.

¿Qué tan quisquilloso es demasiado quisquilloso? ¿Cuál es el nivel razonable de querer o esperar algo? ¿Cómo sabes cuándo tus estándares son realistas y correctos?

Para mis estudiantes y clientes (y también para mí) la búsqueda empieza con una Lista.

Haz tu Lista y revísala dos veces
Rasgos para una pareja

Tomé esta idea de la autora sobre relaciones Susan Page.[24] Quizás, este paso es lo más importante que hago con mis clientes. En un momento veremos por qué. Pero antes de ir más lejos, vamos a hacer la tuya. He aquí los pasos a seguir:

Primero
Haz una Lista que describa a tu pareja ideal

No te reprimas. *Escribe todo y de forma detallada.* Anota hasta esas cosas como que tu pareja ideal ame el backgammon y la lucha sumo, cuestiones que te hagan reír pero que tomes en serio, si quiere o no quiere 2.5 hijos, que profese u odie una religión en particular o exprese puntos de vista políticos, que prefiera ciertos actos sexuales un número específico de veces a la semana/mes/año.

Si un extraño ve tu Lista, ¿sabría exactamente lo que estás buscando? Ése es el nivel de detalle que necesitas. Mi Lista llenaba tres páginas (a renglón seguido). Pero no la empecé así, la elaboré con el tiempo.

Intenta lo más posible *escribir una Lista de lo que quieres con palabras positivas*, en vez de una de lo que no deseas con lenguaje negativo. El cerebro necesita saber qué busca, no lo que quiere evitar; se preocupa por las ideas que le presentas y trabaja de manera inconsciente para encontrarlas. Por eso, si le dices lo que no quieres, lo buscará.[25] Además, como veremos en el Paso 7, una mentalidad positiva te hace mucho más deseable que la gente resentida.[26]

Leer tu Lista debe hacerte sentir bien porque la persona que estás describiendo y anticipando es buena para ti.

Segundo
Reordena tu Lista en dos categorías: Obligatorias y Deseables

Las **Obligatorias** son justo eso: las cualidades fundamentales que debe tener una pareja para que puedas casarte o comprometerte con ella.

Quizá tienes algunas características Obligatorias que otra persona no incluiría, como "extrovertido" o "luterano". Mis Obligatorias incluyen "sobriedad de por vida". Mucha gente buena se recupera de las adicciones malas, pero mi experiencia pasada con un alcohólico hace que siempre esté esperando que la historia se repita.

Conforme redactes tu Lista, ten en mente que es tuya y debe reflejar lo que quieres sin importar si los demás están de acuerdo. La Lista de Carlos seguro incluye "vegetariana" y "atlética", pero la mía no menciona esas cosas. La clave es ser honesto sobre qué es lo importante *para ti*, de manera que puedas adherirte a tus Obligatorias aun cuando te tienten a hacer oídos sordos ante un factor negativo decisivo.

Las **Deseables** también son específicas. Son todas las cualidades que te gustaría ver en tu pareja ideal, pero de las que podrías prescindir (si no las tuviera), siempre y cuando estuvieras feliz de otra manera. Algunos ejemplos son: "Está dispuesto a mudarse a Groenlandia" u "odia el golf".

Mis estudiantes hacen esta Lista como un ejercicio en clase. Muchas mujeres quieren una pareja alta. Algunas en verdad, en verdad, en verdad, quieren una pareja alta, aunque si alguien tiene todas las otras cualidades que desean, excepto la estatura, la mayoría podría ceder en cuanto a ese atributo. Para ellas es una característica Deseable, no un factor negativo decisivo.

Otro ejemplo son los hijos. Algunas personas son radicales: sólo pueden ser felices con una pareja que quiera (o no) niños. Estas personas deben poner dicha característica en las Obligatorias. Otras pueden prescindir de ella. Quizá podrían procrear, adoptar o coeducar, dependiendo de su pareja. Entonces pondrán este asunto en las Deseables.

Tercero
Mantén la Lista donde la puedas leer y revisar con periodicidad

La computadora es perfecta porque puedes revisar tu Lista en cualquier momento para mantener frescas tus Obligatorias, además es más fácil editarla.

Cada vez que pienses en algo nuevo, agrégalo a la Lista. Cada vez que salgas con alguien o termines una relación, te proporcionará más puntos para tu Lista.

A veces, sabemos lo que queremos ¡al experimentar lo que no queremos! También anota eso en tu Lista, pero con frases positivas (no negativas). Un hombre me escribió sobre su novia: "O trabajo mucho y no paso tiempo con ella, o trabajo muy poco y no tengo dinero suficiente para darle lo que quiere". Si ellos cortan, él necesita evitar agregar a su Lista frases como "Que no sea codiciosa" o "Que no sea imposible de complacer". Más bien debe escribir el rasgo de forma positiva: "Le basta con el tiempo y el dinero que le puedo dar".

De manera ideal, tu Lista tendrá más características deseables opcionales que factores negativos decisivos obligatorios. Cuanto más rígido seas en tus Obligatorias, más gente tendrás que conocer y más tiempo tomará encontrar al Indicado para ti. Por ejemplo, tengo clientes que no ceden al encontrar un judío. Y Carlos estaba perdiendo la esperanza de hallar a su atlética vegetariana.

No puedo aconsejarte que quites un rasgo fundamental para encontrar lo que necesitas. Pero si esa característica es una aguja en un pajar, debes ir a donde está el pajar y llevar un detector de metales. Claro, ésta es una decisión personal y otro ejemplo para seguir el consejo de Shakespeare: "Sé sincero contigo mismo".

¿Y las Deseables? Usa esa parte de tu Lista para soñar. Sueña en detalle, a todo color… Sueña en grande.

Pero, ¿qué tan grande?

Cómo saber
si tus estándares están demasiado bajos,
demasiado altos o son correctos

¿Alguna vez te han dicho que eres demasiado quisquilloso? Cuando estaba buscando, ésas eran las palabras que me salían en las galletas de la suerte. Algunos me dijeron que nunca encontraría lo que quería; debía bajarle dos rayitas o seguir soltera para siempre.

Incluso leí un libro que aconsejaba casarse con cualquiera que cumpliera ¡la mitad de sus estándares! Sin duda, un consejo así es el sueño de un abogado de divorcios y va contra toda la ciencia que estudia la compatibilidad. Por sí sola, esa recomendación era sumamente deprimente y me hizo sentir que no existía ayuda justo cuando necesitaba más ánimo.

Así que vamos a descubrir si tus estándares están bien y son razonables para ti

Pon una palomita al lado de cada punto que te describa:

Regresa a tu Lista completa y marca cada rasgo que también se aplique a ti. Si escribiste "le gustan los *Golden retrievers*" y a *ti* te gustan estos perros, ponle una palomita. Si dice "es un nerd científico" y *tú* también lo eres, pon otra palomita. (Ay, espera, ésa es mi Lista.)

En serio, si eres como los cientos de personas a quienes les apliqué este ejercicio a lo largo de los años, *casi todo en tu Lista tendrá palomita. Y esto es algo bueno; significa que tienes unos estándares excelentes (ni muy altos, ni muy bajos, ¡son peeeerfectos!).*

Apégate a estas normas porque, estudio tras estudio, se demuestra que las citas, compromisos y matrimonios más felices se hacen entre iguales (personas que coinciden en casi todos los puntos de vista). La gente tiende a ser más feliz con alguien que se parece a ella en inteligencia, aspecto físico, educación, antecedentes social y económico, pasatiempos, intereses, valores fundamentales, metas, estilos de vida... y más. Recuerda: "Dios los cría y ellos se juntan".[27]

Hay una excepción importante: un estudio de la doctora Helen Fisher muestra que a ciertos tipos de personalidades les atraen las diferentes a ellas, al menos cuando se conocen por primera vez.[28]

Pero la mayoría de las investigaciones está más alineada con el poder de permanencia de las similitudes. Por ejemplo, el doctor John Gottman estudió durante décadas a parejas que habían estado juntas a lo largo de mucho tiempo para aprender qué las hacía felices. Claro, una posibilidad importante fue la antigua máxima de que los opuestos se atraen. Quizá descubrió que la felicidad estaba ligada a la complementariedad, como Jack Spratt y su esposa,[29] con cada integrante de la pareja aportando diferentes perspectivas, personalidades e intereses que se mezclan en un todo amoroso y completo. Pero en realidad, el señor y la señora Spratt son la excepción a la regla; la verdad científica resulta ser lo contrario a "los opuestos se atraen".[30]

De hecho, el doctor Gottman y su esposa Julie terminaron haciendo una lista de las cosas comunes por las que pelean las parejas, ¡y la lista siempre empezaba con la palabra "diferencias"![31] *Descubrieron que la causa más común de los problemas permanentes en las relaciones era la forma en que las personas manejan sus diferencias de personalidad y necesidades de estilo de vida (cosas que tu Lista puede mencionar).*

Dicho esto, nunca tendrás un 100% de coincidencia en tu Lista (y la Administración de Alimentos y Medicamentos todavía no aprueba la clonación...). Tal vez por eso sigue vigente el mito de "los opuestos se atraen". No importa qué tan parecida a nosotros sea nuestra pareja, con el tiempo notaremos las inevitables diferencias. Pero está bien. Sólo necesitas coincidir en muchas formas (no en todas).

El que una diferencia sea un factor negativo decisivo también es cuestión de perspectiva. Al momento de redactar esto, Vic está en un safari en Kenia y yo en Nerdtopía (mi oficina en casa, en Austin, Texas) escribiendo este libro. Acabamos de comunicarnos por Skype y me alegra escucharlo tan satisfecho. Me hace pensar: una de las cosas que más me gustan de nuestro matrimonio es que apoyamos los sueños del otro. Cada uno hace lo que ama y ama al otro por hacerlo. En nuestro caso, compartimos valores, pero dejamos libre al otro para perseguir intereses separados. Me gustan los animales, que son la pasión de Vic. A él le agrada que esté todo el día de nerd, aunque no es lo suyo.

¿Conclusión? Tu ideal es Alguien Como Tú en todos los aspectos fundamentales y en algunos menos importantes. Después de todo, estás buscando lo mismo que puedes ofrecer. Si tú puedes darlo, alguien más también. Esto es completamente razonable y realista. Y es muy probable que los haga felices, a ti y a tu pareja.

¿Qué pasa si tienes algunas características no marcadas?

Vamos a verlas.

Alrededor del mundo los estudios descubren que hombres y mujeres tienen diferentes patrones sobre lo que les gustaría en una pareja. Y lo que piden no es al azar. Es predecible.[32]

Por lo general, las mujeres piden señales de que el hombre sea un proveedor. Una clienta con una enfermedad crónica enlistó "que tenga seguro médico" como una característica no negociable. Otra mujer pidió "que sea alto, bien educado, de familia rica, que tenga un trabajo bien pagado o maneje un coche caro". *Todos son indicadores de la capacidad de proveer.* Mujeres heterosexuales y lesbianas por igual generan este mismo tipo de lista, también las que ya son ricas. Por razones que veremos en el Paso 4, las mujeres prefieren parejas con recursos económicos.[33]

Por lo general, los hombres no se fijan en eso. *Más bien, buscan alguien joven y bella.* A menos que tengan veintitantos, casi siempre prefieren parejas más jóvenes que ellos, y en la etapa de los cincuenta años, todos los hombres dicen que prefieren alguien 10 o 20 años menor.[34] Si no has escuchado de las *trophy wives* (esposas trofeo), bueno, ahora ya las conoces. Los hombres homosexuales están tan enfocados en encontrar parejas jóvenes como los heterosexuales. Por razones que veremos en el Paso 4, la apariencia de la pareja es muy importante para el hombre.

Pero si insistes en poner la riqueza o la apariencia en las Obligatorias, he aquí el problema: más vale que puedas negociar.

Si eres un hombre que quiere juventud y belleza, entonces será mejor que tú seas joven y guapo *o* rico y generoso. Y si eres una mujer que quiere un galán pudiente y bien educado, más te vale ya tener la educación y los ingresos, *o* ser joven y sexy a cambio.

A mucha gente no le gustan estos consejos. A mí tampoco. Odio que las mujeres traten a los demás como carteras con patas o que los hombres piensen en las personas como bistecs suculentos. El Paso 3 trata de los aspectos más profundos del carácter (tuyo y de tu futura pareja).

Pero así son las cosas. Si andas tras cualidades superficiales como éstas, también prepárate para hacer un intercambio justo de las mismas.

Esto le pasó a Lynn, una mujer de 55 años concentrada en casarse con un doctor. Ella no era doctora ni estaba educada al mismo nivel. Pero se encaprichó. Traté de explicarle que estos hombres serían capaces de encontrar a alguien como ella, pero más joven. Se ofendió de que los hombres fueran tan superficiales, sin ver que su estándar era la versión femenina de un hombre que sólo sale con modelos.

Siguió en contacto. Y siguió soltera.

Para evitar su destino, intenta lo siguiente.

Conoce a tu pareja. Y cede en lo que no puedes ofrecer

Conocí a una mujer que hizo esto con gran éxito. A sus cincuenta y tantos, Amanda era madre de tres niños, divorciada y psicóloga. En la época que decidió con seriedad encontrar el amor, ya había criado a sus hijos. Con su buen salario, en realidad no necesitaba a alguien para apoyarse y que cuidara de ella en el aspecto financiero. Tampoco pedía alguien con el mismo nivel de educación (sólo el mismo nivel de intelecto).

Claro, ella habría querido a alguien rico y bien educado, pero necesitaba un tipo de buen corazón e interesante. Así que puso un anuncio para solteros y empezó a entrevistar a quienes respondieron.

Uno de ellos fue Stewart, un hombre de su edad que había pasado su vida laboral como plomero. Era muy espiritual (como Amanda) y se llevaba bien con sus hijos ya crecidos. Era muy leído y disfrutaba platicar y debatir las mismas cosas. Estimaba mucho la educación de Amanda y se sentía impresionado (en vez de amenazado) por sus logros.

Amanda respetaba el trabajo duro de Stewart y que se había educado de manera autodidacta. Tenía unas finanzas estables casi al nivel de Amanda, así que eran capaces de apoyarse uno al otro en vez de sentirse estresados.

Estuvieron casados muchos años, hasta que Stewart murió. Todos los que lo conocimos estábamos tristes por ella, pero también por nosotros. Era un hombre muy amable.

Y la amabilidad es muy importante.

Dos estándares en la Lista de todos.
Amabilidad y respeto

En mi experiencia, la mayoría de los estándares de las personas no son tan altos. Son demasiado bajos.

Si tuviera que resumir en un solo enunciado 60 años de investigación sobre relaciones personales excelentes, el enunciado sería: *Si puedes encontrar y estar con alguien amable y respetuoso, es muy probable que tu relación funcione; si no, no.*

En términos prácticos, esto significa **no *haters*** (personas que odian). Las investigaciones muestran con claridad que las relaciones no pueden sobrevivir felices sin amabilidad.[36] La bondad establece raíces profundas para mantener el amor vivo incluso cuando viene el invierno; pero sin ella, cada estación es cruda.

La gente amable trata bien a los demás sin importar el tipo de día que están viviendo o si se retrasaron en el trabajo, etc. No necesitan una excusa para ser amables, y no usan los malos tiempos como pretextos para no serlo. Son bondadosos por rutina, porque es parte de su ética o código moral, no porque se sientan bien en ese momento o porque otras personas los hagan felices o no. Para ellos la amabilidad es un estilo de vida, una forma de ser.

Evitan ser malos aun cuando interactúan con personas desagradables o con las que no están de acuerdo. Quizá discrepan de forma amable o establecen límites de manera que no estén cerca de esta gente muy seguido; pero cuando deben estar en su presencia, la gente amable es cuidadosa, no cruel. Las relaciones exitosas necesitan mucho autocontrol y la gente amable lo practica.

Adoptar estos dos estándares también significa **no criticones crónicos**. De nuevo, décadas de investigación enfatizan que dar y recibir respeto básico es una necesidad, no una exquisitez.[37] El respeto puede crear amor donde no lo hay, pero la difamación habitual matará hasta el romance más ferviente.

Al igual que con la amabilidad, debes buscar una pareja que respete a todos (no sólo a ti). Estas personas afirman la valía de los demás con hechos y palabras incluso cuando las cosas no salen como quieren. Hablan bien de otros y cuando esto no es posible, prefieren quedarse callados o decir su verdad sin odio.

¿Cómo identificar esto? He aquí dos ejemplos de mi experiencia

Cuando tenía citas por internet, a veces conocí a hombres que eran muy buen partido en pixeles. Dennis fue uno. Compartíamos las mismas creencias religiosas, políticas e intereses. Ambos disfrutábamos leer y escribir. Incluso vivíamos cerca uno del otro y éramos padres solteros. Pensé que era lindo por internet; por eso, cuando sugirió que fuéramos por un café, me emocioné.

Acercamos nuestras sillas a la mesa e hice algo que les enseño a mis clientes: lo miré a los ojos, sonriendo, inclinándome hacia él y le hice preguntas abiertas. ¿Y hoy qué están haciendo tus hijas? ¿Cómo va el trabajo de padre soltero?

Lo que contestó me dejó impactada. Ni siquiera puedo citar lo que me dijo porque traté de borrarlo de mi mente. Pero fue una larga historia de lo mucho que odiaba a su exesposa, lo horrorosa que era como madre y como persona, el héroe que era él por permitirle seguir respirando… el sarcasmo, desprecio y enojo ¡hicieron que me dieran ganas de salir corriendo! Su resentimiento se convirtió en una montaña frente a mis ojos. Asombrada y preguntándome si sus heridas eran recientes, le dije: "Vaya, parece que han pasado un tiempo horrible tratando de criar a sus hijas. ¿Hace cuánto se divorciaron?".

Diez años.

Decidí nunca volver a ver a Dennis. Su comportamiento fue extremadamente irrespetuoso para la madre de sus hijas. No era amable con su recuerdo, ni lo intentaba. Un deseo de venganza lo consumía y su odio estaba arruinando su vida, haciendo la mía miserable incluso en esa hora que pasamos juntos.

Aunque hubiera estado hablando de un extraño, de todos modos la falta de respeto habría sido un factor negativo decisivo.

Contrasta esto con mi primera plática larga con Vic: "Entonces, te divorciaste hace poco. ¿Cómo eran las cosas antes? ¿Cómo es la relación con tu ex en la actualidad?". Nunca olvidaré su respuesta: "Hemos tenido problemas y el divorcio fue muy difícil. Pero logramos hacer a un lado muchas de nuestras diferencias en beneficio de nuestro hijo. Pienso que nos hemos acercado a una buena relación funcional".

Después supe que habían tenido un divorcio horrible, con más de una década de sufrimiento anterior. Y la única forma que encontraron para tener paz fue interactuar lo menos posible. Pero, por norma, estas interacciones eran respetuosas. Y la respuesta de Vic a mi pregunta fue amable y respetuosa (no sólo para mí, sino para su ex).

Estaba impresionada. Todavía lo estoy. ¡Estamos casados!

Muchas veces me pregunto por qué no pongo "abuso" en la Lista de factores negativos decisivos universales. Ésta es la razón

Un abusador es un hombre o mujer que usa el enojo, violencia, amenazas, humillaciones, dinero, sexo o cualquier otra cosa para controlarte de manera sistemática.[38] Los abusadores te lastiman, física y/o emocionalmente, para mantenerte bajo su poder por completo. Dicen que te aman, pero no, te manipulan. Ellos controlan.

Si la amabilidad y el respeto son Obligatorias, tienes muchas posibilidades de evitar relacionarte con abusadores. No pueden aparentar ser amables o respetuosos porque esos valores son lo opuesto a su juego.

De hecho, muchos ni siquiera intentan mantener la fachada. Estudios sobre abusadores muestran que, generalmente, empiezan a sacar el cobre poco después de reunirse con una posible pareja. Como señaló el experto en abuso, Lundy Bancroft: "La falta de respeto es el terreno donde crece el abuso".[39] Los abusadores se apresuran a mostrarte esa falta de respeto, para poder tantear si aguantarás y te quedarás ahí. *Te están probando para ver si eres una presa fácil para su control.*[40]

Quizás empiecen con sutiles menosprecios hacia ti: "¿Sabes? Muchos hombres no quieren salir con mujeres que tienen un hijo, pero supongo que soy mejor que ellos". O "tus estrías ahuyentarían a alguien más superficial, pero yo creo que todavía sigues siendo una belleza".

Ambos comentarios me los hizo un hombre con el que, claro, dejé de salir. Después supe que había estado en la cárcel por golpear a su antigua esposa, a quien había agredido de forma verbal durante años. *Los comentarios pueden ser cumplidos ambiguos, pero tienen la intención de humillarte (haciendo crecer al abusador) y mantenerte sintiéndote con baja autoestima (para que no tenga competencia).* Estos comentarios son una prueba. Y si tengo que decir "está bien" a estas pruebas para seguir viéndolo, él aumentará la apuesta. Eso hacen los abusadores.

Pero muy seguido, antes de insultarte, un abusador examina tu tolerancia hablando de manera grosera, cruel e irrespetuosa de otros (como Dennis de su ex). Los insultos son comunes. A veces te prueban comparándote con su ex: "Es una bruja, no como tú". Es un cumplido, ¿o no?

Y luego, con el tiempo, muestran lo que son en realidad, cuando creen que estás enganchada y bajo su poder.

He aquí la carta que me mandó una mujer después de una publicación sobre abuso en *LoveScience*:[41]

> Gracias por esta columna, Duana. Una vez estuve en una relación de abuso (psicológico) y me sentía como en una madriguera de conejo. Por suerte, nunca antes estuve en una relación así. Lo malo fue que necesité varios episodios de comportamiento controlador y extraño de mi entonces novio para darme cuenta que no era una situación de un "mal día". Para cuando lo entendí, las cosas ya habían ido más lejos y pude ver cómo las mujeres sin los medios económicos para escapar se encuentran entre la espada y la pared. Tuve suerte en más de una manera: mi embarazo no planeado que resultó de esta relación fue ectópico. Así me ahorré la agonizante decisión de seguir con la que quizás era mi única esperanza de ser madre, pero con un "padre" abusador. Sé que para muchas mujeres en una relación de abuso, las galletas de la suerte salen de manera diferente y la relación se siente como una sentencia de formal prisión. Tu guía y la guía de otros (que espero que comenten aquí) servirá como un salvavidas vital para escapar de esta prisión y encontrar la libertad.

Los abusadores tal vez no actúan de manera consciente. Y Dennis quizá no es un abusador. Pero nunca lo sabré porque mi estándar es amabilidad y respeto (¡no abuso!). Todos tenemos días malos. Una prueba de nuestro carácter es cómo lidiamos con ellos.

La persona que es mezquina cuando no obtiene lo que quiere, o cruel con quienes no pueden defenderse o contraatacar (animales, niños, personal de servicio), o que habla con odio, desprecio e insolencia sobre los demás, con el tiempo te maltratará.

Si fuiste víctima de abuso, es culpa del abusador, no tuya. Cuando entras en ese tipo de relación, no puedes hacer nada para prevenirlo y no lo mereces. Los doctores Neil Jacobson y John Gottman hicieron un estudio durante cinco años en abusadores y sus parejas. Dicho estudio muestra que estas personas abusan sin importar lo maravilloso que seas y lo mucho que te esfuerces en complacerlos.[42] Su comportamiento inaceptable no es sobre ti, es sobre ellos y su insaciable necesidad de control.

Nadie merece ser víctima de abuso. Por naturaleza, todos somos dignos de recibir amor y las acciones que lo prueban. Pero si quieres evitar el abuso y tener una relación feliz y amorosa, a partir de ahora recuerda: la amabilidad y el respeto son requisitos indispensables.

Ahora que ya tienes la Lista, ¿qué sigue?

Tu Lista es una herramienta fabulosa en el cinturón de trabajo de la vida. Porque con tu ayuda hará tres cosas vitales: encontrar solteros escondidos que quizás están frente a tu nariz, hacer primero lo primero y evitar a la gente con rasgos de factores negativos decisivos... para que estés disponible cuando el señor Correcto o la señora Correcta aparezca.

Encuentra solteros escondidos

¿Has ido a comprar un coche? Hace diez años compré un Mini Cooper y me encanta, de hecho, no lo he cambiado.

Sin embargo, mientras estaba dando la vuelta por ahí, me pasó algo curioso: vi Minis por todas partes. En realidad, parecía como si el mundo estuviera lleno de ellos.

Seguro ya has escuchado de la ley de atracción, la cual dice que atraemos lo que imaginamos. Esto sería lindo, pero esta "ley" simplemente no es así. Si la vida de verdad funcionara de esa forma, todos seríamos ricos, saludables y tendríamos una pareja feliz. Sólo crearías tu Lista y descansarías en la playa mientras aparece el Indicado.

Suspiro. No es cierto.

Pero de todos modos la Lista es muy poderosa, no porque atraiga hacia ti a la gente correcta, sino porque empiezas a notarla. Así como identifiqué la marca de mi coche en todas partes una vez que reduje mi búsqueda, empezarás a notar tu tipo de amado cuando pulas tu Lista.

El señor Correcto puede estar en tu trabajo. Cerca de donde vives. La señora Correcta quizás está donde acudes a rezar o haces las compras. Tal vez pertenece al mismo club que tú. El punto es, ¿los has notado? ¿O el Indicado está escondido a plena vista porque no tienes claras tus necesidades? Si sabes con exactitud lo que está en tu Lista, aumentarás las posibilidades de encontrar a aquellos solteros escondidos que son correctos para ti.

Haz primero lo primero

Hay un dicho: "Primero lo primero". Significa que debes hacer las cosas en el orden que tenga más sentido. *Al tener una Lista antes de empezar a buscar, haces un trabajo importante, en el orden en que necesita hacerse.*

Esto suena obvio, y espero que el párrafo no ofenda tu intelecto. Pero es sorprendente la cantidad de gente que hace lo mismo que yo solía hacer: empezar a caminar a tientas en la oscuridad metafórica esperando encontrar amor, sin estar seguros de lo que quieren.

Sin una Lista, es probable que hagas las primeras cosas al final. En estas relaciones, los individuos se conocen, tienen sexo, se involucran de manera emocional y *luego* descubren si la persona es lo que querían.

Quizá pienses que esto es la excepción, pero la investigación muestra que en los campus universitarios el "enrollarse" ha reemplazado por mucho al "tener una cita".[43] Enrollarse puede ser cualquier cosa, desde dormir juntos hasta besarse o tener relaciones sexuales de cualquier tipo. En Estados Unidos se realizó un estudio sobre la vida universitaria en varios campus durante 18 meses. Se descubrió que el término "enrollarse" es vago de manera intencional para proteger las reputaciones y prevenir la expectativa de una relación seria. El estudio muestra que la mayoría de las mujeres siguen entrando y saliendo de la universidad esperando encontrar, sí, un título, pero también amor y matrimonio. La disminución de las citas y el aumento de enrollarse les ha costado mucho (más que a los hombres) en términos de confusión y dolor.

Quizás algunas chicas y mujeres que lean este libro nunca han tenido una cita; algunas tal vez han tenido sexo con hombres que no las consideran sus novias. No tienen idea de qué esperar y solicitar en el cortejo. Si es tu caso, los pasos 4 y 5 te iluminarán el camino. Pero definitivamente escucho las voces de estas mujeres en cartas como la de Gina:

> Estoy confundida sobre "Sam". Estamos juntos casi cada noche, pasamos el rato, tenemos sexo y dice que le gusto. Somos el plan B del otro, se supone que nos vemos diario. Pero nunca ha dicho abiertamente si soy su novia. Una vez le pregunté, se rio, preguntó por qué yo no podía decirlo y ¡cambió el tema! Es deprimente. ¿Cómo puedo descubrir lo que soy para él?

Si estás cansada de estar confundida, si ya basta de meterte en situaciones tipo "primero sexo, preguntas después", si estás harta de involucrar tus emociones y sólo *después* descubrir que la persona no era el Indicado… es tiempo de dejar que tu Lista cambie esta dinámica.

¿Y cómo se hace? *Conoce tus estándares. Luego presta atención a la retroalimentación y haz las preguntas difíciles a esta persona *antes* de que te involucres de manera física y emocional.*

Leí un estudio que muestra que los amigos de una posible pareja te dirán la verdad sobre su forma de ser.[44] Esto coincide con mi experiencia. Corté con un hombre cuya exesposa me llamó para pedirme que lo reconsiderara: "Eres muy especial para Bill. Lo supe en cuanto descubrí que manejaba una hora para verte. Él nunca se complica la vida por nadie".

No escuché la parte importante de su mensaje: Bill no es flexible ni se preocupa por las necesidades de los demás. Cortamos dos veces, la razón fue: no era flexible ni se preocupaba por las necesidades de los demás.

En cambio, cuando conocí a Vic me llevó a una fiesta y me dijo: "para que te reúnas con todos los que conozco. Quiero que mi vida sea un libro abierto". Ahí, nadie me dijo lo afortunado que era Vic, más bien comentaban lo afortunada que era *yo* por estar con él. Lotería.

Por eso escucha lo que otros dicen sobre tu pareja. También interroga a la persona con la que sales. Sé creativo al respecto, pero haz preguntas congruentes para saber si encaja o no en tus Obligatorias. Una de las preguntas más valiosas que aprendí a hacer en mi vida amorosa fue: "Si tu ex y yo platicáramos, ¿qué razón me daría para explicar su ruptura?".

Vic había contestado muchas de mis preguntas antes de que nos conociéramos en persona; hablamos sobre ellas por teléfono. No le anuncié con brusquedad: "Aquí está mi Lista, más vale que la respondas como quiero o no saldré contigo". En vez de eso le pregunté cosas importantes de manera amistosa y no esperé hasta estar profundamente involucrada.

¿Y si no hubiera querido responder? ¿Y si me decía algo como: "Oye, espera, por qué tantas preguntas"? Algunos hombres lo hicieron. Y no salimos. Si estás leyendo este libro, adivino que ya estás harto de hacer primero las cosas que van al último, de "enrollarte" con alguien y sufrir preguntándote qué está pasando. Y si es así, estás listo para alguien que también esté listo para hacer primero lo primero.

Todas las respuestas de Vic fueron luz verde. Hablé con muchos hombres grandiosos, pero no encajaban en lo que estaba buscando. Nos ahorramos mucho tiempo y quizá mucho dolor, al nunca conocernos. Y agradezco cuando gente como Carlos compartió sus Obligatorias por adelantado. Estaba disponible para el señor Correcto para mí porque no estaba tratando de forzar las cosas con el señor Incorrecto para mí.

Evita tentaciones con factor negativo decisivo

Hacer primero lo primero no te ayudará, a menos que le hagas caso a tu propia Lista. La ausencia de la mínima característica Obligatoria en alguien significa que No Debes salir con él; toda la relación es inútil para ti, un desamor espera su momento de aparecer. Así que no te metas.

Claro, muchos de nosotros tenemos problemas con esto. Casi todas las personas que conozco que han hecho su Lista, tuvieron al menos ocasionalmente una cita con alguien que tenía un factor negativo decisivo (y lo sabían). Carlos aprendió a apegarse a su requisito vegetariano porque pasó años con una mujer que comía carne. Sabía que para él no funcionaba, pero ella era maravillosa, así pues, esperó pensando que quizá cambiaría o que a él le dejaría de importar ese asunto. Pero no.

¿Por qué ignoramos nuestras Listas? A veces es porque nos autocuestionamos o dudamos de nuestros estándares. O estamos solos. Hemos perdido la esperanza. Pensamos que el amor es raro y que debemos aferrarnos a lo que sea porque *all you need is love* (todo lo que necesitas es amor).

Los Beatles me disculparán, pero la ciencia no está de acuerdo. El amor es como flores en la carretera durante la primavera: hermosas, pero comunes. A veces nos enamoramos de personas con quienes las cosas sólo no funcionan. Muchas personas se enamoran más de una vez. Casi todos los divorciados estaban enamorados cuando se casaron.[45] Si el amor "era todo lo que necesitaban", ¡se hubieran quedado juntos!

Es suficiente el amor, más amabilidad, respeto, similitud y que te apegues a tu Lista. Antes de conseguir estos valores, tuve dolor y tristeza. Después de conseguirlos tuve a Vic.

Tu persona correcta e ideal no será perfecta. Pero si tienes cuidado en estas cosas, será perfecta para ti.

Pero antes de encontrar al Indicado necesitas más que una lista, debes tener el resto de los pasos, incluyendo el siguiente:

Ámate a ti mismo.

Paso 3

Buenas vallas hacen grandes amantes
Ámate en una gran relación

La primera vez que alguien te muestre quién es, créele.
Maya Angelou

Me encanta la doctora Brené Brown por una adorable ironía. Famosa por su investigación en autoestima y amor propio, analizaba datos sobre personas Incondicionales cuando (de forma desagradable) se dio cuenta de que ella no era así.[46] Esto la deprimió mucho, escondió sus descubrimientos en una caja de plástico en su cuarto durante dos años. ¡Mira que tener ese monstruo bajo la cama!

Pero no sólo bajo su cama.

Sé la persona correcta
Ámate a ti mismo

Básicamente, para lograr que ocurra tu gran historia de amor se necesitan dos cosas: encontrar a la persona correcta y ser la persona correcta. Lograr esto requiere algo muy importante: amor propio.

Según la doctora Brown, la gente que vive Con Todo el Corazón y quiere de forma Incondicional se ama a sí misma, lo cual significa tratarse con respeto, amabilidad, afecto y confianza. Un componente clave de la autoestima es aceptarse como se es y creerse digno de recibir amor porque sí.[47] Esta gente no tiene una razón para quererse (y que los demás la quieran), no la necesita. De hecho, ése es el punto. Cuando en verdad nos amamos, no establecemos condiciones previas y no esperamos. *No nos amamos Si (piensa cualquier condición)... Nos amamos De Todas Maneras.*

Con verrugas y todo, somos valiosos. ¡Esta afirmación te incluye a ti!

Y amarnos es importante. La investigación de la doctora Brown la llevó a concluir que no podemos querer a nuestra pareja, hijos o amigos más que a nosotros.[48]

Con razón tanta gente lastima a los que ama. Cuando no nos queremos, actuamos de formas que sólo nos lastiman a nosotros (eso creemos), pero en una relación no existe un crimen sin víctimas. Si no nos adoramos lo suficiente como para trabajar en nuestros problemas o celebrar nuestras fortalezas, todos los que nos rodean también sufrirán.

Si tengo una depresión y no la trato, esto daña a mi hijo. Si no atiendes tus adicciones, lastimas a todos los que te aman. Si presentas un desorden alimentario y no lo atiendes, tu pareja padecerá el dolor de ver sufrir a un ser amado. Si te sientes tan mal contigo que no puedes disfrutar tu propia bondad, tu pareja tampoco podrá hacerlo.

Además, no recibes muy bien el amor de alguien más cuando crees que no lo mereces.

Cuando Matthew era pequeño, su papá golpeaba a su mamá frente a él. La mamá de Karen se suicidó, dejándola a merced de una madrastra que era una verdadera bruja. Ahora sabemos que los traumas de la niñez (como éstos) cambian la estructura del cerebro.[49] Transforman las emociones y el comportamiento. Matt y Karen son buenas personas que no se sienten muy bien con ellos mismos. Hacen cosas buenas en el mundo, pero cuando otros tratan de amarlos, sienten que no lo merecen. Es difícil para ellos creer que son valiosos. Así que cuando otros los tratan como personas valiosas, por lo general los alejan y se retiran a la seguridad de muchos amigos (pero sin depender ni confiar demasiado en una persona).

A través de entrevistas y análisis subsiguientes, la doctora Brown descubrió que otra marca distintiva de tener amor propio es *aceptar a los demás (combinado con límites)*.[50] La autoestima entiende que la mayoría de nosotros, casi todo el tiempo, hacemos nuestro mejor esfuerzo. Este entendimiento permite sentir compasión hacia los demás, en vez de enojo y odio.

Pero esto no significa que el comportamiento de todos está a la altura de tus estándares para elegirlos como pareja. Si quieres encontrar y mantener el amor, debes ser exigente, y el carácter de la otra persona también cuenta.

Las personas con amor propio no odian a quienes no cubren sus estándares básicos de decencia, pero tampoco les permiten que los traten como se les dé la gana.

No son tapetes. Construyen barreras y nadie atraviesa la entrada sin los comportamientos clave correctos. El amor propio es amable pero firme, de esta manera mantiene a las posibles parejas rindiendo cuentas por sus acciones. *Su lema podría ser* **"límites sin culpa"**.

Por ejemplo, una consecuencia natural para alguien que te deja plantado sería no volver a salir con esa persona. No hay necesidad de insultarlos u odiarlos; de hecho, estas acciones van en contra de tus posibilidades de encontrar y mantener el amor. ¿Pero poner el límite de no salir con gente que no te trata como te gustaría? Eso es amor... hacia ti.

Somos los dueños de nuestra vida. Cuando nos amamos, tenemos estándares y no permitimos que personas a las que no queremos o podemos conocer invadan nuestra vida. No es maldad. Es una decisión funcional.

Pero, ¿qué pasa si en este momento no te amas mucho?

¿No sería irónico que te amaras menos por no amarte más? Dímelo a mí...

Nuestra vida es una casa en constante construcción. Construir el amor propio es un proyecto para toda la vida. Por fortuna, no tenemos que esperar hasta ser perfectos (en este aspecto) para encontrar el amor, y tu pareja tampoco tiene que ser un ejemplo de autoestima.

Nadie se ama por completo. Lo primero es reconocerlo. Estás en el camino y este camino no tiene fin. No es una competencia; *acéptate aquí y ahora, en este instante y en cada momento.*

Pero, ¿cómo?

En su investigación, la doctora Brown descubrió que el contar sus historias o penas a alguien confiable (al menos una persona) ayudaba a la gente a amarse más.[51] Claro, para muchos, el individuo en quien pueden confiar es su pareja (alguien que estás tratando de encontrar). Aunque quizá tienes un amigo cercano o un terapeuta que escucha tu historia de manera comprensiva y sin juzgar. Si es así, contarla es un gran paso para curar tu corazón.

Pero si no tienes un amigo o terapeuta que llene este hueco (o también si te gustaría trabajar este paso con un terapeuta), sigue las mismas instrucciones que te di en el Paso 1 cuando discutimos cómo cambiar tu estilo de apego: **notar**, **redireccionar** y **repetir**.

Cuando te descubras pensando en algo que te hace sentir pena, remordimiento o que no mereces ser querido, **nótalo**. No te regañes ni te insultes, sólo identifica que estás sintiendo, pensando o haciendo algo que no refleja tu amor propio. Notarlo de manera suave es la puerta de entrada al cambio.

A veces puedes sentirte mal contigo incluso cuando sigues tu código moral. Las personas criadas para sentir vergüenza crónica quizá se relacionan con un sentimiento persistente y agobiante de que hay algo "mal" en ellos. Por ejemplo, decir que eres una mala persona, aunque sólo decidiste dejar de salir con alguien que te grita. Lo que hiciste está Bien para ti, pero te sientes Mal.

Otras veces, en verdad harás algo inapropiado. Todos cometemos errores. Tal vez dijiste que llamarías a alguien y no lo hiciste. Eso es hiriente... y humano.

La diferencia entre vergüenza y culpa es que la primera se siente como que algo está mal con nosotros y la segunda como que hicimos algo mal. Las investigaciones muestran que la culpa puede ser buena. Nos motiva a disculparnos o cambiar nuestro comportamiento. En cambio, la vergüenza nos congela; si pensamos que somos malos, ¿cómo podemos cambiar? La vergüenza es lo opuesto a la autoestima. Nos mantiene atorados.[52]

Así que una mentalidad para avanzar es reconocer cuando nos sentimos mal, aunque no hayamos hecho nada mal: "He tenido ese feo sentimiento en el estómago, aunque no hice nada para merecerlo". O reconocer los sentimientos que rodean nuestros errores: "Me estoy sintiendo como basura porque le dije a Becky que la llamaría y luego me eché para atrás".

Identifica si es un sentimiento de culpa o de vergüenza (lo que hiciste estuvo mal o "tú" estás Mal). Sólo **nótalo**.

Luego **redirige** tus pensamientos a algo que esté alineado con la realidad. "Me estoy apegando a mis límites. Hay muchas razones para dejar de ver a la gente que me grita y estoy en mi derecho de salir con personas que me hacen sentir bien. Me siento apenado, pero es porque me enseñaron a sentirme mal por poner límites. Ahora me estoy amando y respetando." O "Lo que hice fue grosero, debería disculparme con Becky, pero al menos lo puedo resolver enviándole una nota y en el futuro llamando a las personas cuando lo prometa".

Repite la cadena de notar-redireccionar cada vez que te descubras. Con el tiempo, ¡te amarás cada vez más!

Recibí una carta de Rick, un hombre que se maldecía: "Mi padre abusaba de mí de forma verbal cuando estaba creciendo. El abuso verbal es lo peor (si alguna vez escribes un libro e incluyes esta carta, ponlo así). Toda mi vida me sentí nada. Mi padre murió hace años y ahora yo me maldigo solo. Me descubro haciéndolo, diciéndome todas y cada una de las groserías que jamás imprimirías". Me escribió esto porque sentía una tremenda vergüenza por hacerlo: "¿Qué pasa conmigo? ¿Qué está mal?". También se dio cuenta que su comportamiento no reflejaba autoestima ni amor propio y quería cambiarlo.

Rick empezó a notar cuando estaba jurando y luego se decía con tranquilidad: "Me estoy maldiciendo. Estoy sintiendo vergüenza". Entonces lo redirigía, reemplazando la maldición con algo mejor: "No merezco decirme groserías por eso, son las palabras de mi padre. Él se fue hace mucho y yo tengo el poder sobre mi vida. Ahora me voy a decir algo bueno. Llamo a mi esposa todos los días después del trabajo para decirle que la amo y preguntarle si necesita que le lleve algo camino a casa. Todos los días les digo cosas buenas a mis hijos. No soy abusador, soy un padre afectivo y un esposo amoroso".

Tal vez pienses que hablarte a ti mismo suena ridículo, pero todos estamos acostumbrados a hacerlo (sólo que de manera interna). Y nuestras reflexiones son un aspecto importante de nuestro bienestar psicológico. Con el tiempo, Rick se sintió mejor consigo mismo y fue capaz de abrir su corazón de forma más completa con su pareja.

El carácter cuenta
Quién eres, a quién buscas

Como el amor propio implica decidir a quién dejar entrar y a quién no, es importante entender los límites comunes alrededor del planeta. Muchas veces éstos involucran aspectos del carácter para los que necesitarás estar alerta. Además, para ser la persona correcta es importante conocer los rasgos que la mayoría de los demás consideran Obligatorias.

Así pues, antes de avanzar más, ¿puedes adivinar qué más quieren, hombres y mujeres, cuando buscan alguien para casarse?

Alrededor del mundo, en 37 países y culturas, el doctor David Buss y sus colegas han interrogado a hombres y mujeres para ordenar los rasgos que quieren en una pareja. Descubrió que hombres y mujeres por igual valoran cuatro cualidades más que cualquiera otra en un prospecto de esposo o esposa. De hecho, a nivel mundial éstas se consideran indispensables (o casi). Literalmente, la gente dice que si estas características faltan, no se casa.[53] Son las siguientes:

Amoroso

Ambos sexos consideran la expresión de amor de la pareja (no sólo decirlo, sino demostrarlo) como algo absolutamente esencial en alguien con quien se quieren casar. Se desea un compañero que dice que te quiere. Se requiere una pareja que con su comportamiento demuestre que te ama todos los días.

Leal

Si sólo aceptas a alguien que te es fiel de forma sexual y emocional, y que es confiable en un nivel profundo, estás de acuerdo con la mayoría de los seres humanos. Conocí a un hombre que se refería a esto como "la que quiero conmigo en la trinchera". Una mujer hablaba de esa persona como: "con el que cuento en las buenas y en las malas." Sin importar cómo lo expliques, *significa estar en el mismo equipo, un equipo que sólo es de dos.* Y la investigación del doctor John Gottman muestra que tener un sentido de "nosotros" en vez de "yo" es el núcleo de lo que mueve a un matrimonio feliz.[54]

Amable

La estabilidad o madurez emocional ocupa el tercer lugar de las características Obligatorias alrededor del mundo; tener autocontrol no sólo es atractivo, es un requisito indispensable. Por eso, hombres y mujeres buscan casarse con alguien que los cuide y se preocupe por ellos, en vez de despotricar cuando está de mal humor (y no debería).[55] Esta característica es tan importante, que la incluimos en la Lista de Obligatorias en el Paso 2, junto con su primo hermano, el Respeto.

Inteligente

En general, la gente quiere a una persona que sea buena para resolver los problemas básicos de la vida. Esto no significa que todo el mundo quiera a un Einstein, sólo quieren a alguien que haga las tareas diarias y compagine en su mismo nivel. Así, sé lo que eres y busca a alguien cuyo intelecto sea cercano al tuyo.

¿Conclusión? Tu carácter cuenta. La gente amable, respetuosa, amorosa, leal e inteligente no sólo es más deseable, sino que tiene mejores matrimonios.[56] Quien eres en el interior, importa. Después de todo, la mayoría de nosotros ha conocido a una persona que era, ¡ay tan atractiva!, hasta que abrió la boca, ¿o no?

Así pues, a pesar del estereotipo de que las mujeres aman a los patanes y la idea de que los hombres ignoran a las niñas buenas, la verdad es que, en el amor, las personas agradables salen primero. En ningún lado existe una demanda de parejas antipáticas, desleales, miserables y malvadas. Pero si estás trabajando en amarte y vivir acorde con los estándares antes mencionados, eres un buen partido.

Y el carácter de tu pareja también cuenta. Tienes el derecho y la obligación de dejar de ver a cualquiera cuyo carácter no esté a la altura de tus estándares. Sí, todos damos lo mejor de nosotros, pero eso no significa que el mayor esfuerzo de alguien sea suficiente para ti.

Encuentra a la persona correcta
Revisa tu Lista otra vez

En el Paso 2 escribiste tu Lista de Obligatorias y Deseables. *Ahora te presento otras cinco características cuya importancia se vuelve más clara cuanto más te amas.*

"Alguien que remedie mis problemas en vez de empeorarlos"

En la actualidad, es común asumir que las personas eligen parejas con quienes pelean, de modo que puedan trabajar en sus propios problemas. Sin embargo, ¡en realidad la mayoría de nosotros nos sentimos atraídos por alguien que nos haga sentir bien![57] Seguir enamorado de alguien necesita diversión continua y la decisión consciente de celebrar lo bueno en cada uno y en nuestra vida. Aunque no todo el tiempo sea miel sobre hojuelas.

Existe algo de cierto al pensar que encontrar una pareja pondrá sobre la mesa nuestros problemas. Todos cargamos con un equipaje (cosas con las que todavía lidiamos). Como nuestros antecedentes provienen de nuestras relaciones con personas, se vuelven a abrir cuando estamos con personas en vez de cuando estamos solos. Y tal vez nos atraiga la gente que comparte nuestro mismo equipaje y antecedentes.

Por eso, abre tus maletas con alguien que te haga sentir seguro y amado (un individuo que vea tu ropa sucia y se ofrezca a ayudarte a lavarla o te enseñe que la suya tampoco está tan limpia). No con alguien que se entrometa, descubra tus calzones sucios y critique los hoyos de tus calcetines.

Como vimos en el Paso 1, la relación correcta puede ser muy curativa. Vic me ayudó a recuperarme de muchos de mis problemas del pasado. Los monstruos bajo mi cama eran depresión, miedo, falta de confianza en mis emociones y soledad. Él también había experimentado estos sentimientos. Nos dimos la mano y atravesamos todo.

Pero esta posibilidad de curarte empieza con tu decisión de notar cuando te sientes seguro y amado (de notar cuando sientes que mejoras gracias, en parte, a la otra persona).

Y no elegir gente que pone alerta tus Sentidos de araña. Esto podría ser la parte derecha de tu cerebro (el lado inconsciente donde reside la intuición) diciéndote que estás cerca de alguien peligroso. Escúchala, está ahí para salvarte.[58]

"Alguien que quiera el mismo tipo de relación que yo"

En la actualidad, hay personas que sólo quieren vivir juntos y nunca casarse. Si eres una de ellas, no tiene sentido que inviertas en algo destinado al fracaso desde el principio, por ejemplo saliendo con alguien que sólo puede ser feliz en un matrimonio o que no quiere vivir con alguien sin casarse. Hay otras personas que quieren invertir por completo en una relación de por vida y no son (ni serán) felices con la cohabitación.

Conocí a una pareja así. Ella quería un matrimonio tradicional con todo compartido. Él quería comprar una casa dúplex para que pudieran ser el vecino de al lado y verse todos los días, sin casarse ni invadir el espacio del otro. Pasaron dos años discutiendo sobre la base de su vida compartida, antes de cortar y buscarse parejas que desearan fundamentalmente lo mismo que ellas.

La incompatibilidad en las necesidades más básicas te llevará a sufrir y desperdiciar tiempo donde pudo existir placer en una visión y fundación compartida.

Esto implica que sabes lo que quieres. Conocí a un hombre de 45 años, independiente en lo económico y alpinista entusiasta. Tenía muchos amigos y un hijo adulto. Pero cuando le pregunté qué quería en una relación, me respondió: "En realidad no tengo que saberlo, ¿o sí?".

Bueno, no. No tiene. Es su derecho priorizar (incluso determinar) que para él su prioridad es no saber.

Pero las personas que son así de indecisas quizá no generen un vínculo duradero. Es tu derecho y responsabilidad evitar a esas personas si estás seguro de tu camino y ellas no saben o no revelan su dirección. De hecho, esto te ahorrará tiempo (uno de los recursos que nunca se recuperan).

"Alguien que quiera intimar tanto como yo"

"Tengo un novio maravilloso", escribió Anne. "Es un ángel, excepto por una cosa. No habla sobre cómo se siente, no dice 'te amo' y el 3 de diciembre será nuestro primer aniversario. Es amable y bueno conmigo, pero nunca me da algún tipo de detalle, ni siquiera una tarjeta de cumpleaños. ¿Así es su forma de ser? ¿Estará marcado por la vida? ¿Por qué debo pagar y sufrir por su silencio? ¿Acaso no vivimos en una tierra donde tenemos lenguaje? No entiendo por qué es mudo cuando todo lo que hace (desde ser fiel hasta amable) demuestra que me quiere. ¿Debo seguir con él? Prefiero tener un hombre silencioso, fiel y bueno que uno que jure amarme y luego me engañe. Sé que él nunca me haría daño. Pero esto me está matando. Quiero un novio que pueda expresarse y ya se lo he dicho muchas veces (claro, de buena manera). Sé que en vez de pedir o esperar algo debo vivir el presente y disfrutar cada momento, pero también quiero escuchar cómo se siente. Y de repente, una vez en mucho tiempo, me dice algo en verdad dulce, y yo no sé si es porque suena como una lluvia en mi desierto verbal o qué, pero eso me da la esperanza de que, tal vez, AHORA sí se va a abrir. Lloro mientras escribo esto. ¿Qué hago? Ni siquiera voy a editarlo por miedo a cambiar de opinión y borrarlo. ¡Ay! La vergüenza de no saber qué hacer. Preferiría morir que lastimarlo, y cortar con él romperá mi corazón tanto como estoy segura de que lo amo, PERO sé que es un factor negativo decisivo para mí. Y ESO me está matando."

Sólo conozco a Anne y a su novio por esta carta, pero sé algo: Ellos no coinciden en la intimidad.

La intimidad es compartir todo sobre ti, sin temor a perder tu identidad.[59] Claro, esto implica que necesitas saber quién eres para tener algo que compartir. También implica un proceso gradual. Es lógico mostrarnos en etapas (no confiar nuestra historia completa a todo el mundo de inmediato). Sería tonto compartirnos por completo con personas al azar; sería muy peligroso con algunas de ellas.

Pero hay personas que están demasiado asustadas o son demasiado independientes para revelarse poco a poco en un vínculo amoroso y seguro. Como todos somos humanos y casi todos necesitamos *algún* nivel de conexión emocional y sexual; esta gente tiende a dar la impresión de que puede llegar a intimar muy rápido, pero luego no logran llegar hasta el final.

En el Paso 1 descubrimos tu estilo de apego. Y si tienes un estilo Inseguro, puedes trabajarlo en tus relaciones notando, redirigiendo y repitiendo; es posible ser un Inseguro y encontrar intimidad genuina de todas formas. Tu estilo de apego no tiene que determinar tu vida y tu amor. Incluso hay una terapia comprobada que ayuda a los esposos a permanecer juntos cuando tienen diferentes estilos de apego (y ha sido efectiva en tres cuartas partes de las parejas).[60]

Pero no puedes hacer que alguien cambie su estilo de apego ni forzarlo a querer una intimidad que no está buscando. Y cuando estamos empezando una relación, es importante unirse al mejor vínculo que podamos encontrar (no uno que requiera terapia intensiva cuando apenas estamos saliendo).

En mi experiencia con personas que tienen citas, *hasta la fecha no he visto a nadie que cambie voluntariamente si tiene un estilo de apego Evasivo* (las personas que valoran tanto su independencia que prefieren no comprometerse o temen tanto depender de otro que están demasiado aterrorizados como para dejar que ocurra la intimidad y prefieren, por tanto, seguir con su angustia). Por cierto, esto no significa que este tipo de cambio nunca ocurra, significa que yo no lo he visto. La gente con apego Evasivo quizá pueda cambiar; pero en mis observaciones, no parecen decidirlo. ¿El novio de Anne tiene un estilo Evasivo? Lo supongo, aunque claro, no puedo probarlo. Pero no parece que esté trabajando hacia una mayor intimidad con ella.

No significa que la gente con un estilo Evasivo nunca se case. Significa que nunca los he visto *intimar*. Charles me dijo por qué se casó y se separó tres veces. La primera vez, porque su novia se embarazó "para atraparme". Tuvieron dos niños a los que no ha visto en doce años. La segunda, quería ir a Ecuador con su novia, pero ella no iría a menos que estuvieran casados; "le expliqué que era un asunto de negocios, pero ella quería que actuara como un verdadero esposo". La tercera, no pudo explicarme: "Sólo pasó. Me ocupé de lo mío".

Pero en todas falló: "Todas esperaban que les llamara, llegara a cenar y pasara tiempo con ellas... que siguiera las reglas. Yo no sigo las reglas. A veces me dejaron y otras las abandoné, pero en realidad, nos divorciamos porque yo no quería estar casado".

Todas las esposas de Charles insistieron en algo que él no quería. *Y cambiar ya es algo bastante difícil cuando en verdad queremos; nadie cambia si no quiere.* Podría haber sido capaz de esforzarse de forma gradual para construir una verdadera intimidad. Pero no quería y sigue sin quererlo.

Está bien. No todo el mundo necesita formar lazos para toda la vida.

Pero creo que *todos necesitamos ser honestos sobre el vínculo que queremos y encontrar una pareja en ese nivel. Y cuando son honestos contigo (o cuando ves quiénes son), créeles.*

He tenido muchos clientes en mundos de dolor sobre alguien que ofreció gato por liebre con una intimidad falsa. Se ve más o menos como esto:

Empiezas a salir y la otra persona está muy emocionada contigo (claro, tú también). De inmediato empiezan a intercambiar muchos detalles sobre ustedes, incluyendo tener relaciones sexuales muy pronto. Luego cierra el pico, de repente quiere verte menos o tener sexo todo el tiempo, pero sin compartir nada a nivel emocional. Quizá te digan que eres "controlador", "necesitado" o "egoísta". Su nivel emocional es bajo y cubre (y rebasa) sus necesidades muy rápido. Es por eso que cuando necesitas más de lo que esperaban, te vuelves una mala persona.

Pero tú no cambiaste tus deseos y expectativas, ellos lo hicieron. Te atrajeron con la oferta de intimidad y luego no la cumplieron.

Esto le ha pasado a mucha gente, incluyendo a Laura:

Después de un animado intercambio por internet con un piloto, me llamó todos los días durante una semana. Cuando por fin lo conocí en persona, descubrí que era guapo, encantador y muy, muy atento. Fue el inicio de un cortejo breve pero completo, con vinos, rosas y viajes. No podía hablar o pasar mucho tiempo conmigo y llenaba nuestros días con actividades románticas. Volamos, anduvimos en moto, cabalgamos en su rancho y cenamos en lugares exquisitos.

Fue incansable en su cortejo, incluso dos veces me siguió por todo el país. Mi hermana y yo planeamos un viaje a San Francisco. Como era piloto, agendó un vuelo que incluía este destino, así que pasó un día con nosotras mientras estábamos ahí. Pocas semanas después, hice un viaje de negocios a Nueva York. Otra vez modificó su agenda para pasar un día conmigo.

Siguió con su apasionado cortejo durante dos meses, yo estaba encantada. Luego las cosas cambiaron. Pasó de ser muy atento a distante, ni siquiera me saludaba cuando entraba en la misma sala. Las conversaciones profundas y la intimidad emocional desaparecieron. Las cartas de amor se convirtieron en mensajes de texto donde sólo me decía lo que había comido ese día. Como alguien que adora ser amada, lo corté varias veces. Quería el trato que me había dado al principio, pero cuando regresábamos, no tardaba en comportarse de nuevo distante.

Este Gato por Liebre lastima tanto o más que lo que deben sentir los peces. Te ofrecen la liebre de la intimidad, pero en cuanto estiras la mano para recibirla, te dan un horrible gato. Y muchas veces es peor porque te cuestionan por ser irrazonable con tus deseos de cercanía. Atravesar por esto no sólo te hace sentir que pides demasiado, te hace pensar que es lo mejor que puedes obtener. Es muy desalentador.

Si tienes un estilo de apego Evasivo y no quieres trabajar para convertirte en alguien íntimo de verdad, es probable que lastimes a mucha gente, a menos que seas honesto y aclares que no estás disponible para una verdadera intimidad (y te respalden tus hechos y palabras). Encuentra a alguien que tenga el nivel de intimidad que buscas, incluso si no es mucha.

Y como dije en el Paso 1, si tienes un estilo Seguro, las investigaciones sugieren firmemente que es mejor encontrar alguien que parezca tener el mismo estilo o alguien Ansioso. La gente con tipo de apego Ansioso quiere lo que las personas Seguras tienen (por eso emparejarse con ellas tiene sentido y muchas veces funciona). Amigos Ansiosos, esto también va para ustedes: encuentren a alguien Seguro si pueden, porque esta persona tiene el deseo abierto y constante de la interdependencia que los ayudará a sentirse seguros y amados.[61] Si eres Seguro o Ansioso, es sabio buscar a alguien cuyo estilo de apego no le impida sincerarse contigo de forma gradual y honesta. No necesitas darle el cuestionario de estilo de apego del Paso 1, sólo observa si su intimidad se desarrolla poco a poco, escucha con cuidado lo que dice y si es congruente con sus acciones (y con tus necesidades emocionales). De nuevo, hay una terapia que ayuda con la incompatibilidad de estilos, siempre y cuando ambos miembros de la pareja quieran trabajar en ello. Pero, ¿para qué meterte en camisa de once varas cuando tienes la oportunidad de encontrar un vínculo que se sienta bien desde el principio?

Por eso no puedo aconsejarte que esperes un cambio de alguien que ni siquiera está intentando cambiar (o de alguien que prefiere la intimidad falsa a la real). En una relación, es posible que la gente decida cambiar, pero de nuevo, sólo ellos pueden decidirlo. Anne tiene un factor negativo decisivo y espero que corte con el problema para buscar el vínculo genuino y cercano que necesita.

¿La intimidad es mucho pedir? No. Es una de las principales razones por las que la gente tiene relaciones personales. Y también puedes agregarla a tu Lista: quiere la misma cantidad de intimidad que yo.

"Alguien cuyo pasado no arruinará nuestro futuro"
Perdí la cuenta de las muchas cartas que recibí de hombres y mujeres que trataban de ignorar el pasado de su pareja. *Todos hicimos cosas de las que no estamos orgullosos. Pero me refiero al comportamiento pasado que baja las probabilidades de ser un Buen Ciudadano en la relación.*

En especial, esto se aplica a las Tres A: adicción, abuso y adulterio. O cualquier cosa que te parezca insoportable.

Una mujer estaba saliendo con un hombre que había dormido con la esposa de su mejor amigo. También había engañado a su ahora ex esposa. Me preguntó: "¿Crees que también me engañará?". Pienso que, si no estuviera enamorada de él o si alguien más le contara la misma historia sobre otra pareja... ella sabría la respuesta. Pero muchas veces nos involucramos con otros de forma sexual y emocional antes de tomarnos el tiempo para conocer los aspectos importantes de su carácter.

Así pues, la gente sigue esperando que el pasado se quede en el pasado y todo sea diferente ahora que están juntos.

Bueno, tal vez así será. Es un gran mundo y todas las acciones que podamos pensar han pasado y pasarán. Algunas personas engañan una vez y no lo vuelven a hacer. Por ejemplo, un chico que tuvo un amorío en el trabajo, pero luego se sintió terriblemente culpable, terminó la aventura, cree que los engaños son malos y nunca tuvo otro romance; es probable que sea una apuesta segura (mucho más segura que alguien que tuvo múltiples aventuras y se siente con derecho a hacerlo).[62] Hay gente que deja las adicciones, pero uno de los más importantes estudios de sobriedad que se han realizado descubrió que sólo 15% de los hombres permanecen libres de alcohol durante los siguientes cuatro años.[63] Quizás algunos abusadores se detengan, pero la ciencia sugiere que estas probabilidades andan alrededor de cero.[64]

La ciencia es sobre las probabilidades y éstas indican que tu futuro amorcito se comportará como lo hacía antes, siempre y cuando las condiciones sean similares. Por ejemplo, si engañaba mientras viajaba por cuestiones de trabajo, ¿y sigue viajando igual? Mala apuesta. Si habitualmente mentía, bebía o (completa con un comportamiento intolerable para ti), probablemente lo volverá a hacer en circunstancias similares.

Si su comportamiento cae del lado malo de la probabilidad, ¿lo aceptarás?

Ésta es una de las pocas Leyes en psicología: lo que hizo una persona en una situación pasada similar es el mejor indicador absoluto de lo que hará en el futuro.[65] No es una garantía, la ciencia tiene pocas de éstas. Pero es una forma de apostar.

"Alguien que esté al menos tan interesado en mí como yo en él"

El otro día, en Facebook, les pregunté a mis lectores lo siguiente: "Si sólo pudieran elegir uno, ¿cuál sería el misterio de las citas que les gustaría descubrir?" Muchas mujeres le dieron "me gusta" a esta respuesta: "Hay citas que parecen ir bien, pero después se acaba el interés, ¿cuál será la causa?"

Como veremos en los siguientes dos pasos, un hombre puede cortejar y ganar el corazón de una mujer. A veces, incluso convence a aquella que piensa que él es un tipo normal (nada especial).

Pero una mujer casi nunca corteja y gana el corazón de un hombre. Los hombres te aman o no. Es posible ayudarles en algunas formas específicas, lo cual explicaremos más adelante. Pero no puedes forzarlos a amarte si no están inclinados a hacerlo.

Si un chico no piensa en ti lo suficiente como para llamarte, invitarte a salir, llevarte a cenar, etc. (sin que tú le digas); si no quiere esforzarse para pasar tiempo contigo y, cuando lo conoces por primera vez, espera que tú te acerques a un punto medio del camino para encontrarse... entonces terminarás haciendo el trabajo pesado en la relación. A largo plazo, los hombres valoran lo que les costó trabajo obtener (no lo que ganaron con facilidad).[66]

Sabes que un hombre no está interesado en ti cuando no hace su mayor esfuerzo de manera feliz. O no pone suficiente empeño. Quizás actúe molesto por tener que hacer planes, pagar, llamar, esperar para verte o tener sexo contigo. O, como en el caso de la pregunta anterior, no hace ningún esfuerzo. Señoritas, ya hay un libro sobre esto, un superventas que trata un solo punto: ¡A él no le gustas tanto![67] No es un libro científico, pero la ciencia lo sustenta (y explicaremos por qué en los siguientes dos pasos).

Cuando los hombres no hacen el esfuerzo suficiente o se quejan del poco que realizan, te están indicando que eres una obligación, no una alegría. El hombre correcto considerará que es un privilegio hacer cosas por ti y ganar tu corazón. *Él no lo hace porque tú se lo pides, sino porque en realidad le nace hacerlo por ti.*

En nuestra primera cita, John me pidió que nos viéramos en un punto medio, lo cual implicaba que yo hiciera el esfuerzo de manejar hasta la mitad del camino para conocerlo. Me negué. Con el tiempo tuvimos otras citas, pero seguía indignándose por esforzarse. Pensaba que yo era una persona muy exigente y me lo dijo. Yo quería cosas como más contacto visual, que me tomara de la mano y me llevara a cenar en mi cumpleaños en vez de reunirnos en el restaurante. ¿Su opinión? "Implicas demasiado trabajo." Para él, era cierto.

Pero no fui demasiado trabajo para Vic. Me pidió que saliéramos durante varias semanas hasta que acepté. Cuando por fin lo hicimos, especifiqué que no era una cita, sólo nos estábamos conociendo. Recién había salido de una mala relación y pensé que no estaba lista para nada serio. Vic manejó hora y media y nunca consideró pedirme que nos viéramos en un punto medio. Dijo: "Sé que esto sólo será una caminata, pero me encantaría llevarte a cenar. A donde tú quieras". Parecía superfeliz cuando acepté. Pagó sin siquiera pensar en otra posibilidad. Veía algo descompuesto en mi casa y lo arreglaba. Cada vez que nos encontrábamos me traía algo: un chocolate, una flor o algo para mi perro. Él adoraba amarme.

Y todavía actúa de esa forma. Recientemente le dieron un día libre en el trabajo (que en la universidad no nos dieron) y quiso pasarlo asistiendo a mis clases... tres clases iguales que empezaban a las 7:30 a.m. Jamás le habría pedido que hiciera eso, pero él quiso hacerlo.

¿Soy demasiado exigente? ¿Y tú? Claro, para el señor Incorrecto. Pero para el señor Correcto eres una alegría con la que le gusta estar y por la cual luchar.

Un hombre que no está interesado en ti, no está interesado en ti. No lo fuerces, déjalo ir. Quizá ya tiene una pareja o no es el momento adecuado. Tal vez tiene una profunda ambivalencia sobre si quiere tener una relación. A lo mejor está esperando usarte para tener sexo y desistirá disgustado cuando vea que no es tan fácil. Es posible que simplemente no te quiera. Quizás está lidiando con la ansiedad, una pérdida de trabajo o la ex que no puede olvidar...

¡La verdad es que nada de eso importa! La razón no es importante. El comportamiento sí. *Sin importar por qué, cuando un hombre no te quiere, ríndete y aléjate de él, te está ahorrando el desperdicio de tiempo y emociones.*

Sin embargo, puedes hacer cosas para que el señor Correcto o la señora Correcta tenga más interés en ti (si entiendes la psicología del emparejamiento del otro sexo). ¿Qué pasa por la mente de apareamiento de hombres y mujeres? ¿Cómo aprender a enviar las señales que necesitan para enamorarse de ti? De eso tratan los pasos 4 y 5.

Paso 4

Juegos mentales
Domina la mente del apareamiento

El amor es un campo de batalla.
Pat Benatar

El pensamiento y la conducta humanos siempre me fascinaron. Incluso cuando era niña analizaba los anuncios de solteros del periódico. Muchos especificaban "sin juegos". Me preguntaba ¿por qué los adultos serán tan aburridos? Amaba los juegos, ¿por qué ellos no?

La respuesta: se referían al ritual de apareamiento humano en el que los hombres demuestran su posición, fuerza y resistencia, y las mujeres presumen su fertilidad y fidelidad. Y, al igual que las aves, los humanos tampoco están jugando al cortejar. Estas danzas y juegos mentales pueden parecer tontos e inútiles, pero son nuestro ritual de apareamiento. Y son de verdad serios.

Parece que nada cambió desde mi infancia. Considera esta carta de Kip:

Lanie y yo habíamos salido unas cuantas veces cuando la vi con otro tipo. Me molesté mucho pero también me interesé en ella más que nunca, así que salí con algunas de mis amigas a un lugar en donde Lanie nos vería. Resultó contraproducente. Ahora ella está enojada conmigo, cree que soy un Don Juan y me envía mensajes molestos. Antes de eso, me invitó a pasar un fin de semana con su familia y se enojó porque no pude ir. Nunca me había sentido de esta manera por nadie. No quiero salir con nadie más. Si está interesada, quiero hacer que esto funcione, pero no sé cómo se siente y no quiero acosarla. Estoy confundido, necesito tu consejo con urgencia.

Aunque Kip y yo somos de géneros diferentes, su confusión me es familiar. Cuando fue mi turno de buscar el amor, estaba tan confundida por la danza del apareamiento humano como todas las generaciones previas. Como viste en la Introducción, era un desastre. Me lanzaba sobre los hombres que deseaba y huía de los que me deseaban a mí. En el proceso, muchos de los que pude amar me abandonaron y en quienes no estaba interesada me proponían matrimonio. Supe que alguien o algo no estaba bien.

¿Eran ellos? ¿Era yo? ¿Era un hecho inherente a la psicología del emparejamiento humano? ¿Podía hacer algo al respecto?

Aunque los sexos comparten valores importantes para las relaciones a largo plazo, debería haber un término científico que se refiera al "error de creer que el sexo opuesto tiene la misma psicología del emparejamiento que uno". Existe mucha evidencia científica global de que los sexos tienen psicologías del emparejamiento diferentes, que la gente comete ese error y éste les cuesta mucho. Así que inventemos un nuevo término: apareacentrismo.

El antídoto para el apareacentrismo es hacernos conscientes de las psicologías masculinas y femeninas (que generalmente se esconden de nosotros) para después enviar las señales correctas a los Deseados con el fin de que puedan enamorarse de nosotros.

Para entender la psicología del emparejamiento que la mayoría de los hombres y mujeres (hetero y homosexuales) llevamos en la cabeza, y por qué con tanta frecuencia nos pone en conflicto, el psicólogo evolucionista David Buss[68] *dice que **necesitamos viajar en el tiempo**.*

Imagina que estás de viaje por el campo. Sufres un poco. Cada mañana, cuando despiertas, debes dejar tu tienda de campaña, encontrar algún lugar para descargar tu vejiga y juntar algo de comida. No llevaste agua potable, así que también debes encontrarla. Estás en un grupo y todos se ayudan entre sí. Aun así, después de un día en modo de superviviente, estás contento por estar sentado frente a una fogata, contando historias hasta que, exhausto, te metes en tu saco de dormir.

Ahora imagina que este viaje es permanente. Nunca habrá duchas calientes, sábanas limpias (ni sucias), repelente de insectos, teléfonos celulares o algún refugio que no sea una pila de piedras o una carpa hecha con pieles de animales. Nunca habrá tiendas de abarrotes, fórmula láctea, hospitales, condones, antidepresivos o antibióticos.

Pero a veces habrá hambre. Peligros, siempre, de microbios, depredadores y gente. Las violaciones son muchas y no hay leyes que protejan a las mujeres de alguna agresión o lascivia. No hay leyes que protejan a las personas unas de otras. Tu cráneo es más grueso que el de la gente de hoy en día, porque necesitas que así sea para protegerte de la violencia.[69]

Eres una persona de hace 45 000 años. Y cualquier cosa que hagas se volverá parte de la psicología que la especie llevará consigo en los siguientes miles de años.

Psicología evolutiva
Curso intensivo

Seas lo que seas, hombre, mujer, humano, tritón o amiba, tu código genético te motiva a **resolver dos problemas**: sobrevivir lo suficiente como para aparearte y después heredar tus genes al reproducirte. Si eres humano, obtienes puntos extra si vives lo suficiente como para criar a tu descendencia, ya que al nacer necesitamos mucho cuidado, durante mucho tiempo. Los hijos de padres vivos tienden a convertirse en sobrevivientes y procreadores.

Y seas lo que seas, hombre, mujer, humano, tritón o amiba, cualquier cosa que tus ancestros hicieron para resolver estos problemas pasaron de generación en generación, en generación, en generación, en... bueno, ya entendiste.

La ciencia evolutiva demuestra que *cuando algo resuelve los problemas de supervivencia y reproducción de un animal, esa cualidad se hereda a sus hijos.* No es un proceso consciente, pero cada organismo tiene un programa de respaldo que guía sus pasos y obtiene este programa de sus antepasados.

Por ejemplo, digamos que eres un venado del pasado y resulta que eres el primero en tener cuernos. De repente, aparecen otras mutaciones, como tener dos cabezas o tres patas delanteras, pero ésas no ayudan a la supervivencia o a la reproducción, así que desaparecen del patrimonio genético. Pero en todas las temporadas de reproducción, tienes cuernos y el resto de los machos no. Ya sabemos cómo se ganan los venados el derecho a heredar sus genes: luchan por las hembras. Si estás en una pelea y eres el único que tiene un cuchillo, ¡tú ganas! Y tus hijos lo harán también.

No era un plan consciente, señor Venado, pero ya que tenías la ventaja, heredaste más tus genes que los machos sin cuernos. Y al tener la misma ventaja, tus hijos transmitieron sus genes más que los otros. Tomó millones de años, pero hoy, eres el padre de todos los venados en el mundo. Los cuernos son una verdad indiscutible entre los de tu raza.

La mayoría de la gente entiende esto con facilidad. Lo más alucinante es el hecho de que **también heredamos los pensamientos, deseos, emociones y conductas**.

No sólo heredamos los ojos marrones de nuestro abuelo o los cubiertos de plata de la abuela. También heredamos su forma de pensar y su psicología como si lleváramos siempre mucho equipaje con nosotros. Ellos lo consiguieron a partir de lo que les funcionó a sus antepasados, cuando la vida era más dura que la piel de un mas-

todonte. *Tu psicología del emparejamiento en esencia no es diferente de la de un habitante de las cavernas. La mía tampoco.*

La mayor parte del tiempo, hombres y mujeres resolvían sus problemas de supervivencia y reproducción de la misma forma.

Por ejemplo, tanto niños como niñas corrían el riesgo de ser lastimados por extraños o devorados por cualquier animal al vagar lejos de los suyos. Los niños que le temían a los extraños y a la oscuridad tenían una ventaja de supervivencia. En la actualidad, los bebés de ocho meses en cualquier lugar del planeta tienen los mismos miedos. Comparten la psicología que salvó a otros hace mucho tiempo.

Los hombres y mujeres que eligieron parejas amorosas, leales, amables e inteligentes dejaron a su paso más niños supervivientes que las personas a quienes no les importaba si abusaban de ellos, los engañaban o carecían de la habilidad para cazar, recolectar o criar niños. Como vimos en el Paso 3, estas cuatro cualidades se consideran Obligatorias para una pareja a nivel mundial.

¿Otro ejemplo? La gente de la prehistoria se la veía difícil para conseguir suficientes alimentos que comer. Los que preferían las grasas y dulces, y disfrutaban de ingerir lo más que pudieran, tenían más calorías para sobrevivir y así convertirse en nuestros antepasados. De nuevo, esto es verdad para ambos sexos.

Lo anterior nos lleva a un punto interesante. *El cambio evolutivo es muy lento, toma miles o millones de años, pero la cultura puede cambiar las cosas.*

Así que, en cierta forma, nuestros antepasados nos dejaron una psicología adecuada para los hombres de las cavernas, pero no siempre para la gente moderna. En la actualidad, preferir grasas, dulces y comer demasiado está matando a millones; ha creado una epidemia de enfermedades crónicas, a veces mortales, como la diabetes tipo 2 y las enfermedades cardiacas.

Esa mentalidad ancestral también está arruinando nuestras mentes en cuanto a las citas se refiere. La psicología del emparejamiento en gran medida es inconsciente y eso le da un gran control sobre nosotros (y mucho poder para causar dolor). Por eso ahora nos haremos más conscientes para lograr tres cosas: darte más control sobre tu comportamiento, más perspicacia sobre por qué los Deseables hacen lo que hacen y más opciones para que aceptes el amor y evites el sufrimiento.

Para enredar más las cosas, las mentalidades ancestrales de hombres y mujeres divergen en formas importantes. Aunque los dos sexos aprendieron por igual a tener miedo de la oscuridad y a que les gusten los dulces, muchos otros rasgos, sobre todo los referidos al amor, se relacionan con el sexo en específico. Mezcla esas diferencias con nuestra creencia errónea de apareacentrismo de que el sexo opuesto piensa y quiere lo que nosotros pensamos y queremos… y el camino hacia el romance puede volverse un campo minado.

La batalla de los sexos

Desde la década de 1960 se volvió popular asumir que los hombres y las mujeres son iguales, pero con diferentes genitales. La revolución sexual mejoró algunas cosas. Estoy muy complacida con la libertad que tenemos ahora las mujeres para vivir nuestra existencia, educarnos y tener carreras emocionantes, además de la maternidad. Tengo un doctorado y es posible que no lo hubiera conseguido de pertenecer a una generación anterior. Soy madre de una niña a la que quiero mucho (no tengo una docena de emociones encontradas). Pero entérate de algo: los hombres y las mujeres son distintos en lo que se refiere a la psicología del emparejamiento.

Hoy en día hay una batalla de sexos. Pero eso no es reciente, viene desde la prehistoria. La biología llevó a hombres y mujeres a distintas soluciones para problemas específicos sobre supervivencia y reproducción. Puedes pensar que esas soluciones ya no tienen sentido. Y, en cierta medida, tal vez tengas razón. Pero todavía dirigen el espectáculo que llamamos ritual de apareamiento humano.

Empecemos con los óvulos y esperma

Los dos son igual de importantes cuando se trata de crear una nueva vida; no puedes hacer un bebé sin uno de ellos. Pero su costo no es el mismo.

Mientras escribo el siguiente párrafo, los hombres están haciendo suficiente esperma como para poblar una ciudad de un millón de personas.[70] Han producido esperma a una velocidad deslumbrante desde la pubertad, y la fábrica está abierta por el resto de su vida. Los espermatozoides son baratos.

Pero si eres mujer, no estás produciendo ningún óvulo mientras escribo este párrafo. De hecho, tampoco producirás ninguno en tanto escribo este libro. Es probable que madures alrededor de 400 durante toda tu vida, lo normal es uno al mes (cuando no estás embarazada o amamantando a un niño). Naciste con todo el material genético que tendrás para crear una nueva vida. Los óvulos son caros.

Así que tómate un momento para adivinar cuál es el resultado de un estudio para saber quién diría sí al sexo con un total extraño. En la Universidad Estatal de Florida, y después en una universidad en Londres, actores y actrices atractivos se acercaron a personas del sexo opuesto con una propuesta atrevida: "Te he visto en el campus y me pareces alguien muy guapo. ¿Te gustaría dormir conmigo esta noche?".[71]

¿Qué género crees que era más propenso a aceptar esta oferta? ¿Qué porcentaje de hombres piensas que dijo sí? ¿De mujeres?

La respuesta: tres de cada cuatro hombres dijeron sí, pero ninguna mujer aceptó la invitación.

Vi algunos de los videos de cámara oculta del estudio en Londres y son reveladores. Los hombres que dijeron "sí" no dan ninguna razón, pero los que contestaron "no" tienden a dar excusas: "Lo haría, pero tengo exámenes mañana". Las mujeres generalmente dicen "no" sin ningún comentario, pero cuando dan una razón es para reprochar la propuesta: "¿Qué? ¿Estás loco?".

¿Conclusión? Guardamos los recursos escasos, pero cualquier cosa en abundancia puede darse con facilidad. Así que, como grupo, los hombres son sumamente generosos al compartir su recurso, y las mujeres, no tanto.

Pero hay otras razones por las que las mujeres son avaras con el sexo. Considera los costos reproductivos

Digamos que Gron pasa una noche de prehistórica pasión con Hida. Sin que ninguno lo sepa, Hida se embaraza.

¿Qué le costó a Gron? Bueno, hoy en día podría costarle una enfermedad de transmisión sexual, una pensión alimentaria, demandas de custodia o todas las anteriores. Conozco hombres a los que les pasó esto, situaciones en las cuales una aventura de una noche se convirtió en inversiones de dinero de más de 18 años y negociaciones de paternidad compartida con alguien a quien pensaba no volver a ver.

Pero en aquella época sólo le costaría unos minutos de diversión,[72] muy pocos, si Gron era aburrido. A menos que el papá de Hida forzara una boda prehistórica, Gron se saldría con la suya y luego se iría.

Puedes ver por qué el sexo casual representó una victoria para que Gron esparciera su semilla. *Los hombres que preferían el sexo casual dejaron más niños repartidos por el mundo que los hombres monógamos por naturaleza.* Todo lo que forma parte de la solución para el problema de heredar tus genes será parte de la psicología del emparejamiento. Por ello en la actualidad la mayoría de los hombres se sienten atraídos por la idea del sexo casual, ya sea que lo practiquen o no.[73]

La experiencia de Hida habría sido diferente. Recuerda, vive en una caverna, no en un condominio. El embarazo implica mucho riesgo. Si las dificultades físicas no la matan, tal vez su familia sí lo haga. Las llamadas "muertes de honor" ocurren en algunas culturas aún en nuestros días y surgieron cuando las familias extendidas decidieron que era muy difícil alimentar a niños huérfanos de padre.[74] Si sobrevive al embarazo, el nacimiento no será atendido por profesionales, así que tanto el bebé como Hida pueden morir. Después, hay un problema con el alimento: antes y luego de que nazca el bebé, Hida estará muy grande u ocupada cuidando al niño como para poder reunir comida por sí sola. Necesita carne rica en calorías y no está en posición de conseguirla por sí misma. A esto suma que el niño necesita alrededor de 1 300 calorías de su cuerpo mientras lo amamanta, lo cual se prolonga durante años, no semanas ni meses. Además, el bebé necesitará protección mucho después de que termine la lactancia.

¿Puedes ver por qué a Hida le atrae menos el sexo casual que a Gron? ¿Y por qué las mujeres en la actualidad tienden a ser más selectivas en cuanto a sus parejas sexuales que los hombres?

De hecho, de acuerdo con el doctor Buss, los estándares de los hombres para una pareja de una noche son "relajados". En sus estudios y en los de otros, los hombres admitieron que prefieren tener sexo con mujeres que están ebrias, inconscientes o que tienen poca capacidad intelectual.[75]

Pero para las mujeres, gran parte del sexo casual no es para nada casual. En un estudio, casi la mitad de las mujeres que tuvieron sexo pronto en una nueva relación admitieron que lo hicieron para atar a la pareja.[76] En tiempos de las cavernas eso pudo funcionar en ocasiones; en una versión temprana de las bodas a punta de pistola, el padre convenció a Gron de unirse a su club. Cuando se les pregunta a las mujeres cuál es su lista de requerimientos para un esposo, contra los de un amante de una noche, es normal que tengan estándares un poco más altos ¡para el amante! Por ejemplo, el señor Ahora Mismo debe ser más guapo que el señor Correcto. Resulta que los hombres que las mujeres encuentran más atractivos tienden a tener un sistema inmunológico superior que heredar a sus hijos.[77] Después de todo, pensando en la prehistoria, si quedabas embarazada debías quedarte con los resultados/hijos para siempre, así que el riesgo debía valer la pena.

Viajemos en el tiempo a la era moderna y veamos cómo entran en juego estas fuerzas prehistóricas.

Ya que posees un manual de romance evolutivo, avancemos 45 000 años. Aquí hay algunas cosas diferentes (a nivel mundial) que los hombres y mujeres buscan en una pareja y cómo puedes usar esta información para ganarte el corazón de alguien.

Lo que quieren las mujeres
Dispuesto, capaz de proveer y protector

Como vimos, las mujeres del pasado despreocupadas por su sexualidad generalmente no tenían las mismas posibilidades de sobrevivir y criar niños que crecieran sanos como las que eran selectivas. Y, de hecho, hoy en día las mujeres que no tienen cuidado al elegir una pareja tienen mayor probabilidad de tener una vida más corta y brutal (al igual que sus hijos) que las mujeres que son selectivas en sus elecciones de vida más importantes. En la actualidad, aun en países desarrollados, los niños con padres proveedores y protectores tienen más éxito en cualquier aspecto de la vida (desde sobrevivir a la infancia hasta destacar en la universidad, e incluso encontrar mejores parejas) comparados con los niños sin la ventaja de tener un padre.[78]

Quizá hayas escuchado a mujeres decir que los hombres son innecesarios o que dan más problemas de lo que valen. Pero no lo escucharás de mí. Y seguro no lo habrías escuchado de Hida.

En el pasado remoto, las mujeres a las que les importaban los recursos y el compromiso resolvieron algunos problemas de supervivencia y reproducción muy reales. Necesitaban a alguien que no sólo pudiera proveer y protegerlas, sino alguien que lo hiciera. No únicamente por un día, sino para siempre.

Por esa razón, la mujer actual carga con una psicología sintonizada con las señales de que una pareja tiene lo que en su cultura representa riqueza, ya sean sus rebaños, petróleo o una maestría en negocios. Estudios demuestran que esto es verdad sin importar el contexto social de una mujer o si es heterosexual, lesbiana, joven o vieja. Las mujeres quieren hombres con recursos económicos.[79]

Cara, quien se describe a sí misma como una mujer de 1.80 metros y lesbiana, estaba saliendo con una chica muy atractiva y exitosa llamada Judy. Pero Judy dejó a Cara por considerar que no tendría suficientes recursos: "No tendrás suficiente si sigues en tu carrera".

Muchos hombres que han sido ignorados por alguien más adinerado pueden contarnos: "Cuando era joven, las chicas de mi edad ni siquiera me veían. Ahora que tengo dinero, yo no las veo a ellas".

Pero si estás cansado de que te vean como un cajero automático móvil, no pierdas el corazón. Sí, a las mujeres les importan los recursos. Pero, *¿qué les preocupa aún más? No que seas rico, sino que seas compartido, que puedas compartir todas las riquezas que tienes.*

Mira a tu alrededor. ¿Has tomado un autobús o un taxi? Si un hombre está manejando, es probable que no sea rico, pero es probable que tenga pareja. Alguien lo ama. No tienes que ser adinerado, basta con que tengas lo suficiente para proveer lo básico. El mundo está lleno de gente normal y ordinaria que ha conquistado el corazón de una mujer.

Aun si tienes los bolsillos llenos de efectivo, no te sirve de nada si no lo compartes.

Diane se sentía angustiada por su novio, Ted, un hombre pudiente que le pidió matrimonio. Ella dudó, tenía el presentimiento de que algo no estaba bien. Le recomendé que le preguntara a Ted cuál era su idea del matrimonio. Resultó que quería que Diane se mudara con él, pero que no se apropiara de ningún espacio de la casa. Quería mantener los ingresos separados, incluyendo todo lo que ganara mientras estuvieran casados, y que ella pagara la mitad de las cuentas, aunque ganara menos que él. Diane tenía dos hijos pequeños y él le dejó claro que ella debía pagar sus seguros médicos, a pesar de que el seguro de su empleo los cubriría.

Diane no aceptó la propuesta, terminó la relación y continuó buscando. Al final se casó con un hombre que tenía menos dinero, pero lo compartía todo. La última vez que supe de ella no estaba arrepentida. Ted tenía la capacidad de protegerla, ¡pero no la disposición! Cada semestre les pido a mis estudiantes mujeres que me digan si Diane tomó la decisión correcta. Y cada semestre todas piensan que fue inteligente al salir de esa relación.

Hombres
Apliquen lo que saben para ganar en el amor

Caballeros, aquí está lo que pueden hacer con el nuevo conocimiento que poseen sobre la psicología del emparejamiento de la mujer.

Mejora tus recursos

Como puedes ver, ser rico no es lo más importante, pero sí cuenta ser generoso. No dejaré de insistir en esto. En una encuesta informal de *LoveScience* sobre las mejores y peores citas, lo "peor" más común mencionado por mujeres fue que un hombre fuera avaro. Aquí hay algunas muestras de lo que dijeron:

> Me invitó a un café en nuestra primera cita. Dio un paso hacia atrás y esperó que yo pagara el mío. Ash. Se veía en verdad confundido cuando rechacé su sugerencia de salir de nuevo.
>
> La peor cita: un chico me lleva a una lección gratis de baile (esa parte no estuvo mal) en su motocicleta (tampoco estuvo mal). Era hora de la cena y como entrada nos dieron un poco de pizza de carne gratis. Ordenamos una bebida y él pidió que la compartiéramos. Después se dio un festín mientras yo no podía comer (soy vegetariana). Más tarde, cuando mencioné que tenía hambre, ¡me dijo que podía dejarme en un restaurante de camino a casa! Era claro que no tenía dinero, pero fue muy grosero.
>
> Me dejó la cuenta y nunca quise volver a verlo.
>
> Mi único consejo para los hombres es: PAGUEN la cuenta. Toda. Con generosidad y sin quejarse. Punto.

Así es, si quieres dar una buena impresión, paga y provee. Hacerlo de otra forma es decirles a las mujeres que no puedes pagar, o peor, que puedes, pero no quieres. Después de todo, si no pagas un café con leche, ¿qué tan dispuesto o capaz serás para proveer? Es el mensaje opuesto a lo que quiere escuchar la psicología del emparejamiento heredada de las mujeres.

Por cierto, no es vital que proveas cenas caras. Si eres un estudiante de escasos recursos y sólo puedes pagar un picnic en el parque o en la alberca local, está bien. *Sólo asegúrate de que, sea lo que sea, lo proveas tú.*

¿Habrá mujeres que quieran salir contigo aunque dividas la cuenta? Claro, pero te aconsejo que de cualquier manera seas generoso, por dos razones. Primera, ya seas un hombre heterosexual o una lesbiana marimacha, te apuesto que quieres estar con una mujer bonita, y ella no tiene por qué tolerar la avaricia (y generalmente no lo hará).

Por cierto, hago una distinción entre las lesbianas femeninas y las marimachas porque hay investigaciones que muestran que existen diferencias. Las femeninas no sólo tienden a lucir como mujeres heterosexuales (con caderas más pequeñas, por ejemplo), sino que tienen una psicología más femenina, tienden a preferir la monogamia y valorar a una pareja con recursos. Las marimachas, por lo general, poseen mentalidad y cuerpos más masculinos, están más abiertas al sexo casual y se enfocan más en la apariencia de sus parejas a largo plazo.[80]

Pero existe una segunda y más profunda razón para que seas generoso: no sólo le da a *ella* la señal de que vale la pena quedarse contigo y amarte. Te indica a *ti* que te importa.[81] Si pagar una cena te parece mucho gasto, ella no es la Indicada. Si tienes ganas de dar más y más, es una gran señal para ambos.

Mejora tu protección

Todo el tiempo veo esnobismo relacionado con la estatura. A las mujeres les gustan los hombres altos. En mis cursos de psicología, así como en encuestas nacionales, cerca de 80% de las mujeres dice que quiere a un hombre de al menos 1.80 de estatura.[82] Y, aun así, el promedio de los estadounidenses mide siete centímetros menos que eso.

El tamaño importa. O por lo menos importaba. En el pasado remoto, los hombres grandes solían ser mejores cazadores, mejores líderes y mejores para ahuyentar a los posibles violadores, así que podían proteger a sus mujeres de varias formas. En la actualidad la mayoría de los hombres aún tienen ventajas por ser altos.[83]

No hay mucho que hacer al respecto, salvo aceptarlo. No mientas sobre tu estatura ni te avergüences de ella. Ésta es una de las cosas de nuestra psicología prehistórica que ya no tiene mucho sentido. Es lo que es.

Recuerda que la mayoría de las personas acaban por casarse con alguien que tenga una estatura *similar* a la suya. Y los que quieren casarse, se casan, sean altos o no.

También ten en mente que hay más de una forma de proteger. Un título, un buen trabajo, buenas prestaciones y un lado cariñoso que dice "estoy aquí para ti" son otros aspectos importantes de la protección que las mujeres quieren. Si tienes estas cosas, úsalas a tu favor.

Mejora tus habilidades

Cuando eres joven, las mujeres se fijan en tus posibilidades futuras.[84] Cuando eres mayor, se fijan en lo que ya tienes.

Si eres joven, estás en posibilidad de incrementar tu posición, ya sea con más educación, una buena carrera o empezando un negocio. Deja que las mujeres sepan que estás comprometido con prosperar, que tienes un plan.

Si eres mayor, necesitas explotar la posición que ya posees. Cualquiera que sea (trabajo, auto, casa, ahorros, título), tendrás más posibilidades con ella si sabe que tiene perspectivas contigo. No tienes que ser presuntuoso, pero demuéstrale con sutileza lo que has logrado.

Mejora tu disposición

Reservé lo más importante para el final. Capacidad es lo que tienes, pero disposición es lo que ofreces. Y la forma de expresarlo es por medio de *señales de compromiso*.[85]

Una señal universal, importante y simple, de si vas en serio es buscar a la mujer. ¿Le llamas sólo de vez en cuando o todos los días? ¿Esperas que esté disponible a última hora o le pides citas por adelantado y luego sigues el plan? ¿La tratas como a uno de tus amigos o le abres las puertas, prestas atención a lo que dice y la cortejas todo el tiempo? Las segundas opciones equivalen a cortejar, y esto es vital. *No esperes que ella te procure, ella busca señales que le indiquen que la deseas, tu interés en ella es la mayor de las señales.*

Eso nos regresa a Kip, que está confundido por la ira de Lanie. Cuando lo puso celoso, provocó que la quisiera. Así que cometió el error del apareacentrismo, usar la misma estrategia de celos que tuvo efecto en *él*. Pero Lanie, al ser mujer, posee una psicología que la lleva a odiar cualquier mensaje que diga que ella es una de muchas. Lo que *ella* quiere es estabilidad, señales que le indiquen que la quiere a ella y sólo a ella.

Ganarse el corazón del sexo opuesto significa enviar señales que el *otro* necesita. Las mujeres necesitan palabras y acciones que les hagan saber "estoy contigo y sólo contigo". Que Kip apareciera con varias mujeres en el bar fue una decepción, lo contrario a lo que quieren las mujeres.

Las mujeres van a buscar, y hablar a detalle con sus amigas, si pareces estar dispuesto o no a pasar una vida juntos. ¿Qué señales buscan? La joyería es un acierto internacional. Pero hay cosas como presentársela a tu familia, pasar mucho tiempo con ella, hablar sobre el futuro compartido o decir sin rodeos "te amo y no quiero a nadie más".[86]

Vic siempre llegaba a mi puerta con un pequeño regalo de algún tipo. Nadie que conociera hizo eso antes, no con esa consistencia, así que destacó. La mayor parte del tiempo no fueron obsequios caros, pero eran considerados y la consideración demuestra compromiso. Su regalo podía ser una barra de chocolate, flores del parque o una recompensa para mi perro; una vez fue un caballete de pintura para mi hija. Pero nunca apareció con las manos vacías. Y no digo que debas hacer eso con tu cita. Pero pensar en formas en las cuales puedes hacerle saber que eres serio con ella es una buena manera de usar tu tiempo. Es como si utilizaras un rotulador fluorescente y letra en negritas para decirle: ¡Me importas y puedo probarlo!

Para las mujeres, el compromiso es lo más sensual que hay y hasta la persona menos pudiente puede ofrecerlo.

¿Mejorar tu acoso?

Kip no quiere renunciar a Lanie. Pero tampoco que lo considere un acosador. Es justo. He notado que la diferencia entre un acosador y un novio radica en si la mujer quiere la atención o no. Lanie le dio a Kip grandes señales de interés al invitarlo a la casa de sus padres, por ejemplo. Pero los estudios demuestran que los hombres tienden a interpretar casi cualquier cosa como señal de interés, al punto de confundir a veces sonrisas amables con insinuaciones de sexo.[87] Así que el acecho es un problema relevante. Y como dice un amigo mío: "Dos es compañía, tres son multitud. Uno es un acosador". No seas un acosador, mejor haz esto:

Reduce el factor de riesgo de Acoso declarando tus intenciones y diciéndole que respetas su negativa. Kip podría mandarle una carta que diga algo como: "Lanie, no estoy interesado en esas amigas con las que me viste, sólo te quiero a ti. Nunca antes me sentí de esta forma por alguien y quiero probártelo. A partir de hoy, voy a demostrarte lo importante que eres para mí y voy a continuar a menos que me pidas que me detenga. Si me dices que te deje, respetaré tu decisión y no sabrás nada de mí. Pero si no, prepárate, porque te voy a conquistar."

¿Conclusión? Las mujeres están buscando a alguien que esté tanto dispuesto como capacitado para proveer y proteger. Si le ofreces esas cosas a la Indicada, eres un gran partido.

Qué quieren los hombres (primera parte)
Fertilidad

No sólo las mujeres quieren amor a largo plazo. Los hombres lo buscan tanto como ellas. Después de todo, no sólo los hijos de las mujeres se benefician de tener un padre cerca, los hombres también. Además, las féminas han pasado milenios seleccionando a los varones comprometidos, por lo que eso ha moldeado la psicología del emparejamiento de los hombres para ofrecer a las mujeres lo que ellas quieren.[88]

Cuando los hombres buscan a una pareja de por vida, son tan quisquillosos como las mujeres.

Sólo que no buscan las mismas cosas.

En la prehistoria, los hombres cazaban en grupos, conseguían su propio ñu y listo. ¿Provisión? ¿Protección? Lo tenían todo cubierto y no necesitaban encontrar una pareja para obtener recursos.

Pero los hombres ancestrales enfrentaban retos con los que ninguna mujer ha tenido que lidiar.

El primero tenía que ver con la *viabilidad reproductiva*. Los hombres siempre son fértiles, una mujer puede escoger a un hombre en una guía telefónica y quedar embarazada de él. Pero ellas tienen una ventana fértil limitada. En el pasado, como ahora, una mujer podía ser incapaz de dar a luz a un niño por varias razones: era muy joven o muy vieja, estaba embarazada, amamantando o enferma. Los hombres atraídos por las arrugas, la mala salud o caderas redondas pudieron ser parte de la historia. Pero no son nuestros antepasados. En vez de eso, los hombres de hoy descienden de los que se interesaron por la **juventud y la belleza**.

Piensa en lo que atrae a los hombres: piel clara y suave, cabello largo y sedoso, dientes derechos y blancos, rasgos simétricos y una silueta de reloj de arena. Cada una de estas características la hace bella porque es señal de que la mujer en cuestión es joven y saludable como para que sus hijos hereden los genes del hombre.[89] ¡Él no puede hacerlo solo! Y hasta hace muy poco tiempo, las mujeres no podían fingir una fertilidad que no tenían.

Por ejemplo, el doctor Devendra Singh pensaba que los hombres en todas partes preferían una cintura un 30% menor que la cadera.[90] Y estaba en lo cierto. No importa si ves dibujos en una cueva o pinturas a través del tiempo, pornografía, revistas, ganadoras de concursos de belleza o sólo le pides a un hombre que encierre en un círculo la figura más atractiva, escogerá una proporción 0.7 de ICC (índice cintura/cadera). Hasta los hombres ciegos que nunca vieron a una mujer, lo hacen mediante el tacto. *El ICC 0.7 está asociado con una mayor fertilidad femenina.*

Esto no es consciente. No es que los hombres se digan a sí mismos: "Sally parece tener una cintura un 30% menor que su cadera. Por tanto, es capaz de propagar mi semilla. Voy a aprovecharlo". Los hombres sólo saben lo que quieren, y quieren lo que sus ancestros exitosos consiguieron: fertilidad.

Con razón las mujeres heterosexuales y los hombres homosexuales se esfuerzan por verse jóvenes y bellos. Estudio tras estudio, cita tras cita, es lo que los hombres quieren. Considera que ellos, más que las mujeres, pagan por ver chicas llenas de juventud bailando desnudas sobre un escenario.[91] *¡Admirar la juventud y la belleza es gratificante para ellos! Y responden más a las personas que se las ofrecen.*

Mujeres
Apliquen lo que saben para ganar la lotería de la juventud y la belleza

Señoritas, si quieren aprovechar su conocimiento sobre el apareamiento, he aquí cómo deben usarlo para obtener ventaja.

Mejora tu apariencia

Si quieres atraer a un hombre, luce lo más joven y bella que puedas. No es sólo la cultura estadounidense o la presión de los medios. Así es como funciona y siempre fue así.

Tus antepasadas no tenían maquillaje, tintes para el pelo, bloqueador, fajas, ni podían prevenir el acné, reducir las arrugas o desvanecer manchas, pero tú sí. Ellas tenían siestas de belleza y hacían ejercicio, que son también buenas herramientas para ti. Si no te molesta mostrar tu cintura y usar técnicas modernas para ponerte en forma y verte mejor, hazlo. Las investigaciones sugieren que puedes ser rechazada por prospectos a largo plazo si te ves "fácil" usando ropa muy reveladora o sugestiva.[92] Pero no te rechazarán por verte hermosa.

Acepta tu apariencia

Luce lo mejor que puedas, pero no te estreses mucho por tu apariencia ni trates de ser una persona diferente por completo o muy delgada. A los hombres les gusta la silueta en forma de reloj de arena, pero también prefieren a las mujeres de talla promedio, no un insecto palo.[93]

Como vimos en el Paso 2, lo que en realidad sucede la mayor parte del tiempo es que los hombres eligen a alguien de su propio nivel de atractivo físico, en vez de la pareja más guapa que puedan encontrar. Cuando se trata de una relación a largo plazo, la compatibilidad importa.

¿No me crees? Da un paseo. Date cuenta cómo mujeres perfectamente normales van tomadas de la mano de alguien que parece adorarlas. Y ese alguien seguro se ve tan bien como el objeto de su afecto.

Si la juventud y la belleza lo fueran todo, sólo Megan Fox, Beyoncé y otras pocas mujeres en el mundo estarían casadas. Sé la mejor versión de ti misma. Eso es todo.

¿Aceptar hombres mayores?

Hay una forma gratis, rápida, fácil y absolutamente indolora que te hará por siempre joven y sensual sin alterar tu apariencia. Algunas de mis clientas y yo lo hicimos. Y si la escoges, también podrás hacerlo. ¿Lista? Ahí va:

Sal con alguien una década (o más) mayor que tú. Cuando trabajé en investigaciones de memoria y envejecimiento descubrí que la mayoría de la gente define como joven "a cualquiera diez años menor que yo". Así que, por definición, hay más posibilidades de que siempre seas la joven sensual para el hombre diez años mayor que tú.[94]

Claro que esto sólo tiene sentido si tienes al menos 30. Antes, eres joven para cualquiera. Y es probable que aún quieras a alguien de tu generación, o los riesgos de divorcio comienzan a incrementarse. Pero si tienes más de 30 y él aún entiende tus referencias culturales, puedes ser la *femme fatale* (mujer fatal) que aparece y conquista al partido más codiciado.

Soy una esposa por correo, más o menos. Vivía en San Antonio, Texas, y quería mudarme a Austin, pero era más caro, estaba más lejos de mi familia y no había razón para mudarme a menos que me casara. Además, tenía una hija. En general los hombres evitan a las mujeres con hijos (siendo los demás factores idénticos), y no es sólo mi opinión, es la ciencia.[95] No quería hacer concesiones con la idea de conseguir a alguien que me quisiera a mí, a mi hija y que se casara conmigo para después mudarme a Austin.

Así que me registré en un sitio de citas en línea y establecí los límites de edad 20 años mayor que yo. Tenía 35 en ese momento y habría salido con hombres de mi edad, pero me di cuenta de que preferirían salir con mujeres sin hijos o que vivieran en el mismo lugar. En cambio, para los hombres mayores yo ofrecía la juventud que otras mujeres no. A muchos hombres de cincuenta y tantos no les molestó manejar hasta San Antonio para cortejarme.

Los hombres que se acercaron a mí por lo general eran siete o más años mayores que yo. Vic tiene 14 años más que yo. No aceptaba a los hombres sólo con base en la geografía y la edad. Pero mi disposición a salir con hombres mayores hizo que me notaran… y me cortejaran.

Si esto te molesta, no lo hagas. Pero te sorprenderán las opciones que puedes encontrar si lo intentas.

¿Conclusión? Los hombres buscan a alguien llena de juventud y belleza. Si le ofreces eso a tu Indicado, atraerás y mantendrás su atención.

Aun así, cuando los hombres buscan una pareja de por vida, no se detienen en la apariencia. Como veremos en el Paso 5 (en Lo que los hombres quieren), también persiguen a las mujeres difíciles de conseguir y evitan a las fáciles, al menos en términos de relaciones a largo plazo. De manera sorprendente, los hombres buscan la fidelidad por las mismas razones que buscan la fertilidad: para incrementar sus posibilidades de pasar sus genes.

El apetito de los hombres por la fidelidad significa que las mujeres inteligentes adoptarán el modelo de citas de ser difíciles de conseguir que tan bien conocía tu bisabuela. Apuesto que ya escuchaste que ella estaba mal, que era manipuladora o peor. En el siguiente paso intentaremos revelar por qué tenía tanta razón y te ayudaremos a dejar de atraer a los hombres que no quieres y hacerte irresistible para el señor Correcto.

Paso 5

No existe ningún perfume llamado Desesperación

Hazte la difícil

... Las primeras tres citas deben ser como "el ser y la nada".
Vístete bien, sé amable, despídete y vete a casa. No muchas
emociones, inversión o corazón.
ELLEN FEIN Y SHERRIE SCHNEIDER

"Querida Duana", empezaba la carta, "soy terapeuta y tengo una pregunta sobre mi clienta 'Suzy'. Es de mediana edad, tiene un hijo pequeño y hace poco empezó a tener citas por internet. Después de tres semanas de salir con 'Steve', se niega a ver a otros, aunque él no dijo nada sobre ser exclusivos. Sé que ésa es una estrategia equivocada para encontrar un buen hombre, pero no sé decirle la razón, y qué debería decir o hacer en cambio. ¿Algún consejo? Therese".

Therese tiene razón, claro. Si Suzy quiere una relación a largo plazo después, necesita salir con otros por el momento, y más que eso, necesita decírselo a Steve. Pero recordando mi propio apareacentrismo de los días de soltera, apuesto que Suzy no lo ve de esa forma. Probablemente piense que ver a otros alejará a Steve y se siente deshonesta si lo hace, quiere mostrarle un camino libre, por eso evita lastimar sus sentimientos y espera que brindándole un compromiso temprano pueda influir en él para que sea recíproco. Por desgracia, está muy equivocada.

Pero, ¿por qué? Para entenderlo, necesitamos volver a la psicología masculina del emparejamiento. Ya que la mente de los hombres no busca sólo fertilidad, sino también fidelidad.

Qué quieren los hombres (segunda parte)
Fidelidad

En tiempos remotos no existían las pruebas de paternidad. Como apunta el doctor David Buss en su obra maestra científica *La evolución del deseo: Estrategias del apareamiento humano*,[96] ninguna mujer en su sano juicio se pregunta durante el embarazo o el parto: "¿Este niño será mío?". Cuando una mujer tiene un hijo es una certeza genética. No importa con cuántos hombres haya tenido sexo, siempre sabrá de quién es el bebé: suyo.

Por otro lado, los hombres tienen que adivinar si su pareja está transmitiendo sus genes o los de algún otro tipo. En muchas culturas existen dichos sobre esta incertidumbre, como "El hijo de mi hija mi nieto será, el hijo de mi hijo, ¡sólo Dios sabrá!". La psicología masculina del emparejamiento se originó en la época cuando la paternidad era incierta, no cuando había pruebas de laboratorio. La ovulación de las mujeres está oculta y los hombres de las cavernas sólo podían tener sexo y mantenerse atentos para asegurarse de que los hijos fueran suyos.

Los hombres antiguos desarrollaron varias formas de evitar criar a los hijos de otros sin saberlo. No necesitaron planear estas estrategias. Los que tenían estas ventajas físicas y psicológicas lograron transmitir más sus genes, así que, con el tiempo, la reserva se llenó de hombres con esas características.

Por ejemplo, **Superesperma**. Los hombres enfrentan una batalla por heredar sus genes y ponerlos dentro de su pareja. Los que tienen testículos grandes (al menos para su tamaño, si los comparamos con otros primates exceptuando los chimpancés) y más llenos de esperma para eyacular, son mejores para expulsar el semen que otros hombres. Además, eyaculan el doble de esperma cuando pasan tiempo lejos de sus parejas, incluso si se masturban mientras ellas no están.[97] Y esto es controvertido: algunos espermatozoides no están ahí para fecundar nada, pueden existir para declararle la guerra a otros espermatozoides y estrangularlos hasta morir.[98] Claro, los hombres no están conscientes de nada de esto. La psicología evolutiva no es consciente. Pero sucede a pesar de todo y sólo en especies que no son 100% monógamas, como la nuestra.

Otra solución son los **Fluidos del amor**. Cerca de 97% del semen no son espermatozoides, son químicos del amor, incluyendo dopamina, un bioquímico vital para la creación del amor erótico. Esos químicos se absorben por las paredes de la vagina. ¿Impacto? Esto hace que la mujer sienta ganas de serle fiel al chico que la planchó.[99]

Y la tercera es la **Liberación de dopamina**. En general los hombres pierden el interés en la que fue muy fácil de conseguir porque no pueden enamorarse sin dopamina. Y el interés masculino (¿la dopamina?) baja con el acceso fácil a ella.[100]

Así que los hombres que obtienen sexo de inmediato tienden a experimentar un aumento de dopamina justo antes, pero un descenso al acabar. Es decir que quienes tienen sexo demasiado pronto en una relación tienden a perder el interés en la persona con la cual lo hicieron.

A veces, me escriben mujeres heterosexuales preguntando: "¿Qué pasó? Me pidió sexo, se lo di y desapareció. Pensé que le gustaba".

Bueno, de hecho, sí le *gustabas*, pero sólo por un rato. Posiblemente lo pensara en el momento que lo dijo y no sólo por sexo. Pero la dopamina de los hombres parece ser un mecanismo que los protege de comprometerse con mujeres que podrían engañarlos y poner en riesgo su línea genética.

Y como suele pasar, incluso hoy, las mujeres que dicen sí al sexo con mucha facilidad, muy pronto o con varias parejas, son más propensas a mantener abiertas sus opciones sexuales incluso después del compromiso.[101] Para que no pienses que éste era un problema del pasado, estudios en familias modernas demuestran que, dependiendo del país, cerca de 2-20% de los niños son criados por alguien que cree erróneamente ser el padre.[102] Como te imaginarás, la fila de hombres que quieren criar a los hijos de otro es muy corta.

Los hombres antiguos que preferían parejas difíciles de conseguir tenían más posibilidades de dejar niños que eran suyos de verdad, y no de su competencia.

Pero cuando yo salía con gente a mediados de la década de 1990 no sabía nada de eso. De hecho, recuerdo con precisión el momento en que tropecé con el libro *The Rules* (*Las reglas*) de Ellen Fein y Sherrie Schneider, que aún se edita en inglés.[103] Cada una de sus 35 reglas le dice a las mujeres cómo ser difíciles de conseguir. "No le hables y rara vez regrésale las llamadas", "no aceptes una cita para la noche del sábado después del miércoles", "siempre termina primero la cita".

Me dieron ganas de bañarme, de limpiarme toda la suciedad manipuladora que me acababa de caer. Odiaba los juegos mentales y despreciaba la falta de poder de la mujer; hacía poco había obtenido mi maestría y no podía regresar el reloj a 1950.

En 2002, alguien me prestó un ejemplar de *La evolución del deseo*. Esta vez, estaba casada, tenía una bebé y estaba en la facultad de psicología en Cal State Fullerton. El libro del doctor Buss, ahora en su cuarta edición, presenta una psicología del emparejamiento global de forma tan detallada, con tanto sustento científico que respaldando cada afirmación, que habría ahorrado tinta si sólo hubiera subrayado la información que no me sorprendió. Me cambió la vida, el documento más importante que he leído en mi vida sobre la mente de apareamiento en hombres y mujeres.

El libro probó que, por más que odiara *The Rules*, las premisas detrás de ellas eras sólidas.

Es posible que pienses que ser difícil de conseguir es bajo para ti: malicioso, falso y manipulador. Yo también luché contra esto. Pero en este paso espero convencerte de que estar menos disponible de lo que a ellos les gustaría, en el aspecto sexual y en otros, no sólo es muy efectivo, sino que es el camino al amor propio en toda su plenitud por medio del establecimiento de límites. Y puede (y debe) hacerse de maneras amables y respetuosas.

¿En cuanto al empoderamiento de la mujer? *Ya no estamos en la década de 1950 y no tienes que escoger entre tu pareja y tu carrera. Pero si quieres un hombre, no puedes confiar en las habilidades que usas en el trabajo. Necesitas visitar el antiguo camino hacia el amor.*

Encontrar y conservar el amor requiere dar señales que funcionarían en la época de las cavernas

Ser difícil de conseguir es la mayor señal de la señora Correcta para la mayoría de los hombres. Ser fácil es una señal universal de que eres la señorita Para un Rato, nada serio, y nadie querrá comprometerse contigo.[104]

Tu psicología del emparejamiento nunca escuchó sobre la liberación sexual de la década de 1960 o de los derechos de la mujer. No le importa cuánto dinero o educación tengas. *Tu mente de apareamiento está detenida en la prehistoria. Así como la de todos los demás.*

Por ejemplo, estudios encuentran de manera rutinaria que incluso las mujeres más ricas prefieren a hombres con más dinero, a pesar de que pueden mantenerse solas.[105] Y los hombres con vasectomía todavía prefieren mujeres jóvenes y bellas, aunque las claves de fertilidad sean de escasa utilidad para ellos desde el punto de vista genético.[106]

Ignoramos nuestra psicología del emparejamiento prehistórica siempre presente poniendo en peligro nuestra vida amorosa.

Así que puedes leer estos dos libros y construir tu plan de acción, o puedes leer este paso o hacer las dos cosas. *Pero si estás cansada de ser perseguida por hombres que no quieres y perder el interés de los que quieres, aquí está el secreto.*

Mujeres
Apliquen lo que saben al campo de la fidelidad
Usa el método de la barrera para eliminar a los donjuanes y quedarte con los comprometidos

Las barreras son cualquier cosa que haga más difícil tener relaciones. Son obstáculos para estar juntos. Aunque no lo pensaras antes, las barreras son tus amigas.

Piensa en la desaprobación de los padres. Cuando estaba en la secundaria, salía con un chico malo al que mi mamá fingía que le caía bien, mientras rezaba todos los días para que termináramos. Cumplió su deseo, porque no impuso una barrera. No había nada contra qué rebelarse, no tenía caso salir con un chico malo a menos que de verdad lo quisiera.

¿Alguna vez conociste a alguien que se enamora más de alguien si sus padres lo desaprueban? Investigaciones confirmaron este fenómeno hace casi cuarenta años y lo llamaron "el efecto Romeo y Julieta".[107] En aquel estudio, los padres que intentaron separar a una pareja joven lo único que lograron fue que se enamorara más y con mayor rapidez.

Quizá fuiste a algún bar y notaste que los chicos te prestan más atención si parece que estás por irte. Es probable que ni te lo imagines, pero los hombres (y algunas mujeres) tienden a encontrar más atractivo al sexo opuesto a medida que se acerca el cierre y se reducen las posibilidades de encontrar una pareja. Igual que una canción country, el artículo se llamó "¿No son más bonitas las mujeres cerca de la hora de cierre?".[108] (Si, como yo, piensas que los resultados se explican con facilidad porque cuando están borrachos ven a las personas más guapas, nota que el científico James Pennebaker tomó en cuenta los tragos que se consumieron).

Esto significa que las desventajas en tu vida en realidad pueden ser ventajas.

Tal vez estás en el ejército y piensas que un despliegue de tropas puede reducir tus posibilidades de encontrar y conservar el amor. Tal vez vives lejos de alguien que te interesa. Lo más desalentador de todo, tal vez tengas una enfermedad y piensas que alejará a tus parejas. *Todas esas son barreras que repelen a los donjuanes, pero atraen a los comprometidos.*

No puedes hacer que alguien a quien no le interesas se enamore de ti. No hay pastillas ni pociones, ningún deseo mágico va a funcionar. Pero puedes usar tus barreras para ahuyentar a quien te haga perder el tiempo. ¿Y esas personas que te quieren con todo y la barrera? Se enamoran más y con mayor rapidez.

Esto explica por qué la tasa de rompimientos es alta cuando hay despliegues militares, pero también lo es la tasa de compromisos.

Y por qué Vic me propuso matrimonio un par de meses después que empezamos a salir. Yo vivía en San Antonio, él en Austin, no nos veíamos en puntos intermedios, él siempre viajaba para verme. La distancia era una barrera y eso le permitió ver si valía la pena el esfuerzo o no. Si hubiera vivido en la casa de junto, él podría haber jugado conmigo por años sin jamás detenerse a pensar si era algo serio. Pero manejar todo ese camino no fue una casualidad, ni lo es para cualquiera.

Las barreras como éstas evitan que seas fácil muy pronto. Los hombres no obtienen mucho de ti. De hecho, nunca obtienen suficiente. Y ése es el punto.

Nosotros no escogemos muchos de nuestros obstáculos. Nadie escoge tener una enfermedad crónica. La mayoría prefiere no ir a la guerra cuando se está enamorando. Y yo prefería vivir en Austin todo el tiempo, no tener una relación a distancia.

Otras barreras se escogen (o deberían)
La mayor es ser difícil de conseguir (no jugar a serlo)

Sé difícil de conseguir: usa los celos
Cait me escribió después de perder a su pareja por ser lo opuesto a ser difícil de conseguir:

Después de tres felices años con mi primer amor, arruiné las cosas por ser apegada, depresiva y negativa cuando nos separamos para ir a la universidad. La que atosigaba por el teléfono, planeaba su vida alrededor de un chico y lloraba con pena era yo. Con razón al poco tiempo terminó conmigo... y le rogué que volviera. Qué seductora, ¿no?

Tres años después, todavía amo a Dan. Ahora vivimos en la misma ciudad, conocemos a las mismas personas y muchas veces nos encontramos en galerías de arte, el teatro, etc. Volví a ser la mujer independiente, adaptada y optimista que en realidad soy. Pero no estoy segura que Dan vea eso, o si alguna vez lo hará. ¿Cómo puedo deshacerme de la incomodidad entre nosotros y hacerle saber que soy la mujer de la que se enamoró? ¿Cómo recuperarlo?"

Ay, ¡el típico sentimiento de culpa y desesperación sobre el pasado! También lo he sentido muchas veces. Pero justo porque Cait intentó aferrarse a Dan en aquel entonces, es imperativo que no haga *nada* para eliminar la tensión ahora. De hecho, le recomendé *incrementar* la incomodidad. No es lo mejor, pero los celos ayudan.

Solía pensar que las mujeres generan celos por inmadurez o maldad. Pero estaba equivocada.

Algunos estudios revelaron que, cuando una mujer despierta con intención al Monstruo de los Ojos Verdes, el motivo no es la venganza. En vez de eso, *cultivan los celos para determinar qué tan fuertes son los sentimientos de su ser querido y aumentar su compromiso.*[109]

Si lo piensas, no hay muchas formas efectivas de descubrir si tú estás más interesada que tu chico. El doctor Buss señala que los hombres no suelen interesarse por las mujeres que les preguntan sin rodeos: "¿De verdad me amas?".[110] Consideran que son empalagosas y dependiente y es un repelente. Cuando dos personas salen, a veces la honestidad total es contraproducente, así que las mujeres encontraron una forma más fácil de preguntar.

¿Recuerdas a Kip, del Paso 4? Cuando se puso celoso por Lanie se volvió loco al punto de quererla de vuelta, aunque lo molestara. Si un hombre ama a una mujer y sabe, o al menos sospecha, que ella tiene otras opciones activas, más le vale hacer algo pronto o ver cómo alguien más se queda con ella. ¿Verdad?

Como suele pasar, sí. *A pesar de la opinión popular de que los hombres descartan a las mujeres que generan celos, los estudios muestran que cuando una mujer les importa, los celos *aumentan* su nivel de involucramiento.* Los hombres celosos admiten que sentirlos hace que le pongan más atención a su pareja y que pasen más tiempo preguntándose dónde estará y muestren más señales de interés. Cuando el doctor Buss y otros analizaron a cientos de parejas, descubrieron que la respuesta más común de los hombres al considerar que tienen un rival es ser generosos con su tiempo, atención, regalos, cenas, etc. con la mujer a la que no quieren perder.[111]

Los celos pueden tener un lado trágico. Los hombres celosos son capaces de matar. En todo el mundo, los celos masculinos son la causa principal de muerte en las mujeres en edad reproductiva.[112] Así que no uses esta estrategia si sospechas que tu chico puede ser violento.

Como Dan nunca mostró ninguna señal de ser agresivo, le dije a Cait cómo **utilizar los celos**:

Sal con otros, asegúrate de que Dan lo sepa, actúa menos interesada, sonríe, habla y coquetea con otros hombres frente a él. Si Dan no demuestra interés después de eso, es que ella no le gusta y qué mejor que descubrirlo a tiempo. Si la ama más, mejor.

Sé difícil de conseguir: crea competencia

La mayoría de los hombres son competitivos, en especial los hombres que las mujeres encuentran más atractivos. Compiten por todo y valoran las cosas por las que deben trabajar.

Es por eso que Suzy, la madre soltera que tuvo una relación exclusiva de tres semanas con Steve, aunque él no con ella, necesita salir con otros hombres y decírselo. Preparé el guion **Aún estoy viendo a otras personas** para que se asegurara de que Steve supiera que no le estaba guardando un lugar:

La estoy pasando bien conociéndote, pero debo decirte, para mantener las cosas honestas, que siempre salgo con varios hasta que alguien me pida exclusividad. No estoy sugiriendo que sientas eso por mí, pero quiero hacerte saber que veo a otros y entiendo si tú lo haces también.

Memorízalo, ensáyalo o imprímelo y llévalo cerca de tu teléfono. Sácalo a la conversación en el momento exacto. A diferencia de los celos, éste es un caso en el que la honestidad te recompensa. De verdad debes salir con otros hombres y ellos deben saberlo.

El guion no sólo aligera la culpa que puedas sentir si te escapas de vez en cuando, también te deja arriba en la jerarquía de apareamiento desde el principio, aumenta tu deseabilidad a través de la competencia y ayuda al hombre a saber si está interesado en ti o no.

Ésa es mucha ganancia para dos oraciones.

Tal vez te sorprenda que debas estar arriba en la jerarquía cuando inicias una relación. Pero es verdad. Al preferir y elegir esposos exitosos, las mujeres han moldeado a los hombres desde la prehistoria para ser competitivos y buscar posición en todos los aspectos: sus trabajos, casas, autos, educación. Y sus esposas. No es como que los hombres vayan a buscar posición en todo menos en la mujer con quien van a pasar el resto de su vida.

Y aunque las mujeres generalmente se relacionan con los demás como iguales, la investigación de la doctora Shelley Taylor muestra que los hombres normalmente no lo hacen.[113] Los hombres se ven a sí mismos por encima o por debajo en las relaciones y las interacciones. Si te ven arriba te respetarán y desearán el compromiso. ¿Si te ven hacia abajo? Es posible que te consideren lo bastante buena para salir contigo, tal vez incluso como alguien lo suficientemente buena para vivir contigo y pasar unos cuantos años teniendo sexo contigo. Pero es probable que no se quieran casar.

¿Yo usé este guion? Seguro. Hasta con Vic. ¿Le gustó? No, pero ése es el punto.

Si a un hombre en realidad le gustas, no le agradará que sigas saliendo con otros. Lo pondrá por debajo, estará incómodo y lo hará trabajar más duro de lo planeado. Pero el que no le guste la competencia o no le gustes tú son cosas diferentes. **La competencia** *es una barrera que aleja a los donjuanes y retiene a los comprometidos.*

Lo mismo aplica con el sexo.

Sé difícil de conseguir: retrasa el sexo

Claro, si Suzy ya tuvo sexo con Steve, ese discurso de Salir con Otros la hará sonar fácil, como alguien que sale y se acuesta con varios, sin inclinación a la fidelidad. Y como se mostró al inicio de este paso, eso no está bien. *La psicología y fisiología del emparejamiento que los hombres heredaron actúa para protegerlos de una pareja que ponga en riesgo sus líneas genéticas.* Incluso si un chico tuvo una docena de parejas y dice que no le importa cuántas hayas tenido tú; aun si ya tuvo los hijos que quería tener o si tú no puedes tener hijos, es muy probable que su psicología heredada le dirá que las mujeres que no son aptas para hacerlo padre pueden ser la señorita Para un Rato pero no la señora Correcta.[114]

No es justo y no me gusta, pero es la forma en que la mayoría de los hombres, la mayor parte del tiempo, están predispuestos por la genética para pensar y sentir. *Para asegurar al señor Correcto retrasa el sexo.*

Hay excepciones: los vírgenes y los hombres con poca experiencia sexual parecen ser más propensos a conectar de forma emocional aun si una mujer tiene sexo con ellos al inicio de la relación.[115] En otros estudios, 75% de los hombres dice que le resulta fácil mantenerse distante emocionalmente de las parejas con las que tiene sexo casual, eso deja a uno de cada cuatro que tiende a conectar.[116] Pero si quieres ir con la probabilidad, y no en su contra, *el sexo de inmediato no es la forma de hacerlo.*

¿Y si estás saliendo con un hombre de posición elevada? ¿Los hombres ricos y educados necesitan menos de estos juegos? Quizá no. Para dejarlo claro, los hombres muy exitosos suelen tener sexo con más facilidad,[117] sus niveles de dopamina (y sus partes nobles) suben y bajan, suben y bajan, suben y bajan. Los hombres no se enamoran sin dopamina estable, querrás elevarla sin que decaiga. Así pues, lograr que un hombre exitoso se enamore de ti quizá signifique retrasar aún más el sexo, practicar el juego más de lo que lo harías con alguien normal.

Tony, director general de una empresa de relaciones públicas, lo puso así:

Fácil: se define como recibir el tiempo, interés o sexo de otro con poco o ningún esfuerzo. Para el hombre simple eso está bien. Para el hombre necesitado es grandioso. Para el hombre complejo es una decepción. Queremos que nos reten de forma mental, intelectual e incluso física. Si viene en un paquete atractivo, es increíble, pero no es primordial. ¿Me he entretenido con mujeres fáciles? Claro. Besos vacíos, los llamo. Es como tener hambre e ingerir comida rápida porque no pudiste conseguir la comida casera que deseabas.

Dejé de salir con mujeres fáciles hace años.

Esto es muy difícil de entender para muchas mujeres y veo por qué. En la actualidad el discurso cultural dice que hombres y mujeres no deberían ser diferentes, y si los hombres tienen sexo fácil, las mujeres también pueden. Y claro, las mujeres *podemos*, pero se nos castiga por eso. La doble moral aún persiste.

Pregunta: ¿Y si te da miedo?

Hablo por mi experiencia cuando digo que ser difícil de conseguir es atemorizante. Es directamente contrario al tipo de conducta, a saber, señales de compromiso consistentes, que funcionaría para ti como mujer. Es natural que te asuste y quizá te preocupe perder a todos los hombres, no sólo a los donjuanes, si adoptas esa postura. Pero recuerda, los hombres no son como las mujeres ni necesitan los mismos estímulos. Estás cayendo en esa vieja trampa apareacéntrica. *Un hombre necesita señales que le digan que eres difícil de conseguir ahora, así puede contar con que después serás imposible para otros.*

Recuerdo la primera vez que fui difícil de forma intencional con un hombre que me encantaba. Me resultaba tan complicado. Me habló a final de la semana para pedirme una cita para la siguiente noche y yo debí decir, con un tono arrepentido, "lo siento, pero ya tengo planes". Y después retuve el aliento. No pude creerlo cuando, de inmediato, me pidió una cita con una semana de anticipación. Como yo salía con otros, ya tenía una cita para esa noche. "De verdad quiero verte, pero también tengo planes para esa noche." Su respuesta fue programar citas semanales para todo un mes. Apenas podía creerlo.

Ésta es la cuestión. Si yo no le hubiera importado, mi evasividad lo habría alejado. Pero, ¿qué iba a perder yo? A un hombre que no me quería. Eso no es una pérdida. Claro que duele, pero cuando apartas a alguien que no te quiere ganas tiempo para retomar tu vida y buscar el amor, en lugar de ahogarte en lágrimas. *Mujeres, hacerse la difícil no hará que todos los hombres las amen. Pero sí dejará muy claro, y pronto, quién las ama y quién nunca lo hará.*

Para aquellas que aún temen comprometerse con esta estrategia, aquí hay algo que pueden probar: sé difícil de conseguir sólo con la mitad de los hombres con los que salgas y hazlo de la manera fácil con el resto. Fíjate en los resultados. Tu vida será tu experimento. ¡Observa lo que pasa!

P: ¿Por qué los hombres intentan tener sexo contigo de inmediato aun si les gustas?

No es cierto que la mayoría de los hombres sólo quieren jugar para siempre. Ellos quieren amor genuino y duradero, al igual que las mujeres. En mis años investigando la ciencia de las relaciones, toda la evidencia que conozco demuestra que los hombres son más emocionales que las mujeres y, al menos respecto al compromiso, no menos. Se enamoran más rápido[118] y dejan de estarlo más despacio.[119] Es menos probable que corten la relación y son más propensos a casarse por segunda vez. Su luto y sufrimiento son más largos cuando la relación acaba.[120] Se molestan más en las discusiones y se tranquilizan más lento.[121] Quieren y necesitan amor.

Pero cuando buscan amor verdadero, la mayoría no abandona sus estrategias para el corto plazo. En vez de eso, *el programa para ligar a corto plazo sigue corriendo junto con su programa de apareamiento a largo plazo.*[122] Esto es muy confuso para las mujeres porque siempre asumen que un hombre que busca amor sólo está pensando en el amor a largo plazo.

Se ve más o menos como esto: un chico dice que está interesado en ti. Quizás incluso mencione que está buscando una pareja, que está cansado de jugar. Pero intenta tener sexo contigo de inmediato.

Desde la postura de una psicología evolutiva, ¡claro que lo hará! Si tú le dices que Sí, verá la oportunidad de heredar sus genes en el futuro y la revelación de que quizás eres una mala opción para una relación permanente y fiel. *Si le dices que No, se paralizará, pero también va a recibir la clara señal de que puedes ser sexualmente leal, así que podrías ser la Indicada. Hay una posibilidad de que se enamore.*

P: ¿Cuándo tendría que decir que sí al sexo?

En el fondo, la mayoría de los hombres son como Groucho Marx: "Me niego a pertenecer a cualquier club que me acepte como miembro". Claro, tú quieres que el señor Correcto y su "miembro" entren a tu… eh, club. Pero sólo a su debido tiempo y bajo tus términos.

Y tus términos son: cumplir con dos requisitos antes de tener sexo.

RESPUESTA: Debe pedirte exclusividad directamente y decirte que no quiere ver a nadie más

Él debe hacerlo, no tú. Eso sería desesperado y bajo de tu parte. Y debe hacerlo sin que tú lo induzcas. Existe un perfume llamado Obsesión, sí, pero no Desesperación. No te impacientes.

Espera su invitación y sigue saliendo con otros o al menos simula hacerlo hasta que se rinda.

R: Debe decirte que te ama y convencerte de que lo dice en serio

Algunos hombres dicen Te Amo muy pronto en una relación sin decirlo en serio.[123] Los mentirosos tienen sentimientos, está bien. Pero esos sentimientos están más relacionados con otra palabra: lujuria. ¿Por qué? En resumen, *cuando los hombres hacen un compromiso falso, muchas veces obtienen un orgasmo real.*

Así que no escuches sólo su declaración, también presta atención a su comportamiento. ¿*Hace* las cosas que haría un hombre que ama?

Cuando Vic y yo nos conocimos, me dijo que me amaba en la segunda cita. Pero no sólo lo dijo. Me lo demostró. Por ejemplo, me fui de viaje con mis padres y me pidió que pasáramos por su casa en nuestro camino de regreso. Cuando llegamos él ya había comprado un pastel, arreglado una mesa y limpiado su casa. Fue amable y atento. Cortejó a mi familia porque me estaba cortejando a mí. Un hombre que es casual no hace ese tipo de cosas, éstas son acciones de un hombre enamorado.

Muchas mujeres en el mundo reconocen que algunos gestos, pequeños o grandes, muestran si un hombre está invirtiendo su corazón o no. En las culturas occidentales esto puede significar que pasa tiempo contigo, te ofrece exclusividad, paga la cena, pone atención a todo sobre ti y te da regalos simbólicos por su deseo de comprometerse.[124] *Las acciones muestran si está invirtiendo en ti tanto emocional como literalmente, pues donde están los recursos de un hombre, está su corazón.*

En cierta forma, decir Te Amo es fácil y cualquier hombre que sólo quiera usar a una mujer dirá esa frase. *El señor Correcto no sólo declara su amor, lo demuestra. Y demostrarlo toma tiempo.*

Así que tómate tiempo. Las mujeres desarrollaron un método muy efectivo para eliminar lo que el doctor Buss llama "las serpientes en el jardín del amor".[125] Hacer que los hombres esperen. *Di No al sexo hasta que te sientas segura que sus palabras y actos te indican Compromiso.* Si lo haces los que estaban jugando van a desaparecer y los que no se van a enamorar más y más rápido de ti, demostrando una inversión real.

Por cierto, TÚ también cuentas. Nos hemos enfocado en los deseos del hombre, pero los tuyos también importan. *Si por alguna razón no quieres tener sexo, no lo hagas.* Aun si él te pide exclusividad y te declara y demuestra su amor, puedes decir que No hasta que estés lista. Tal vez eres muy joven para tener sexo, tal vez el sexo antes del matrimonio va contra tus creencias o no conoces bien a esta persona y necesitas más tiempo. Cualquiera que sea tu razón, está bien. Amarte a ti misma requiere mantener tu integridad; no tengas sexo si no quieres hacerlo. Los hombres que te amen te esperarán. Los que no, no lo harán.

P: ¿Y si ya tuviste sexo demasiado pronto?

Muchas veces, las mujeres se dan cuenta demasiado tarde de que tener sexo pronto cambió el nivel de interés de un hombre (para mal). Aunque el tipo a veces sale corriendo, otras se queda cerca porque, oye, "sexo gratis". Decir *No* a eso va contra la psicología del emparejamiento de la mayoría de los hombres.

Por ejemplo, Iliana me mandó esta nota:

Conocí a un chico el día de San Valentín a través de una página de citas en línea y congeniamos de verdad. Besa muy bien, es un caballero, paga todo, abre puertas, es un hombre de negocios MUY exitoso, tiene 12 años más que yo y me admira (a mí y mi búsqueda de una carrera).

El problema es que no pudimos resistir tener sexo en la SEGUNDA cita, que fue el sábado pasado. Tomamos mucho vino y de forma estúpida fui a su casa porque él quería darme unas flores que tenía ahí, una cosa llevó a la otra y el sexo NO fue bueno, sobre todo porque creo que fue muy pronto...

Iliana sintió la casi inmediata pérdida de respeto, posición e interés que le tenía este hombre. Por ejemplo, había dejado de usar el servicio de citas en el que se conocieron, pero un día después de lo ocurrido su perfil estaba de vuelta. Qué triste. También disminuyó su atención justo cuando la de un hombre enamorado aumentaría.

¿Qué tendrías que hacer si estuvieras en esta situación?, te sugiero usar este guion para *intentar desligarte del sexo y recuperar al tipo.*

Me gustas, pero apenas nos conocemos, no estoy lista para salir contigo de manera exclusiva y el sexo formaliza una relación más rápido, al menos para mí. Así que sigamos conociéndonos y dejemos el sexo fuera de esto hasta que los dos estemos seguros de que no queremos salir con otras personas, ¿ok?

Este pequeño discurso funciona muy bien. Es honesto. Te regresa tu libertad, pues muchas mujeres no están preparadas emocionalmente para seguir saliendo con varias personas mientras tienen sexo con alguien más. Te regresa el poder y previene que el hombre se convenza de que te tiene segura y ya no tiene que procurarte. Este guion te ayudará a deshacerte de él si sólo está jugando o lo acercará a tu corazón si va en serio.

Y claro, reafirma dos cosas que casi todos los hombres quieren saber: eres un buen partido para su paternidad (pues no sueles acostarte de forma casual con otros) y tienes una posición alta (porque te puedes permitir decirle No a él).

Estarás mejor si esperas para tener sexo, pero si no lo hiciste, tal vez no sea muy tarde para reclamar tu poder y posición como la señorita Quizás Es La Correcta.

Sé difícil de conseguir: sé selectiva

Uno de mis amigos de toda la vida es un hombre exitoso y atractivo. Muchas veces, las mujeres se lanzan sobre él, tanto de manera sexual como de otras formas. Y lo odia. Me ha dicho que siente vergüenza por ellas y las abraza mientras lloran por sus bajos estándares. *Es muy amable, pero eso no significa que amará a quien aparezca.*

Como lo expresa, es quisquilloso: "No tomaría cualquier trabajo ni viviría en cualquier vecindario, así que, ¿por qué estaría con cualquier mujer?".

Chicas, si quieren ser difíciles de conseguir, también deben ser selectivas. Durante milenios, al preferir parejas con recursos, las mujeres moldearon la psicología de los hombres de manera que ellos buscan tener una posición elevada. Los varones deseables quieren féminas con posición alta. Y las mujeres con posición alta son selectivas.

No quiero decir elitistas ni perras. Quiero decir que debes apropiarte de estándares como lo discutimos en los pasos 2 y 3. Aférrate a ellos, cultiva lo que yo llamo La Actitud, el sentimiento de que mereces amor y que no aceptarás que te traten mal.

Esto incluye ser selectiva con los estándares que tienes para tus citas. *Las mujeres selectivas sólo salen con hombres dispuestos a hacer el esfuerzo de cortejarlas.*

La primera vez que Belinda habló conmigo estaba saliendo con un hombre que separaba la cuenta del restaurante. Le aconsejé que dejara de verlo, pero ella se sentía bien con hacer la mitad del esfuerzo, aun cuando él tenía mucho más dinero que ella, y Belinda estuviera llena de juventud y belleza que ofrecer. Pensaba que no necesitaba que un hombre se hiciera cargo. Podía hacerlo ella misma.

Más o menos un año después supe de ella otra vez. Ahora estaba casada. Tuvo una operación y se sorprendió cuando su esposo no le ofreció pagar nada de eso. *Cuando salían, ella estaba por su cuenta; cuando se casaron, ¡seguía por su cuenta! Él nunca la apoyó ni a un nivel básico.*

Amigos, apoyar a alguien, ser un equipo, es parte fundamental del matrimonio ideal.[126] De hecho, la disposición de un hombre para proveer durante las citas te da una visión de su respuesta ante *la* prueba más básica de intimidad y compromiso: "¿Estás ahí para mí?".[127] Belinda no pensó que fuera importante. Pero lo era. Se divorciaron debido a este problema, algo en lo que él fue claro y honesto desde la primera cita.

La mujer difícil de conseguir se respeta lo suficiente como para dejar de desperdiciar sus emociones, tiempo, dinero y sexualidad en hombres que no se interesan en ella. Es lo bastante amable para evitarse el dolor innecesario y predecible, y establecer barreras a fin de ahuyentar a los donjuanes y atraer a los comprometidos.

Los hombres invierten en lo que aman y las mujeres de posición alta lo saben. Cuando los hombres no lo hacen, ponen en evidencia que no pueden dar amor y seguridad, y que son una mala opción a largo plazo. Sé selectiva. Escoge a alguien que te elige a ti por completo.

¿Conclusión? El cortejo inicial es una danza donde él lleva el paso y tú decides qué tan rápido lo sigues. Seguirlo más despacio es la ruta más segura para conseguir un amor que valga la pena. Si puedes ser difícil de conseguir, eres un gran partido para el señor Correcto. Bono extra: El señor Ahora Mismo te dejará sola rápido y así te ahorrarás tiempo y un corazón roto.

Difícil de conseguir significa: ser evasiva

Así pues, ahora tienes una mejor visión de lo que es ser difícil de conseguir. Significa que demuestras que tu tiempo, energía, emociones y sexualidad están menos disponibles de lo que un hombre quiere, y así debes continuar hasta que estés segura de que él invertirá todo en ti y estés dispuesta a regresar la inversión. Es responder "No" hasta que tenga sentido *para ti* decir "Sí".

Ser Difícil de conseguir es decir No a:
- ♥ *Una cita de última hora.*
- ♥ *Verse todos los días antes de que haya compromiso.*
- ♥ *Encontrarse en un punto medio.*
- ♥ *Revelar información que no estás lista para compartir, sea cual sea.*
- ♥ *Comprometerte con un hombre sin que te lo pida porque él no está comprometido contigo.*
- ♥ *Tener sexo antes de que tú lo desees, no importa cuánto tardes, ni la razón.*
- ♥ *Tener sexo antes de que un hombre te declare su fidelidad y pruebe que está enamorado de ti.*

Es la forma en la que recibí varias propuestas de matrimonio que no quería, al ser enloquecedoramente esquiva, pero nada clara sobre mi interés. Y al ser difícil de conseguir, logré la propuesta que esperaba.

Difícil de conseguir no significa ser una perra

Hay un libro popular sobre ser una perra para atrapar hombres. Es probable que funcione, por un rato. El problema es que un matrimonio requiere de amabilidad y respeto, y ser una perra es lo opuesto. Si encuentras un chico que de verdad ama ser arrollado, el matrimonio no valdrá la pena. Para tener una buena relación, practica habilidades sociales todo el tiempo, incluyendo cuando tienes citas. No quieres alejar a los hombres, sólo quieres que se den cuenta si tú eres su todo. Así que sé amigable. Sólo no seas fácil.

En un nivel fundamental, ser difícil de conseguir es amarte a ti misma estableciendo los límites correctos. Es decir "No" a muchos, muy pronto, mientras dices "Sí" al amor y respeto por ti misma *y* a los hombres con los que sales.

Practiquemos. En los siguientes cinco escenarios, ¿puedes adivinar cuál será la respuesta de una **mujer perra**, de una **sin respeto por sí misma** o de una **difícil de conseguir**?

Ejemplo 1: Cita de última hora

Digamos que John te llama el jueves en la noche para salir en una hora. Una **perra** dice: "Debiste llamar antes", "tardaste demasiado" o "¿quién te crees que eres al llamarme así, a última hora como si…?".

Una **mujer con baja autoestima** (y que pronto se quedará sin amigos) dice: "Iba a cenar con Elayne, pero prefiero verte". Ella acomoda su vida para ajustarse a él, como si su vida o la de los otros carecieran de importancia.

Una **mujer difícil de conseguir** responde con límites de amor propio, pero también con amabilidad y respeto: "Me encantaría, pero ya tengo planes, ¿podría ser después?". Lo dice con una sonrisa en la voz, quiere ser esquiva, pero no fría. No le dice qué hacer, sólo rechaza seguir una conducta inaceptable. O si no quiere salir con él: "Gracias por tu oferta, pero mejor no". Lo cubriremos en el Paso 8, pero por ahora, entérate que no debes dejar a un hombre colgado. La difícil de conseguir no mantiene falsas esperanzas. Y se mantiene firme.

Ejemplo 2: Una llamada tarde

Tal vez un hombre te llama tarde en la noche o en la madrugada del fin de semana. Una **perra** le reclamaría: "¿Qué haces? Estaba dormida, ten un poco de sentido común". "No tengo tiempo para hablar contigo, ya es fin de semana". "¿Dónde estuviste toda esta semana?, ¿eh?".

Una **mujer con baja autoestima** responde el teléfono desesperada y agradecida, no importa a qué hora llame. Ella le contesta y envía mensajes de inmediato también. O peor, ella inicia las llama-

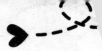

das, correos, mensajes, lo etiqueta en publicaciones de Facebook, etcétera.

Una **difícil de conseguir** contesta con límites, amor propio, amabilidad y respeto: cada vez que responde hay una sonrisa en su voz, pero apaga su teléfono si recibe llamadas por la noche. Él no va a decidir en qué momento atiende sus llamadas, pero no se lo va a decir, simplemente no va a estar disponible y él se dará cuenta. O tiene encendido su teléfono, pero no contesta. Él sabrá que ella no está disponible, tal vez se pregunte si estará saliendo con alguien más. Aún mejor: la competencia y los celos trabajarán a su favor.

*Y ella *no* lo llama, manda correos, mensajes, publicaciones ni nada para iniciar.* Si él quiere puede buscarla, en un momento en que esté bien para ella. Si no, no lo perseguirá para ser tratada como una señorita Para un Rato con baja autoestima. Eso no es respeto propio, es un tren descarrilado.

Ejemplo 3: Búscame

Tal vez un chico te pida que te reúnas con él en un restaurante. Puede ser bueno si es la primera cita y es tu idea llegar separados por cuestiones de seguridad. Pero en las siguientes citas, cuando ya te sientes segura, él debería hacer el esfuerzo de que todo esté donde debe estar.

Una **perra** puede ser brusca: "No, tú eres el hombre, es tu trabajo llevarme y traerme". "Uh, ¿dónde están tus modales? No lo creo". "¡Uy, qué caballero… no!".

Una **mujer con baja autoestima** puede seguirle la corriente, aunque sienta que está perdiendo terreno. Lo perseguirá si debe hacerlo.

Una **difícil de conseguir** dice cosas como: "Oh, no sé, creo que esta relación se mueve muy rápido para mí" o "preferiría no ir". Mantiene su voz en un tono neutral, pero no acepta ser tratada como uno más de sus amigos. Él puede decidir si la cortejará o no, pero ella no desea ser la que lleve a cabo el cortejo y la trate como una mujer de posición baja, y actúa de acuerdo con ello.

Ejemplo 4: Gran inquisidor

Aquí hay algo que nos pasó en repetidas ocasiones a mí y a mis clientas. El hombre llama o envía mensaje: "¿Qué harás esta noche" o "¿Por qué no puedes salir conmigo?". "¿Con quién vas a salir? ¿Estás viendo a alguien más?". Una **perra** contraataca: "¿Qué te importa? ¿O qué? ¿Soy de tu propiedad?". "¡Vaya imbécil! ¡Vete!".

Una **mujer con baja autoestima** que se sorprende por la rudeza y las preguntas invasivas puede ser honesta y revelar sus planes: "No mucho, supongo que sí puedo ir". "No estoy viendo a nadie más". "Sólo de niñera de mis sobrinos". (¿Escuchaste bajar sus acciones?).

Amigas, no es asunto de nadie lo que hagan en su tiempo separados. Este hombre no es tu esposo. Ni siquiera es tu novio todavía. Darle ese tipo de información (aunque él te la pida) es demasiado.

Una **mujer difícil de conseguir** *revela sus planes sólo si la hacen ver más difícil*. Responde con límites, amabilidad, respeto, y quizás un poco de humor o provocando la competencia: "Podría decirte, pero tendría que matarte". "Estoy en el programa de protección a testigos". "No creo que quieras escuchar sobre otros chicos, ¿o sí?". "No somos exclusivos, ¿verdad? Es mejor no llevar registro de lo que hace el otro".

Ejemplo 5: Solicitud de sexo

Digamos que es su segunda cita o una ocasión en la cual no estás lista para el sexo con una persona en particular, por cualquier motivo, y el hombre con quien sales te presiona para hacerlo. Una **perra** lo detendría: "Qué puerco. Sólo piensas en sexo, ¿no?". (Advertencia: Las violaciones en las citas son comunes y espero que no te pase a ti. Pero si debes gritar o golpear para escapar de un intento de violación, hazlo. Eso no es ser una perra, es defensa propia. Sé ruidosa, vete y llama a la policía.)

Una **mujer con baja autoestima** tiene sexo cuando no quiere. No importa la razón que sea, no tengas sexo si no quieres. Es de posición baja, repele a los hombres y es opuesto a tu autoestima.

Pero una **mujer difícil de conseguir,** con amor propio, respeto y límites, dice que No en un tono amable: "No estoy lista para eso." "Prefiero no hacerlo hasta que te conozca bien." "No estoy abierta al sexo hasta que [aquí di tu razón: graduación/exclusividad/día D/compromiso/matrimonio].". O cualquiera que sea tu verdad. De esta manera le haces saber que vale la pena esperar. Tienes derecho a decir que No y si el hombre está en desacuerdo, puede irse a buscar a otra. No a ti.

Éstos son algunos de los ejemplos posibles. ¿Cuáles son las situaciones comunes donde *estás* tentada a ser una **perra** o a no apegarte a tus propios estándares de respeto y amor propios? ¿Puedes pensar en otras cosas que dirías en cambio para ser una **difícil de conseguir?**

*¿Conclusión? La mujer **difícil de conseguir** no es fría, grosera o pusilánime. Es amigable, pero tiene límites, que se establecen con amabilidad y respeto propio.*

Ahora sabes por qué y cómo piensan los sexos y qué hacer al respecto. Pero si no conoces a nadie, no importa. ¿Cuáles son los cuatro mejores lugares para conocer a una pareja? El Paso 6 te sorprenderá.

A través de un salón (de chat) lleno de gente

Busca donde encontrarás

Un día llegará mi príncipe.
Blancanieves

Las princesas de Disney la tuvieron fácil. Alguien escribe sus vidas y el Príncipe Encantador aparece convenientemente para salvarlas de cantar para siempre, del sueño eterno, de limpiar o de jugar con relojes y candelabros.

El mito de que tu príncipe o princesa va a aparecer por acto de magia se reproduce con frecuencia en la pantalla grande… pero no en tu vida. Como aprendimos en el Paso 2, encontrar al señor Correcto o la señora Correcta requiere esfuerzo. Si buscas, las probabilidades de encontrarlo serán más altas. No busques y básicamente estás decidiendo permanecer soltero.

Por fortuna, no tienes que poner esfuerzo en todas partes, pensando que tu mujer u hombre podría aparecer frente a ti en cualquier momento. Eso es ineficiente y agotador, una dispersión de tu energía que podría ser abrumadora y llevarte a darte por vencido.

La belleza de la ciencia es que nos dice a dónde dirigir nuestros esfuerzos. Aquí están las cuatro grandes formas de conocer a tu pareja.

Usa el plan amigos y familia

Jake me escribió cómo él y su esposa se convirtieron en pareja:

Mi esposa y yo fuimos conocidos y después amigos antes de empezar a salir juntos. Chris Rock dice: 'Cuando vas a una cita, tú no eres tú. Eres tu embajador'. Le dije cosas que jamás le habría dicho en una cita, así que cuando empezamos a salir ya sabíamos mucho el uno del otro. Resultó ser una bendición porque no hubo sorpresas que aparecieran de la nada. Nos conocíamos bastante bien antes de recibir el baño de químicos neurológicos del romance. Felices, descubrimos que congeniábamos muy bien.

Una gran forma de unirse es ser amigos primero.

Pero hay una segunda, mucho más común, de aprovechar las amistades: *deja que tu familia y amigos sean tu servicio de citas.*

Puedo escucharte murmurar: "Oh no, no me estás diciendo que tenga citas a ciegas, ¿o sí?". Sí, sí lo estoy haciendo. Pero no es todo lo que te recomiendo.

La gente en países occidentales tiende a pensar que no arreglamos los matrimonios. A un nivel amplio, es cierto, nosotros escogemos a nuestras parejas. Aun así, hay más implicación de otras personas de lo que podrías sospechar. *En una encuesta representativa entre 20 000 adultos estadounidenses que se casaron entre 2005 y 2012, alrededor de un cuarto de ellos se conoció por medio de amigos, familia o su red social.*[128]

Ventajas de conocerse por medio de los que ya conocemos

Primero, como vimos en el Paso 2, la *similitud* es importante y es probable que tengas muchas cosas en común con las personas que conoces a través de tu círculo social. Ya que "Dios los hace y ellos se juntan", es probable que *los amigos de tus amigos compartan algunos de tus valores, intereses, gustos o disgustos.* Es un buen lugar para empezar.

¿Otra ventaja de este plan? Crea la sensación de *familiaridad*, de que se conocen antes de salir y curiosamente eso lleva a una mayor empatía. Cuando nos sentimos cómodos transmitimos esa sensación a la persona con la que estamos, le dejamos ver la mejor versión de nosotros y apreciamos lo mejor del otro. *A pesar del viejo dicho que afirma que la familiaridad engendra desprecio, en realidad trae satisfacción.* De hecho, algunos experimentos indican que incluso mencionar a otras personas a quienes podrías conocer hace que crezca tu interés por ellas. En un estudio se les dio a los participantes información sobre dos mujeres, ellos esperaban conocer a una de ellas y a la otra no. Los participantes manifestaron su preferencia por la mujer con la cual pensaban que se encontrarían, aunque ninguna de las dos fue descrita de forma más favorable.[129]

La seguridad puede ser una tercera razón para conocer a alguien mediante amigos y familiares. Muchas formas para conocer personas (bares, clubes, internet) son anónimas. Podrías conocer a un asesino serial. Claro, no hay garantía de que los amigos de tus amigos siempre sean bien portados. *Pero cuando conoces a otros por medio de conocidos hay una capa de responsabilidad presente.* La gente tiene que mostrar su mejor conducta, ya que si se porta mal es probable que se sepa.

Tres formas de usar el plan amigos y familia

Mucha gente aprovecha sus relaciones sociales sin tener citas a ciegas: *se conocen en eventos celebrados por sus contactos.* Por ejemplo, ve a cada fiesta, cena o reunión organizada por tus amigos e intenta abrir los ojos para identificar a los solteros que no conozcas.

O ve a eventos en los cuales te dijeron que habrá alguien especial. Piensa en *El diario de Bridget Jones,*[130] cuando Bridget conoce a Mark Darcy en el bufet de su tía Una. Es un encuentro arreglado, sí, pero no una cita.

Mejor aún, diles a todos los que conoces que estás buscando un esposo, especifica las cualidades que buscas y pídeles que te pongan en contacto con alguien prometedor. ¿Suena vergonzoso? Vuelve al Paso 1. Es normal necesitar a alguien, necesitas a la persona correcta para ti y no debe darte pena buscar.

¿Te daría vergüenza pedir a tus conocidos que te avisen de un buen empleo si estás consiguiendo trabajo? En un nivel más profundo y objetivo, tu búsqueda de amor es más importante que eso. Cuando les cuentas a otros sobre tu búsqueda, incrementas el número de ojos y oídos en la misión. Si eres muy audaz, no te detengas con una descripción verbal de tu pareja ideal, comparte tu Lista (la que hiciste en el Paso 2) con tus amigos de confianza. Así como la Lista te vuelve consciente de los solteros escondidos frente a *ti*, puede hacer que *otros* se abran para encontrar en sus círculos prospectos que podrían ser compatibles.

Henry era un joven padre soltero cuya primera esposa murió de cáncer. Sus padres lo ayudaban, pero aun así era difícil para él tener citas. Además, no quería descuidar a su pequeño hijo perdiendo el tiempo con las mujeres equivocadas. Así que les dijo a sus amigos y familiares que si conocían a alguien adecuada para él y su hijo, se lo mencionaran. De otro modo, se quedaría en casa.

La madre de Henry fue la primera en notar a Mimi, una cantante profesional que daba clases de vocalización a niños de primaria. Pero no le puso atención hasta que su mejor amigo se la mencionó. Dos personas le daban su voto de confianza a la misma mujer. Debía ser especial. Henry la llamó. Tres meses después estaban comprometidos y ahora tienen un matrimonio feliz.

De vuelta a las *citas a ciegas*, recuerdo una mía. Un hombre en extremo atractivo llegó a mi puerta, era tan guapo, recuerdo que pensé si no se había equivocado de departamento. Después me pregunté si sería capaz de hablar. No hubo necesidad de preocuparme, cuando supo que estudiaba psicología no pude hablar mucho. Pasó el resto de nuestra interminable cita contándome cada detalle de lo malo que le pasó en la vida. Debí cobrarle dos mil pesos la hora, aunque nunca tuve oportunidad de explicarle que mi área era la investigación de la memoria y no la terapia.

Las citas a ciegas no nos funcionaron a Vic y a mí, pero considera a nuestros amigos el doctor David y Shula Weiner.

Nuestra primera cita fue un evento obligatorio orquestado por familiares y amigos de ambas partes. Desde el momento que ella abrió la puerta dejó de serlo. La belleza de Shula era impactante. Su trabajo involucraba relaciones públicas y ella me trató como lo haría un guía de turistas mientras abordamos el autobús desde su casa a las afueras de Tel Aviv hasta Jaffa, nuestro destino. Logró impregnar cada calle, casa, árbol y arbusto de falsos significados sólo para evitar una conversación real. Sin embargo, en algún punto ella expresó alguna opinión con la que discrepé haciendo un ruido con la garganta y por fin me puso atención algo irritada. Intentó ignorarme y continuar su discurso. Pero no pudo (y jamás ha podido) dejar pasar un momento de controversia. Así se dio nuestra primera conversación real, una discusión acalorada que siguió por más de una hora mientras disfrutábamos una comida maravillosa, escuchábamos buena música, observábamos grandes obras de arte en los lugares a los cuales me llevó; rutina para ella, pero un mundo nuevo para mí. A la medianoche nos estábamos conociendo de verdad y nuestra cita acabó hasta el amanecer, sentados en los escalones de su departamento hasta que tuvo que cambiarse para ir al trabajo y yo debía encaminarme a la Universidad en Jerusalén, donde tenía que empezar un proyecto. Bueno, el proyecto ni siquiera empezó.

Él y Shula anunciaron su compromiso a sus padres dos semanas después. Llevan felizmente casados casi cincuenta años y planean llevar a su pequeña nieta a conocer Israel cuando se cumpla la quinta década.

Amigos, aquí hay una regla de oro: *No todas las formas de conocer a alguien funcionan siempre. De hecho, será normal que todas fallen hasta que por fin conozcas al Indicado. Pero busca entre las personas que conoces y confía, y tal vez lo encuentres.*

Aprovecha la ley de la proximidad

Un amigo de la universidad escribió una canción que se llama "Propincuidad" (trata de estar físicamente cerca). Es un buen tema para una canción, de verdad. Porque la ley de la proximidad dice que *estar físicamente cerca de alguien es uno de los indicadores más poderosos de atracción.*[131]

Por cierto, no sólo quiero decir que tienes más posibilidades de casarte con alguien que vive en la misma ciudad que tú, aunque es verdad. Quiero decir que la ciencia demuestra que la probabilidad indica que te casarás con alguien cuyo escritorio o cama está a unos pasos de tu propio escritorio o cama.

Esto indica algo simple pero profundo. *Cuando escoges un lugar para trabajar, vivir u orar, no sólo seleccionas un trabajo, una casa o una iglesia. Estás eligiendo un grupo de parejas posibles.*

Sandy era mi alumna. Tenía una belleza descomunal, era de una región muy pobre y quería salir de ahí. Se preguntaba cómo podría casarse para huir de la situación en que creció, en la cual a veces no tenía suficiente comida y había violencia desenfrenada, incluyendo tiroteos.

Empecé preguntándole dónde vivía, trabajaba e iba a la iglesia. Adivina. Aún frecuentaba el mismo vecindario donde creció. Incluso el campus en donde nos conocimos estaba en una parte pobre de la ciudad.

Le dije: "Sandy, eres tan adorable y tan buena. Si quieres conocer a hombres con dinero que también sean buenas personas, sé que puedes hacerlo. Pero hay una cosa: El Príncipe Encantador no va a llegar a tu puerta en un BMW a decirte 'Dicen que Sandy vive aquí, ¿dónde has estado toda mi vida?'".

La palabra que liberó a Sandy fue "Westlake", una zona rica de Austin. Sandy empezó por encontrar un trabajo, después un departamento y luego una iglesia ahí. Lo último que supe es que conoció al señor Correcto en Westlake.

De esta forma, tuve clientes que sólo se casarían con una católica pero no iban a ninguna iglesia. Conocí personas que sólo se casarían con judíos, pero no iban a ninguna sinagoga, aun cuando vivían en una ciudad con pocos judíos.

No digo que todos deban que casarse con personas con las mismas creencias. La similitud ayuda al amor a largo plazo, pero no tienen que ser idénticos. No estoy aconsejando que todos se casen, tampoco culpo a Sandy por querer dejar atrás la pobreza. No sólo quería un hombre adinerado, quería un hombre que se ajustara a su Lista, a quien amara y pudiera protegerla de la necesidad y la violencia.

Pero digo que *si quieres conocer a un tipo particular de gente necesitas ir (en repetidas ocasiones y sola) a donde están esas personas.* Por ejemplo, me gustan las personas de ideas, así que iba a librerías y bibliotecas en repetidas ocasiones y sola. Amo la música y a los amantes de la música, así que iba a muchos conciertos, en repetidas ocasiones y sola. ¿Conocí así al amor de mi vida? No, pero eso no importa, no todas las formas funcionan para todos.

El punto es que esto funciona para muchas personas y tú quieres que las probabilidades estén de tu lado. Cuando los clientes me dicen: "Oh, intenté ir a [el nombre de cualquier lugar] una vez, y no funcionó", lo más importante aquí es "una vez". Casi nada que hagas sólo una vez va a funcionar. La clave es hacer las cosas bien una y otra vez, aumentando así las oportunidades de encontrar amor.

De forma similar, cuando la gente dice: *"Fui a [nombre del lugar] y no había muchas parejas para mí."* Me dan ganas de contestarle: *"¡Pues claro que no había!".* Ningún lugar tendrá montones de parejas perfectas para ti, pero hay muchas parejas posibles para ti en este gran mundo y sólo necesitas una. Ve a los lugares donde puede haber una.

¿Por qué es importante ir solo? Estoy extrapolando desde la ciencia sobre la competencia por una pareja. Resulta que hombres y mujeres tienden a hacerles cosas bastante fuertes a otras de su propio género para ganarse a la mejor pareja, incluyendo destruir la reputación de su rival. En varios estudios, las mujeres mienten sobre el pasado sexual de otras ("Se acostó con todo un equipo de futbol") para que le dejen de gustar a un hombre, y los hombres

mienten sobre otros ("¿Sabes?, ése no es su verdadero coche") para deshacerse de sus rivales. Al parecer, ¡quienes reciben estas mentiras con frecuencia las creen![132]

Tal vez tus amigos están por encima de traicionarte o robarte a alguien que te gusta. Pero es más común que las mujeres tengan el rol de ser buscadas y los hombres dicen que es más fácil aproximarse a una mujer que está sola, porque es más intimidante acercarse a un grupo. Y sólo hago suposiciones, pero apuesto que es más fácil para las mujeres coquetear con un vistazo de reojo de tres segundos (señal universal que las mujeres usan para atraer una pareja[133]), si no están en una conversación con sus amigas. De igual manera, es más fácil que un hombre solo se acerque a una mujer, porque si está con amigos se pueden burlar de él si aborda a alguien o fijarse también en la mujer que desea. Pero puedo equivocarme.

De lo que estoy segura es de esto: *la repetición es vital porque te hace familiar y, por tanto, más accesible y agradable.* Los psicólogos saben que somos propensos por el solo efecto de la exposición: mientras más nos encontremos con alguien o algo, más nos va a gustar.[134] Esto aplica incluso con la forma en la que nos vemos a nosotros mismos. Por ejemplo, si pudieras escoger una imagen tuya para guardarla, ¿sería lo que ves todos los días en el espejo o lo que otros ven de ti? Cuando los psicólogos les dan a varios individuos la opción de escoger cuál de esos dos autorretratos les gustaría más, la forma en que otros los ven o lo que ellos ven en el espejo, la mayoría de las personas escogen la segunda.[135] Les es más familiar.

Pero este patrón viene con una advertencia. *La simple exposición sólo parece hacer que le gustemos más a la gente y funciona si no tenían una fuerte opinión negativa o si ya les agradábamos un poco para empezar.* Un hombre me dijo: "Hay una chica que me gusta y sé que yo no le gusto, así que empecé a pasar mucho tiempo cerca de ella, para que la exposición la atrajera. Pero no funcionó". Cuando a alguien no le gusta otra persona, verla más puede hacer que incluso le guste menos.

Sin importar el lugar que escojas para cazar, es necesario que te des cuenta de que la cercanía funciona de formas muy específicas.

Mientras más cerca mejor. Por ejemplo, en una investigación sobre amistades en dormitorios, la gente tiende a hacerse más amiga de su compañero de cuarto, después de las personas en la habitación de al lado y por último del que está del otro lado del pasillo. Cuanto más lejos están, menos posibilidades hay de interactuar y menos tendencia a agradarse.[136] Se obtuvieron resultados parecidos en un salón de clases universitario donde los alumnos se sentaron de forma aleatoria.[137] Aunque no estuvieran sentados de acuerdo con intereses en común, las personas se hicieron más cercanas emocionalmente de los que se sentaban a su lado.

Así que, si ves a alguien que te gustaría conocer mejor, estar en la misma conferencia o universidad no es suficiente. Forma parte de su equipo de trabajo, siéntate junto a él. *Acércate, acércate.*

Encuentra tu futuro en tu pasado

Hace poco Vic y yo fuimos a una cena en la que una de las parejas casadas se conoció en la secundaria y no se volvió a ver durante treinta años. El hombre nunca olvidó su amor de la infancia e hizo grandes esfuerzos por encontrarla. Están locos el uno por el otro.

¿Tienes un viejo amor en el que no puedes dejar de pensar? ¿Alguien a quien nunca superaste? Tal vez consideres esas reflexiones imposibles o poco prácticas, o un ejemplo de amor adolescente. Pero estas relaciones son reales, y cuando se reinician se vuelven fuegos artificiales. De acuerdo con la doctora Nancy Kalish, gran investigadora del tema, 10% o más de nosotros tiene alguien así en su pasado. Y aunque suene insignificante, la dicha que generan estas uniones es tanta que vale la pena intentarlo.

Primero, cuando estas personas se reúnen no es sólo por casualidad y no sólo salen juntos. En su libro *Lost & Found Lovers: Facts and Fantasies of Rekindled Romance* (*Amantes perdidos y encontrados*), la doctora Kalish revela que, en su investigación, casi 80% de la gente que ha perdido un amor y lo contacta después de cinco años se *casa* con esa persona.[138]

Estos matrimonios son excepcionalmente duraderos. *Considera que la tasa de divorcio en Estados Unidos para el primer matrimo-*

nio es de 47%. *Ahora compárala con la tasa de divorcio de amantes recuperados que es de 2%. Y no, no es un error tipográfico. ¡Son las probabilidades más seguras del planeta!* Noventa y ocho por ciento de la gente que se casa con su examor permanece junta.

Y las uniones son una dicha, el sexo no tiene comparación, hay un clímax que parece durar para siempre, usan formas de hablarse tan cariñosas que revuelven el estómago a muchos.

Piénsalo de esta manera. Si conoces a un extraño hoy y conectan, ¿cuáles son las probabilidades de que se sientan atraídos por el resto de su vida? Ahora compáralas con las posibilidades de dos amantes perdidos que se reúnen. Ni siquiera se acercan.

¿Por qué reunirse con un viejo amor es tan poderoso? En una entrevista[139] *la doctora Kalish me dijo que se relaciona con la similitud y el desarrollo cerebral.* Muchos de los reencontrados conocieron a su pareja a los 22 años, o más jóvenes, y otros desde la infancia. "Crecieron juntos con los mismos valores, es probable que conozcan a sus familias y compartan raíces", explicó. "Así que cuando vuelves a encontrar a esas personas te resultan cómodas, familiares, hay un gran nivel de confianza. Y creo que eso hace a esas relaciones tan sensuales."

Pero la pólvora sexual del amor reencontrado va más allá de la similitud, tiene que ver con cómo el cerebro era más puramente emocional en el momento que se conocieron. La doctora Kalish continúa: *"El amor perdido es más poderoso que otras relaciones porque pasó cuando eras joven y tenías un cerebro diferente. Así que piensa en un adolescente, él o ella todavía no tiene la corteza prefrontal [parte del cerebro que toma decisiones lógicas basadas en la memoria a largo plazo]. No saben manejar su centro de pensamiento. Son sólo hormonas, el amor perdido es una cosa visceral e irresistible".*

Esta carta que me envió Chelsea demuestra un típico caso de amantes perdidos:

Me enamoré mucho de mi primer amor. Nos conocimos en sexto grado y salimos durante año y medio. Aun después de mudarnos intentamos estar juntos. No funcionó y la pasé muy mal saliendo con otros chicos. Nunca dejé de sentir cosas por él. Ahora, he salido con alguien más durante dos años y medio, es una relación muy seria, pero tengo dudas sobre si quiero estar con él. Hay problemas en la relación que creo no superaremos. Y también estoy en contacto con mi primer amor y los viejos sentimientos están volviendo. Así que, ¿sólo fantaseo con mi primer amor en un momento tan difícil de mi relación o es amor real? ¿Debería buscarlo?

No sé mucho del actual novio de Chelsea como para decirle si debería quedarse con él. Pero sé que la doctora Kalish recibe casi diario angustiosas cartas de personas que no toman en serio a su amor perdido y se casan con otros, sólo para descubrir que no pueden quitarse la obsesión (o peor, terminan arruinando la vida de sus cónyuges e hijos con una aventura o divorcio. Contactar a tu viejo amor después de casarte es una terrible idea, a menos que quieras más tragedia en tu vida). Así pues, si Chelsea decide en contra de su novio, *la investigación de la doctora Kalish predice que sí, que sus sentimientos por el amor perdido pueden ser muy reales y una relación dichosa con él es muy posible, SI los dos se ajustan a cierto perfil*:

El perfil de los amores perdidos

Juventud cuando se conocieron

Los reencontrados felices no necesitan haber sido novios o estar enamorados cuando se conocieron, pero casi todos eran jóvenes. En general, la relación empezó cuando tenían menos de 22 años y en ocasiones se conocieron cuando eran niños y tenían cinco o menos.

Rompimiento fuera de su control

La doctora Kalish me dijo que los reencontrados felices se "separaron por una situación que estuvo fuera de su control. El problema número uno es la desaprobación de los padres. Ésa fue mi palabra, 'desaprobación'. De hecho, los padres los separaron y a veces de formas emocionalmente brutales. Quizá la familia se mudó, fueron a distintas universidades o eran muy jóvenes".

De hecho, la desaprobación de los padres y las separaciones físicas, como mudanzas familiares, están detrás de la mitad de los rompimientos de los amantes ahora felizmente reencontrados. Una mujer le contó a la doctora Kalish sobre cómo sus padres la forzaron a terminar: "Sufrimos 30 años de dolor innecesario. Creo que nos pudieron dejar en paz en ese entonces, podríamos haber estado juntos". (Padres, tomen nota. El daño que causan puede durar mucho).

Ninguna de las parejas de reencontrados terminó porque no se llevara bien, tuviera valores diferentes o defectos de carácter que hicieran que la relación no funcionara. La doctora Kalish dice que "este hecho puede explicar por qué las relaciones de reencuentro tienen tantas probabilidades de éxito. Los reencontrados no deciden reunirse con amores incompatibles".

De hecho, la incompatibilidad es una buena razón para no contactar a viejos amores, dice la doctora Kalish.

Para el grupo de control que no contactó a un viejo amor, hubo varias razones para terminar con él: "no se llevaban bien", "expectativas diferentes"… mucha gente enlistó "abuso físico", "abuso sexual", "abuso emocional", "llegó con un arma", cosas que nunca esperé ver en los cuestionarios. Así que fue un romance horrible y no volverían. No hubo ambigüedad, la mayoría de la gente no volvería.

Con razón 70% de los participantes de la doctora Kalish no sólo dijo que nunca intentó encontrar a un viejo amor, sino que ni siquiera quería hacerlo. En sus cuestionarios escribieron frases como: "Diablos, no, ¿quién lo haría?".

La doctora Kalish concluye: "Si alguien fue abusador hace años o no se llevaban bien, las personalidades no cambian. La persona no será la correcta para ti tampoco ahora".

Separaciones de 10 años o más

La doctora Kalish sólo estudió parejas cuya separación duró cinco años o más, así que no sabemos cuáles son los resultados en personas que se separan por periodos más cortos. Pero las relaciones de reencuentro más exitosas fueron las de quienes se separaron al menos una década. No está claro por qué las relaciones tienden a *no* funcionar cuando las separaciones han sido más cortas. Pero tal vez algo se vincula con el hecho de que muchos necesitamos establecer nuestras identidades y vida en cierta medida antes de tener éxito comprometiéndonos con otras personas. Es sólo una conjetura, pero la gente que se reencuentra en menos años puede que todavía sea tan joven que aún no puede establecer una relación que funcione en el día a día.

Importancia del amor perdido

Los amantes que se reencuentran con éxito no tuvieron una relación casual con la otra persona. Recordaron esa relación como algo muy especial. En retrospectiva, vieron que ésta en realidad era irremplazable. Solía ser el parámetro con el que comparaban al resto de sus relaciones de forma desfavorable. Y estos amantes demostraron su apreciación por la singularidad de la relación perdida de varias maneras, como guardar viejas cartas, fotografías y otros recuerdos.

Inmediatez del reencuentro

Aunque los amantes que se reencuentran con éxito no siempre reanudan su romance de inmediato, en cuanto vuelven a hablar se dan cuenta de que siempre supieron que la relación había sido La Única. La intensidad de la reconexión se sintió incluso en los raros casos en que no se expresó. Uno de los participantes en el estudio de la doctora Kalish que se reencontró con su primer amor después de 45 años escribió: "Mi hijo me preguntó hace poco cuánto tiempo me llevó saber que ella era la elegida después de encontrarnos de nuevo. Lo pensé un momento y respondí: Como diez minutos".

Hasta ahora, la doctora Kalish ha escuchado cientos de historias de reencuentros de amantes. Le pedí que me contara su favorita:

Ellos tenían cinco años. Sus madres eran mejores amigas. Cuando eran pequeños jugaban juntos todo el tiempo. En épocas en las que la gente aún se mandaba cartas, me enviaron una foto de ellos, dos niños sentados sobre una banca, viéndose a los ojos y lamiendo una paleta. Tan lindos. Ella me contó que a esa edad él le pidió que se casaran. Ella contestó: "No lo sé, pero quiero algunos caballos y vacas". Él dijo que estaba bien.

Así que años después se pusieron en contacto, creo que los dos estaban divorciados… no, más bien creo que él era viudo. Se casaron y aún son felices. Sigo en contacto con ellos. ¡Y al final ella tuvo sus vacas y caballos!

Pesca con una red: internet

Intenté todas las estrategias enlistadas en este paso y al final ésta fue la que me funcionó.

Las citas por internet solían tener mala reputación (inserta aquí la P de Perdedora en mi frente). Pero ya no. La Encuesta Harris descubrió que alrededor de un tercio de los estadounidenses que se casó entre 2005 y 2012 conoció a sus parejas en línea.[140] Eso son alrededor de seis millones de matrimonios.[141] ¡Sorprendente! No sólo salieron con una persona que conocieron por internet, sino que se casaron. Cuando entrevisté al fundador de eHarmony, el doctor Neil Clark Warren, estimó que esa cifra pronto alcanzará 70%.[142]

Claro, ése es su cálculo y sólo el tiempo dirá si está en lo cierto. Pero es evidente que conocer gente en línea ya es una forma cada vez más común de encontrar pareja. Y *los matrimonios resultantes tienden a ser muy felices*, más felices que los matrimonios que comienzan por medio de amigos, religión, familia, trabajo, bares y cualquier *otra* manera que puedas pensar (menos reencontrarte con un viejo amor porque eso no se preguntó en la encuesta).[143]

La diferencia no es enorme, conocer en línea, después de todo, sólo es uno de los muchos factores que se pueden sumar a la felicidad marital. Pero a pesar de todo, la distinción existe y vale la pena observarla.

¿Por qué las uniones que comienzan en internet son más felices que las de quienes se conocieron de otra forma? No lo sabemos con certeza, pero puede estar relacionado, al menos en parte, con la claridad de los sitios de citas que eliminan la barrera de "disponible y en busca de…". A diferencia de otros lugares en donde podrías conocer a alguien, como el trabajo o el supermercado, todos en el sitio están buscando una relación. Sabes que ahí la gente va a buscar más que comida congelada. Además, muchos de los sitios intentan mostrarte lo similar que puedes ser a otra persona que tienes en consideración: eHarmony, donde Vic y yo nos conocimos, es uno de los sitios que presume de unir más parejas basado en sus similitudes de acuerdo con un algoritmo secreto. Esto puede ser parte de las razones por las cuales los matrimonios entre usuarios de eHarmony son más felices (aunque sea una diferencia muy sutil) que los de quienes se conocieron en otros sitios. Como el doctor Warren me dijo en una entrevista para *Psychology Today*: "Si puedes unir a personas basándote en sus similitudes, tienes muchas más probabilidades de que el matrimonio tenga éxito".[144] Vic y yo somos altamente compatibles. ¿Será por eso?

Espera, pero ¿la gente que conoces en línea no puede mentirte sobre quién es? Pues sí, al principio. Yo en definitiva recomiendo conocer a la persona en un lugar público y llegar e irse separados en la primera cita. Mejor prevenir que lamentar.

Aun así, cuando entrevisté al doctor John T. Cacioppo, líder de la Encuesta Harry, resaltó que las mentiras son difíciles de sostener por mucho tiempo como para que ocurra un matrimonio. Es interesante que también apuntó que, en los estudios de interacciones en línea, la gente reveló más de sí misma y de forma más genuina.[145] En cierto modo parece que muchos de nosotros nos sentimos más seguros cuando *no estamos* en vivo y en directo.

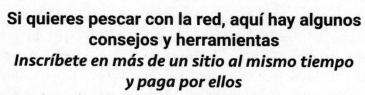

Si quieres pescar con la red, aquí hay algunos consejos y herramientas
Inscríbete en más de un sitio al mismo tiempo y paga por ellos

Así como los pescadores exitosos lanzan varias líneas o sedales para pescar al mismo tiempo, hazlo tú también, paga membresías de tres meses en dos o más de los mayores sitios de citas al mismo tiempo. En mi búsqueda usé eHarmony, Match.com y Chemistry.com de forma simultánea, y conocí a buenas personas en cada uno de ellos.

Pero si los límites de tiempo o dinero te lo impiden, escoge sólo uno, quizá quieras hacerlo dependiendo de qué buscas: una mujer o un hombre.

Si te interesan las mujeres, recomiendo eHarmony. Antes que nada, eHarmony apela al deseo de seguridad de las mujeres. El sitio sólo te presenta personas que comparten valores fundamentales y similitudes contigo, y no deja ver las fotografías a todos (sólo aparecen cuando dos personas coinciden). Sólo se muestran unas cuantas fotos y perfiles al mismo tiempo.

Aunque eHarmony afirma ofrecer "más o menos la misma cantidad" de hombres y mujeres, y el portavoz de la compañía admitió bajo la lamentable presión de un científico del amor que hay "un ligero sesgo de membresías femeninas" (se negó a revelar los datos específicos), no lo creo ni por un segundo.[146]

No sólo yo y otros miembros de eHarmony que he conocido concluimos que hay muchas más mujeres que hombres disponibles en el sitio, sino que la ciencia evolutiva lo predice también. Es un sitio orientado al matrimonio que intenta eliminar a los donjuanes, ¿no? Y todos sabemos a qué género le atraería más un sitio así. Por lo tanto, es un ambiente en el que abundan los hombres dispuestos a comprometerse. (Lectores lesbianas y homosexuales: eHarmony tiene un sitio orientado al compromiso para parejas gay: Compatiblepartners.net. Lo visité con un amigo gay y, en mi opinión, es el equivalente a eHarmony para personas del mismo sexo).

Si buscas a un hombre, considera Match.com. Los hombres se motivan de forma visual y Match gratifica esa motivación, pues deja que sus usuarios vean la cantidad de fotos que quieran. Claro, los sitios que le permiten a los hombres husmear entre un sinfín de fotografías tienen problemas para que el mismo número de mujeres se inscriban. En años recientes Match atrajo entre 10 y 15% más hombres que mujeres.[147] Si quieres un hombre, Match puede ser el menú de citas mejor surtida.

No pesques gratis
Lo que no te recomiendo es lanzar tus líneas o sedales en sitios sin costo.

Pensemos en mi amiga Renae, quien me llamó la semana pasada para preguntarme por qué sigue conociendo tipos raros en internet. Estaba en uno de esos grandes sitios gratuitos y por fin la convencí de dejar de lidiar con eso y pagar una membresía en cualquier otro lugar.

¿Por qué? Porque cuando no se invierte dinero hay razones para sospechar que a) los Peces son pobres, b) los Peces evitan el compromiso y/o c) los Peces están buscando conocer brevemente a alguien para después irse nadando tan campantes. Ya vimos que los hombres invierten en lo que aman. Si no pueden o no quieren invertir en encontrar el amor, ¿qué tan serios pueden ser? Sospecho que esto aplica en las mujeres también. Cuando estés listo para ir en serio, ve a los sitios serios. Las membresías no son *tan* caras. Comprométete uniéndote a un sitio de paga para que tengas más posibilidades de encontrarte con personas comprometidas.

Prepara la carnada
Si buscas a una mujer, publica una o dos fotos agradables de ti, de preferencia sin una exnovia tomada de tu brazo, y dirígete a la parte escrita del perfil. Asegúrate de enfatizar tus recursos económicos y mentalidad comprometida.

Pero si buscas un hombre, las fotografías que publiques deben tener cierta seriedad. Contrario a los estereotipos, los hombres tienden a enamorarse más rápido y más fuerte que las mujeres. ¿Con qué órgano comienzan a enamorarse? No, no con ése. No, más arriba. Sí, con los ojos.

Lo cual explica por qué los hombres piden fotografías en los anuncios personales tres veces y media más que las mujeres.[148]

Así que si quieres un hombre debes, debes, debes publicar al menos una fotografía (reciente) de ti, de preferencia haciendo algo interesante mientras te ves adorable. Si no estás segura de cuál publicar y te sientes valiente, HotorNot.com puede ayudarte, gratis o pagado, así como lo ha hecho con *12 mil millones* de fotografías.[149] Carga algunas fotos y espera las calificaciones de tu sensualidad en la proverbial escala del 1 al 10 de otros usuarios del sitio. Después, publica las más atractivas en tu perfil de citas.

Y *describe tu apariencia física, con fotografías y texto, antes que tu carrera.* ¿Por qué? Por ejemplo, en un experimento en internet, los hombres se interesaron casi tres veces más en una mesera que lucía increíble que en una abogada de apariencia común.[150]

Aun así, una gran fotografía no es lo mismo que una foto glamorosa o engañosa, las imágenes deben hacerte ver como eres en realidad, en el día a día. *No* quieres dar la impresión de "pero te veías mejor en internet". Si decepcionas de forma visual a un hombre es muy probable que tu primera cita también sea la última.

Esto me recuerda a un hombre que conocí en línea. Me contó que fue a un restaurante para una primera cita con otra mujer cuya foto resultó ser de hace quince años. Pensó en darse la vuelta y salir del lugar, pero decidió quedarse para preguntarle en qué estaba pensando cuando publicó esa imagen. "Pensé que una vez que me conocieras en persona no te importaría esa fotografía." Pues no. Si le importó, así como a mí me importó cuando salí con alguien que me dijo que era un abogado cuando en realidad era un asistente legal. A los hombres les interesa la belleza y la juventud, a las mujeres los recursos económicos.

No mientas en tu foto, a menos que busques el efecto contrario. Tuve clientes que pusieron anuncios con fotografías que los hacían ver un poco *menos* atractivos de lo que son en realidad, para que cuando los conocieran en la vida real su belleza cautivara a la otra persona. Yo misma usé esa técnica. Las primeras palabras de mi primera cita fueron: "*Wow, eres mucho más bonita en persona*". Cuando escuches eso te harán el día, y la cita.

Filtra los Peces para que se ajusten a tus aparejos

Si buscas pasar toda la vida con una persona que sabe que tiene suerte de tenerte y viceversa, es importante que *ajustes tu línea o sedal (o sea filtros) para Peces compatibles con tu carnada y equipo de pesca.*

Como muchos estudios lo demuestran, en la vida real las mujeres ofrecen juventud y belleza mientras piden señales de disposición, posibilidad de proveer y protección: "estabilidad financiera", "sinceridad" y "compromiso". Los hombres transmiten lo contrario, al pedir de forma sutil (o no tanto) acceso sexual a una pareja bella y joven, al tiempo que ofrecen recursos y señales de compromiso.[151]

Ya cubrimos los conceptos básicos en los pasos 2 y 4, pero en las citas por internet significan esto:

Si eres hermosa y quieres un hombre, puedes establecer filtros para recibir mayor provisión de un chico. De igual manera, si tienes muchos recursos y quieres una mujer, puedes esperar más belleza en tu pareja.

Si tu belleza y recursos son limitados, necesitas estar dispuesto a aceptar a alguien que sea igual que tú en esos sentidos.

Usa un anzuelo extraordinario

"Si quieres mensajes que valgan la pena en tu correo, no puede ser exagerada la importancia de ser valorado como un buen conversador (no sólo sexy)." Así lo dice OKCupid, un sitio gratuito con datos que respaldan esta afirmación.[152] Quizá por eso las fotos que incorporan actividades interesantes, mascotas (pero no tus hijos) o viajes, tienden a obtener más respuestas que otras imágenes.

También por eso tu encabezado y línea subsiguiente deben *enganchar al lector con estilo y contenido.*

¿Cómo? *Primero, dirígete a la Lista del Paso 2.* No sólo aclara lo que quieres, también te describe de forma acertada. ¡*Voilà*! Tienes una descripción para coincidir y el mejor anzuelo.

*Después, crea un encabezado y un anuncio que capture *de manera excepcional* la esencia de quién eres y a quién buscas.* Si quieres humor, no digas "quiero un hombre gracioso", sé graciosa. Si aprecias el intelecto, sé inteligente. Y si quieres pasar el tiempo libre de alguna forma en particular, indica de manera descriptiva qué actividades te gustaría disfrutar con otros.

Por ejemplo, ¿qué encuentras más atractivo?
Esto:
(cantar al ritmo de la canción "Piña colada")

Si te gustan los Mini Coopers verdes
y las ideas son tu principal juego,
Si eres liberal políticamente
y sabes que tienes un gran cerebro,
si te gusta hacer el amor a la 1 p. m.
después de que a mi pequeña hija duermo,
eres el hombre que siempre busqué,
así que vayamos por un café...

¿O esto?
En busca de amor

Soy una mujer soltera de 37 años, que no fuma/no bebe, con un hijo en casa. Me dicen que soy inteligente. Quiero un hombre con buen sentido del humor, un perro o dos y con una inteligencia igual a la mía.

Y si escribes algo sobre la playa, paseos a la luz de la luna, tu ex o masajes, el cortejo habrá terminado.

Puedo decirte que cuando estaba teniendo citas, el texto de la piña colada me dejó alrededor de 200 cartas, no sólo guiños, ¡cartas!, el primer *día*. No sé lo que el anuncio aburrido me hubiera traído (¿para qué molestarme siquiera en publicarlo?), pero según los estudios, comparado con el primero, éste habría sido ignorado por completo.

Mujeres: lancen hasta que las encuentren
Hombres: muerdan el anzuelo

Si eres una mujer, empieza ahora mismo a dejar de iniciar conversaciones con los hombres. Ellos responden a los anuncios once veces más que las mujeres.[153] Si no recibes respuesta a tus líneas, no es porque sean tímidos. Sólo ajusta la presentación de tu perfil y después haz lo que hacen los pescadores, recárgate en el respaldo, disfruta lo que guardaste en la hielera y espera que piquen los peces.

Si eres un hombre, puedes ver lo que esto significa. Cuando encuentres a alguien que te gusta, escríbele de inmediato.

Así que ahora tienes conocimiento de los cuatro lugares fantásticos y probados para buscar una pareja. Si es en internet, incluso tienes estrategias probadas para actuar cuando estés ahí.

Pero después, una vez que atrapaste a alguien en tu anzuelo, ¿qué hay que hacer? Estoy hablando, claro, de las citas.

Muchas personas son malas para eso. ¿Deben verse para cenar o comer? ¿Cuáles son los mejores lugares para ir? ¿Cómo seducirlos y dejarlos queriendo más? ¿Qué pasa si tienes un gran secreto, como el herpes? ¿Hay un momento adecuado para hacer esas revelaciones? Hay respuestas para todas estas preguntas y muchas otras. Si quieres dejar de emular a las aspiradoras y tener éxito saliendo con personas, eso está en el Paso 7.

Por fin se conocen
No arruines la cita

Estaba conmovido por su honestidad, pero eliminó cualquier sentimiento romántico que tenía, me paró en seco. No fue la ETS lo que me quitó las ganas tanto como la seriedad instantánea de nuestra nueva relación. Era muy pronto para tal declaración, todavía ni la había besado.
LECTOR DEL BLOG *LoveScience*

- ♥ Me enteré de sus ETS.
- ♥ Tuve que comer comida vegana.
- ♥ Estaba asustado por el apocalipsis.
- ♥ Una racista me criticó.
- ♥ Era un zombi con cero personalidad.
- ♥ Iba encerrada en una camioneta con el flatulento.

Bienvenido a algunas de las citas que me compartieron los Sabios Lectores. Escucharás más de ellas en este paso.

147

Pero aun cuando una cita no sea un desastre, muchas veces no es divertida. Esta mañana, JoAnn, una amiga soltera, me llamó y preguntó: "¿Por qué salir es tan espantoso? Me dan ganas de renunciar a las citas".

Otra mujer no sólo se desalentó, dejó de salir. Como ya dijimos, era claro que esperaba divertirse; al no ser así, se rindió: "Aceptaré al hombre correcto si llega, pero no estoy dispuesta a salir más". ¿Cuánto había pasado desde su cita más reciente?

Ocho años.

Si esta mujer hubiera bajado sus expectativas; es decir, si hubiera esperado que salir costaba trabajo en vez de ser divertido, habría podido aguantar.

Ésa es sólo mi observación, hay muchas brechas en la ciencia cuando hablamos de citas *per se*, no sé de ningún estudio sobre cómo se relacionan las actitudes con el abandono de la búsqueda de amor. Pero está comprobado que las expectativas importan, y la gente que espera que una tarea sea difícil tiende a aguantar más que las personas que creen que las cosas serán fáciles.[154] *Y cuando yo estaba buscando al señor Correcto, parte de lo que me mantuvo fue aceptar que las citas pueden ser decepcionantes, pero siempre son un proceso importante de entrevistar.*

Como la mujer de antes (y tal vez también como tú), he tenido muchas experiencias desalentadoras. De hecho, cuando Vic y yo tuvimos nuestro primer encuentro en persona, yo me negué a llamarlo una "cita de verdad" porque estaba sentida por una ruptura reciente; había estado saliendo con Silas, un hombre que sacó el tema del matrimonio y después se echó para atrás justo cuando yo empecé a entusiasmarme con la idea. En aquella época, yo trabajaba en relaciones públicas, con un ingreso que variaba mucho, y las dudas de Silas comenzaron durante una época de escasez. Pensando en una vida conmigo, él no quería ayudarme a cuidar de mi hija y fue muy directo: "Es tu hija, es tu responsabilidad".

¡Él quería que siguiéramos saliendo! Pero tener citas no se trata sólo de "salir", no cuando estás entrevistando para encontrar al Indicado. Estaba harta de él: molesta, dolida, sin esperanzas, cansada.

El dolor era lo peor porque era acumulativo. Ésta era la tercera vez que alguien profundizaba en una relación conmigo, diciendo que entendía a mi niña y era todo el paquete incluido, pero después dudaba sobre el compromiso porque tenía una hija. Después de Silas, por primera vez en mi vida estaba lo suficientemente molesta para renunciar a los hombres por completo. No hice un voto eterno, pero sí planeé un largo descanso de las citas.

Y entonces, un hombre que había conocido a través de internet varios meses antes, pero que nunca había visto en persona, llamó: Vic. Me gustaba por teléfono, disfrutaba sus correos. Era gracioso y cariñoso, amable e inteligente. Pero yo no quería salir con nadie. Tenía miedo a sincerarme de nuevo sólo para que destruyeran mis esperanzas.

Pero lo importante es que, a pesar de mi profundo dolor y desilusión, salí de todas formas e hice las cosas de las cuales se habla en este paso. *Yo tenía miedo de volver a exponerme. Pero la alternativa requirió más valentía aún. No soy, y nunca fui, alguien destinada a estar sola.*

En general, salía cuando alguien que parecía una opción me invitaba a salir, aunque no tuviera deseos de tener citas, así como iba a entrevistas de trabajo cuando un empleo que parecía buena opción se presentaba, sin importar si estaba o no cansada del proceso de contratación. Seguía saliendo porque la nuestra no es una cultura de matrimonios arreglados, aunque muchas veces me gustaba esa idea, nadie haría mi trabajo para encontrar al señor Correcto. Y reconocí que salir puede ser un proceso doloroso y frustrante. Al fin y al cabo, todos son el incorrecto hasta que encontramos al Indicado. Me aferré a la idea de que el señor Correcto valdría todo el empeño, angustia y desilusión. Y él lo vale.

También me ayudó recordar que el matrimonio no es lo mismo que las citas. Si hubiera pensado que eran sinónimos, ¡en verdad habría renunciado! Pero, de hecho, en muchas formas el matrimonio es más fácil. En él hay un profundo sentimiento de pertenencia y comodidad en vez del miedo al rechazo y a rechazar. En el matrimonio ambos se escogieron el uno al otro, por lo que ya no existe esa danza difícil de conseguir. El ritual de apareamiento ya concluyó, la gente ya hizo su selección final y la decisión fue a tu favor. Estar casado es mucho más fácil que tener citas, del mismo modo que estar empleado es mucho más fácil que ir a entrevistas.

Para mí, fue vital admitir estas realidades para no perder el corazón en la búsqueda.

Esto me lleva de vuelta a JoAnn. Ella tiene una carrera, y para conseguirla, tuvo que ir a entrevistas, no dijo: "Las entrevistas son espantosas, así que ya no voy a buscar trabajo". Continuó haciendo solicitudes porque sabía que no conseguiría empleo si no asistía a ellas. Y se aferró a una actitud donde lo importante no era si las entrevistas eran divertidas (con frecuencia no lo eran), sino conseguir trabajo.

Ésa es la actitud que necesitas en las citas. Salir es como un trabajo, pero también es un proceso de Entrevista. Estás contratando (o no) y estás siendo contratado (o no). Investigaciones demuestran con claridad que el puesto que estás tratando de obtener cuando sales es más importante que cualquier avance en tu carrera. La persona con quien te casas influye más que tu carrera en tu salud, riqueza, sexualidad y felicidad. *Las citas son cosa seria.*

Pero no siempre debes sentirte así. En este paso aprenderás cómo entrevistar a otras personas y cómo ser entrevistado para tener más citas. Y haremos lo posible para que sean tan agradables como sea posible. Pero **ayudará que adoptes esta actitud**:

Las citas son una serie de Entrevistas e, igual que en el mundo laboral, no por fuerza serán divertidas. La diferencia es que los resultados te harán feliz no sólo por unos meses o años, sino para toda la vida. Tener citas vale la pena, y vale más si lo haces bien.

Aquí hay seis formas de tener éxito en tus Entrevistas.

Sé breve: Déjalos queriendo más

Mujeres, ustedes ya saben esto por el Paso 5: Para ser atractiva, sé evasiva. Y un aspecto de esto es tener citas lo suficientemente cortas para terminar *antes* de que tu pareja quiera. En las primeras citas,

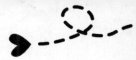

así como en las siguientes, hazte la difícil. De hecho, eres más difícil de conseguir cuando la relación está empezando.

Esto significa que tú terminas la cita primero. Tienes alguna actividad programada para después por la que no puedes quedarte y alargarla. Di: "Me la estoy pasando bien, pero tengo que ir a otro lado en unos momentos." Y de verdad programa algo, a lo que asistas sin él y sin decirle qué es.

¡Deja a los hombres queriendo más!

De cierta forma, la emoción de la persecución aplica para todos. *Los hombres no son los únicos con una relación amor-odio con algún anhelo durante la fase de conocerse, también las mujeres la tienen.* Sin importar quién seas o cuál sea tu género, cuando encuentras a alguien que en verdad te gusta, te verás tentado a pasar todo tu tiempo con esa persona. Pero anhelar verla otra vez es un dulce tormento y ayuda a generar suspenso. Así que aquí hay algunos consejos para hacerlo.

Crea tensión con citas breves

Cuando entrevistas a alguien, estás empezando una posible historia de vida compartida. Y, como una buena novela, las buenas citas generan tensión para que las personas quieran seguir leyendo. El escenario es parte de eso.

Así que, ¿cuándo y dónde deben ocurrir tus primeras citas? La ciencia no recomienda un momento o un lugar específico. Se trata de lo que sientas correcto para ti con esa persona. *Pero yo recomiendo encontrarse en público, para un café, un jugo o una copa, durante 1 o 2 horas cada vez que se vean hasta que sientas que esta persona tiene suficiente de lo que buscas y amerita dedicarle más tiempo.*

La ventaja de una Cita Breve la expresó de manera brillante una de mis favoritas expertas en relaciones, Susan Page, autora de *If I'm So Wonderful, Why Am I Still Single?* (*Si soy tan maravillosa, ¿por qué sigo soltera?*): "Dos horas pueden no ser suficientes para decir si encontraste a tu alma gemela, pero con frecuencia sí lo son para saber cuándo no la encontraste".[155]

De hecho, identificar al señor Incorrecto o la señora Incorrecta a veces toma menos tiempo. ¿Has llegado a algún lugar, con expectativas altas, sólo para descubrir a los cinco minutos que esa persona y tú son como agua y aceite? Las Citas Breves ayudan a impedir que pases un día entero o una tarde de tu valioso tiempo libre con esa desilusión.

También evitan la desilusión por MIMP (mucha información, muy pronto). Le ponen un ritmo lento a la relación, permitiéndote construir una tensión sexual y emocional si hay una conexión. Los deja (y con suerte a ti también) queriendo más.

Establece reglas básicas para el suspenso y seguridad

Como ya dije, es aconsejable *tener la primera cita en público, y llegar y retirarse por separado. Informa a una o dos personas en las que confíes dónde estarás, con quién y por cuánto tiempo.*

Este consejo es por dos razones: seguridad y estrategia. Puesto de manera más simple, si lo que quieres es generar tensión, no lo vas a conseguir teniendo relaciones sexuales muy pronto. En las primeras citas, si llegan y se retiran del lugar separados, se ven en público al principio y tú tienes algo que hacer después, es difícil que haya sexo (consensuado o no).

Como vimos en el Paso 5, esperar para tener sexo es una victoria para ambos géneros: los hombres que buscan amor tienen más probabilidades de encontrarlo si sus niveles de dopamina se elevan, y las mujeres que buscan amor tienen más probabilidades de encontrarlo si no las catalogan como la señorita Para un Rato por ser muy fáciles. Esperar para tener sexo les da a todos la oportunidad de conseguir amor a largo plazo y los deja queriendo más.

También recomiendo evitar la cita de cine y cena, al menos hasta que ambos decidan que la relación es más seria. Las citas que implican una cena ponen una presión: sexual en la mujer y económica en el hombre (estudios y mi propia observación lo confirman).[156] Como una mujer escribió: "Él se molestó porque ni siquiera quise un beso de despedida. Esperaba más porque había gastado en mí". *Señoritas, estamos saliendo, no buscando sexo; una cena no significa que debas hacer algo sexual.*

Caballeros, tienen que ser generosos en sus citas, pero, generalmente, pueden realizar cosas económicas cuando empiezan a salir. Paga con alegría el café, el pastel o lo que sea que gustes invitar. Pero a menos que la invites a salir en horas de comida (lo cual no debes hacer a menos que le invites la comida) o ya esté saliendo con otros hombres que le dan el mundo (¡lo cual podría ser verdad si ella es de posición alta!), no es necesario que coman hasta que sepan si están interesados en una relación a largo plazo.

En cuanto a películas, el doctor Gary Lee, un sociólogo matrimonial y familiar, bromeó diciendo que "las personas se casan basándose en si les gustan las mismas películas".[157] Y una vez que se conocen bien el uno al otro, las películas pueden ser una buena forma de pasar tiempo juntos y les da tema para hablar. Pero apuesto que ya sabes qué voy a decir, ¿no? Las películas toman dos o más horas. Si quieres dejarlos deseando más, ésa es casi toda la cita. *Las primeras citas son Entrevistas, no desperdicies la oportunidad de conocer a la persona.*

Al final queremos alguien que nos quiera y a quien querer. Ten citas seguras y breves para dejar a todos queriendo más.

Sé divertido: que te asocien con buenos momentos

Hace unos tres años algunos lectores de *LoveScience* contribuyeron con sus Mejores y Peores Citas a través de una encuesta anónima.[158] Ya diste un vistazo a una de las Peores al comienzo de este paso. Pero también hubo citas buenas. Aquí puedes leer lo que un hombre dijo sobre eso: "La conexión de personalidad con la otra persona. Nos sentamos, platicamos y reímos por horas. Al final, parecía como si hubiéramos conversado sólo un poco de tiempo. Una gran cita tiene que ver más con las personas involucradas que con el lugar".

Sí, tal vez. Pero hay una razón por la que nadie escoge los calcetines para una primera cita. Tendemos a relacionar a la gente con los eventos que la rodean, de manera inconsciente decidimos que si el contexto es divertido, la otra persona es divertida; si el contexto es aburrido, la persona es aburrida.[159] Tal vez no es justo, pero es un aspecto básico de la cognición humana.

Una amiga mía muy querida perdió su casa en un incendio forestal. El fuego se llevó todo, menos a sus hijos, sus perros y su auto. Pero Sharon era fuerte. Después de rentar un lugar y conseguir que la vida de sus hijos y la suya se estabilizara un poco, empezó a tener citas por internet.

Si hace tres años escuchaste sobre una muy mala cita, fue una de las suyas. Un hombre al que había conocido por internet la invitó a cenar y al cine. *Él planeó y pagó todo. Era un caballero. Pero no era para nada gracioso.*

Sabiendo de la tragedia de Sharon, ¡escogió una película sobre el fin del mundo! Ah, y ya sabía que la película terminaba cuando la tierra explotaba, sin sobrevivientes. Ella me dijo: "El mundo explotó y la pantalla se puso negra. El público estaba en silencio, y no en buena manera".

El señor Fin del Mundo perdió puntos no sólo por su insensibilidad, sino por escoger algo tan triste. Le pregunté a Sharon si habría querido volver a verlo si su casa no se hubiera quemado. No. Sus siguientes intentos para volver a verse fueron rechazados en favor de otro tipo cuya idea de un buen rato era un mejor rato. Ahora, está felizmente casada con ese hombre.

Aquí les hablo a los hombres porque ellos son quienes planean y pagan en las citas. Las salidas divertidas no siempre requieren mucho dinero. Toma este ejemplo ganador de un hombre que gastó mucho menos que el sujeto que salió con Sharon, pero empaquetó un montón de consideración y diversión hecha a la medida de la chica con quien estaba:

El hombre con el que había salido una vez y conocía desde hacía pocos meses planeó una cita en un lugar sorpresa. Dijo que había pensado en qué me gustaría y había planeado todo de acuerdo con eso. Primero paseamos en bicicleta por un camino que yo no conocía, después fuimos en bici hasta un pequeño restaurante de mi comida favorita. No fue costoso, toda la cita le salió como en 400 pesos máximo, pero me dejó sorprendida porque me hizo saber que era especial para él. La manera en que planeó todo y quiso sorprenderme, y la forma en que tomó mi reacción mostró mucha consideración y cariño. Me enganchó porque en realidad disfruté todo. También la conversación fue muy buena. En serio quería impresionarme. ¡Y lo logró!

De manera similar, muchos chicos confunden un ambiente emocionante con emoción hacia *ti*. Básicamente, ponemos atención al latir de nuestro corazón y (mal)entendemos que la sexy persona al lado lo está provocando. En un famoso experimento de Donald Dutton y Arthur Aron, una bella mujer daba su número a hombres sobre un puente suspendido, angosto y tembloroso, y también daba su número a hombres sobre un puente de concreto, amplio y bajo. Los primeros intentaron contactar a la chica casi cuatro veces más que los segundos. Es decir, la mujer les pareció más deseable a los hombres que habían recibido el número en el puente que los tenía con el corazón latiendo. La mujer era igual de bella en ambas locaciones, pero era percibida como más deseable en el puente emocionante.[160] ¡Fue encanto por asociación!

¿Qué significa esto para ti? Quien persigue/planifica incrementará su atractivo si aumenta el ritmo cardiaco de su "presa". Siempre y cuando sea considerado con los deseos de la pareja, visitar parques de diversiones, ver películas de acción o aventura, ir de excursión, ciclismo o patinaje mejorará las citas.

A final de cuentas, queremos a alguien que nos emocione, a alguien a quien podamos asociar con momentos de diversión y emoción. Planea pasar tiempo juntos donde tu pareja ría o su ritmo cardiaco aumente. Le encantará y te ayudará a generar una conexión.

Sé considerado: planea citas para complacer a tu pareja

La cita de Sharon, el señor Fin del Mundo, quizás era una persona fabulosa, pero su insensibilidad garantizó que nunca lo sepamos. *Como vimos en el Paso 4, por lo general los hombres son quienes persiguen y las mujeres buscan evidencia de la capacidad de compromiso del varón. Resulta que la sensibilidad y consideración son las formas primordiales con las cuales las mujeres miden eso.*[161]

Con razón la segunda queja más común de las mujeres en la encuesta de la Mejor y la Peor Cita (detrás de la queja por los hombres que no pagan la cuenta) fue un comportamiento inadecuado y desconsiderado. Aquí hay un ejemplo de lo que dicen:

Un hombre le dijo en su cita que tenía "una caja de pedos muy linda" y cuando ella no entendió, le explicó: "Tienes un trasero muy lindo." Amigos, ésta era su primera cita. Después, cuando ella se subió a su camioneta, él se pedorreó. ¡No puedo creerlo!

Otra mujer escribió: "Mi peor cita fue con un chico que me llevó a un restaurante vegano. No era y sigo sin ser vegana. Lo que hizo la cita tan mala fue que nunca preguntó por mis gustos alimentarios antes de decidir llevarme ahí. Me hizo sentir irrelevante. No necesito decirlo, la relación estaba muerta antes de que empezara".

En cambio, un paseo que expresa la idea "te he puesto atención a ti y a lo que te gusta" es un aspecto muy excitante. De nuevo, las féminas están de acuerdo, ya que la consideración y la sensibilidad hacia una mujer en específico es una señal global de la voluntad de un hombre para comprometerse, algo que está en el radar de casi todas las chicas.[162]

Muchas mujeres, pero ningún hombre en mi encuesta, señalaron en específico la consideración de su cita cuando escribían sobre su Mejor Cita. Aquí hay un ejemplo:

Cuando salía con mi esposo él vivía a dos horas de la universidad e iba los miércoles para salir conmigo. Dado que era un trayecto de dos horas manejando, generalmente se quedaba a dormir en una casa de campaña para no tener que manejar de regreso, lo cual implicaba que teníamos citas más largas. Me recogía en la escuela y salíamos. La Mejor Cita: Puso una casa de campaña con anticipación, llevó comida para cocinar y todo lo necesario para hacerlo en la fogata… ¡increíble comida! Incluso llevó un DVD que vimos en su laptop bajo las estrellas. ¡Él no planeó esto, pero notamos estrellas fugaces, y después investigó y descubrió que era la lluvia de estrellas de las Perseidas! Superasombroso, ¿no? Y sin planearlo. Después de la cita me llevó de vuelta a mi dormitorio… y caminamos por el campus durante un rato. Tenemos un pasado con el swing, así que empezó a cantar "Fly me to the moon" y tomó mi mano y bailó conmigo, justo en medio del campus, cantando en voz baja a mi oído mientras bailábamos despacio bajo las estrellas. Esa canción terminó siendo nuestro primer baile en nuestra boda porque esa noche significó mucho para nosotros. El tiempo de calidad fue lo que hizo la mejor cita… y la planeación demostró que fue considerado con ella.

Otra mujer escribió: "Recordando, nada de lo que hizo fue espectacular por sí mismo, ¡pero saber que se tomó tiempo con los pequeños detalles e hizo un gran esfuerzo para asegurarse de que pasara un buen rato la convirtió en una cita para recordar!".

Para concluir, planear con consideración transmite compromiso. Para los que desean una mujer, sean considerados si quieren atraer a alguien genial.

Sé curioso: muestra interés para que tú seas interesante

En mi experiencia, las Entrevistas han funcionado bien y se lo atribuyo a una simple y muy efectiva estrategia: aprender con anticipación todo lo posible sobre el lugar y la persona con quien vas a salir y después, cuando estés ahí, preguntarle cosas y hacer que hable de sí misma.

La gente ama hablar de sí misma. Considera las conversaciones que te han dejado energizado, animado y queriendo pasar más tiempo con la persona con quien hablaste. ¿No fueron esas discusiones donde la otra persona mostró interés genuino en ti? ¿No te dejaron fascinado?

Hace muchos años asistí a una conferencia sobre gente tímida y técnicas que los pueden ayudar a sentirse más seguros. No pude seguir el ritmo del investigador, ni siquiera recuerdo su nombre. Pero sí recuerdo su conclusión: "La gente tímida que aprende a hacer preguntas cuando conoce personas nuevas se vuelve más popular y se siente mejor consigo misma". *Para ser deseables, no tenemos que decir mucho, sólo debemos escuchar bien.*

Tal vez eres tímido o un oyente natural. Yo no soy ninguna de las dos. Me gusta escucharme hablando y puedo dar la misma conferencia tres veces al día. Pero considera por qué hablar en lugar de escuchar en una cita no es muy útil para mí ni para ti.

Escucha para generar interés en ti

En la primera cita es un error no preguntar y comprometernos con las respuestas de la otra persona. Una mujer escribió sobre su Peor Cita: "Habló sólo de sí mismo… fue un monólogo (y no uno interesante). Esperé para ver cuánto tardaba en hacerme una pregunta sobre mí. Nunca pasó".

Al mostrar interés genuino dejamos que el otro tenga nuestra total atención. ¡Qué regalo! Como cualquier conductista sabe, la atención es un reforzador primario, algo que a la gente le gusta de manera natural. La hace sentir bien. Después de todo, ¿quién de nosotros obtiene suficiente atención sincera? *Cuando la persona con la que sales te asocia con sentirse bien, va a querer más de ti.* Es un hecho básico de la psicología.[163]

Por ello enseño a mis clientes a Observar, Inclinarse y Escuchar. Cuando estás con una persona nueva, apaga tu teléfono. Mírala a los ojos, inclínate hacia ella y haz preguntas abiertas. Después… escucha.

Escucha para averiguar si la persona con quien sales tiene alguno o algunos de los atributos de tu Lista

Ya sabemos quiénes somos, estas Entrevistas son nuestra oportunidad de averiguar si la otra persona tiene las características correctas.

Antes de que tu cita empiece, examina tu Lista y asegúrate de guiar tus preguntas para obtener respuestas al menos sobre algunas Obligatorias. A veces puedes empezar el proceso antes de la cita: yo por lo general ya sabía de la otra persona su religión, su postura política, sus valores fundamentales y los aspectos básicos de su vida (como su grado de estudios o el trabajo que tenía) *antes* de conocerlo en persona, porque es fácil buscar esos datos en internet. Pero incluso cuando no había hablado mucho con él antes de la cita, no dejaba fuera las interrogantes difíciles.

Eso no significa que preguntara esas cosas de manera brusca. Practicaba con palabras lindas para abordar temas polémicos antes de una Entrevista. Por ejemplo, "¿Qué tipo de relación estás buscando en general?" o "¿Qué tan importante es tu religión para ti?", pueden ser preguntas planteadas con interés genuino. Pero nunca me permití involucrarme con gente que tuviera un problema que cualquiera hubiera podido conocer sólo con preguntar.

Por cierto, formulé mi pregunta favorita en momentos tardíos en mi trayectoria de citas: *"Si tu ex y yo platicáramos, ¿qué razón me daría para explicar su ruptura?"*. Como vimos en un paso anterior, puedes averiguar mucho sobre alguien al escuchar lo que sus amigos y familiares dicen sobre él o ella. En mi experiencia, también es válido preguntarle a la persona con quien sales; cada vez que hice la Pregunta de la Ex, mi cita daba una respuesta que revelaba verdades importantes sobre él.

Parece que también funciona para otros. Una amiga obtuvo esta respuesta: "Peleamos desde el primer día. Diría que soy muy dramático". Ellos terminaron por su drama. Mis clientes me dicen que esta pregunta ha desenmascarado muchos problemas. Hazla a tiempo.

Amigos, esto puede no parecer romántico, pero los desamores prevenibles tampoco lo son. Defino el romance como tener un amor duradero con un hombre al que no necesito volver a hacerle dicha pregunta. Si recuerdas que las citas son Entrevistas para el empleo más importante del mundo, ser esposo o esposa, es más fácil asegurarte de no esconderte de la verdad por mucho tiempo. Quieres pasar tu vida con el Indicado, no en una serie de relaciones sin futuro, ¿verdad? ¡Ponte a trabajar!

Escucha para notar si tu cita muestra interés en ti

Claro, si tu cita nunca hace preguntas sobre ti es una mala señal. Debes enfocarte en escucharlo, pero también es su trabajo hacerte hablar. Si no muestra curiosidad por saber más de ti, existe la posibilidad de que sea narcisista, egoísta, sin conciencia de la sociedad o desconsiderado. Cualquiera que sea la razón, no es una buena señal.

Así que si esta persona vale la pena como pareja, con el tiempo hará preguntas sobre ti. Y entonces tienes que brillar o, al menos, compartir tus pensamientos, opiniones, ideas o intereses sobre cualquier tema que estén discutiendo. Un hombre dijo sobre su Peor Cita:

> Nuestras personalidades chocaron desde el primer momento. Ella tenía la personalidad de mi zapato. Traté de comenzar la plática sobre un montón de temas, pero sólo obtuve respuestas de una sola palabra. Después de un rato, me rendí, terminé mi comida y le deseé suerte en sus futuros encuentros.

En última instancia, queremos a alguien que valga la pena escuchar y piense lo mismo de nosotros. Muestra interés y elige a alguien que muestre interés en ti.

Sé positivo: da una buena impresión

Mi esposo no es optimista, de hecho, es el tipo de persona que Igor (el amigo de Pooh) tomaría como modelo a seguir para el pesimismo. Amo a mi dulce gruñón, pero la realidad es que, si eso hubiera sido la primera cosa que conociera de él, no habríamos tenido una segunda cita, sin mencionar un matrimonio. ¡Fue sabio al ocultarme eso por un tiempo!

Como sabes por el Paso 2, ser similar atrae; tienes que ser tú mismo para atraer a alguien como tú. Y yo quiero que seas tú mismo, a menos que seas propenso a quejarte y ser negativo. En ese caso, por favor pretende ser más positivo en las primeras citas.

Una mujer escribió: "No paraba de quejarse de su trabajo, sus padres, su hermana en fase terminal y su exesposa… cuando me negué a una segunda cita, el gimoteó 'lo supuse'".

Y un hombre dijo: "[Mi peor cita fue] una cita a ciegas con una mujer que era muy odiosa y racista, la abandoné en el restauran-

te. No me enorgullezco de ese momento, pero no podía imaginar otros cinco minutos con ella".

Como sabes por pasos anteriores, tu buen carácter cuenta. Pero nadie es perfecto. Si las primeras cosas que conocen de ti son malas, las personas asumirán que eres malo también.

Resulta que *mientras menos sabe de ti la gente, más peso tiene la información que tiene sobre ti, en especial las cosas malas*, como "sigues enganchado de tu ex" o "no se lleva bien con sus hijos". *En cuanto escuchamos algo malo, más impacto tiene.*[164] Descubrir que Vic era divertido, amable, cálido, generoso, listo, abierto, honesto, trabajador y pesimista me atrajo mucho más que si la lista hubiera ido al revés.

Así que da una buena impresión y deja la información negativa para después.

Una de las cosas negativas que debes evitar son los detalles sobre tu ex, incluso si crees que son cosas positivas. Sin importar qué dices de tu ex, mantén el tono y contenido neutral y guarda la mayor parte para después. Leamos sobre alguien que debió mantener estos detalles bajo el sombrero por un tiempo:

A los cinco minutos de la cita comenzó a hablar de su exnovia a la cual sigue enganchado, y de cómo espera que puedan seguir siendo amigos si él ve a otras personas. No come porque el "estrés le quita el hambre" (el estrés que le genera su exnovia). Cuando llegamos a la unidad donde vive bajó la mirada y me pidió que diera otra vuelta a la unidad... porque había visto al hermano de su exnovia en el estacionamiento y le preocupaba que "lo viera con otra chica".

Pero nos gustan los que gustan de nosotros.[165] La gente animada tiene mayores probabilidades de conseguir una segunda, tercera y más citas. *Y en particular la gente a la que le *gustamos* es difícil de resistir; de hecho, cuando alguien piensa que te agrada, es uno de los mayores indicadores de que les vas a agradar a su vez.*[166]

Así que no critiques *nada* en las primeras dos o tres citas, ni la cena, ni el lugar, ni a tus parejas anteriores, ni a ti mismo, y menos a la persona con quien estás. Si te hubiera gustado que se vistiera diferente, bajara 10 kilos o lo que sea, no lo digas.[167]

Y si te gusta tu cita (la persona o la situación), dilo. El agradecimiento honesto atrae. Mujeres, hasta este punto han aprendido mucho sobre hacerse las difíciles. Pero espero que también hayan aprendido que eso no es lo mismo que ser desagradecidas. Deben dar las gracias por todo lo que les guste: gracias por pasar por mí, gracias por la cena, estuvo deliciosa; gracias por el buen rato, me divertí mucho conociéndote. Hacerse la difícil se trata de ser evasiva, ¡no poco efusiva!

A final de cuentas, queremos a alguien que sea positivo, sobre nosotros, sobre lo que ofrecemos y sobre el tiempo que pasamos juntos. Todos tenemos aspectos negativos en nuestras vidas. Pero apártalos por un rato.

¿Ser honesto? Revela información delicada cuando sea el momento correcto

Sin embargo, no podemos, ni debemos, dejar que nuestras cosas negativas esperen para siempre.

Todos tenemos Secretos, esqueletos en el clóset o monstruos bajo la cama. Nadie es perfecto, como mi editor favorito y autor de *Elements of Story*, Francis J. Flaherty, escribió: "Todos somos culpables con una excusa".[168]

¿Pero cuándo es momento de inventar esas excusas, revelarnos y contar nuestros defectos? Si me dieran un peso por cada vez que me preguntan: "¿Cuándo le digo mi Secreto?", tendría más de mil.

Y serían pesos de verdad, no de juguete. La mayoría tenemos problemas personales que son importantes para nosotros y el desarrollo de una relación. No queremos mentir por omisión a alguien que podría ser la persona Correcta para nosotros, enemistándonos con ella o quedando mal con nuestro compás de moralidad. Pero tampoco queremos decir todo demasiado pronto y ser rechazados, humillados, denigrados o que los demás se enteren de nuestro Secreto por culpa de alguien que resultó ser el Incorrecto.

Además, el factor de repulsión se puede elevar cuando pensamos que alguien que ahora es irrelevante para nosotros tiene información que queremos mantener tan privada como podamos.

Hay muchos tipos de secretos que nos gustaría mantener para nosotros: divorcio, infidelidad, enfermedades mentales, condenas criminales, cáncer, diabetes, pasado sexual, disfunción sexual, enfermedades de transmisión sexual, abuso sexual y muchas cuestiones más.

Dos de las preocupaciones más comunes son las parejas sexuales pasadas y las ETS (enfermedades de transmisión sexual). Por ejemplo, a Ashley le preocupa decir el Número de chicos con los que ha tenido sexo:

Me siento muy apenada por el Número de chicos con quienes me he acostado y necesito que alguien me diga que mi Número no está tan mal (15), y debería dejar de preocuparme. Nunca le digas a un hombre el Número, ¿no?

Y Cleo escribió:

Contraje una enfermedad de transmisión sexual. No pone en riesgo la vida, pero no tiene cura. Acabo de empezar a salir con alguien que me gusta mucho. No quiero espantar a Mark, pero tampoco quiero que sienta que le he estado ocultando un secreto. Me preocupa mucho el momento oportuno. Por favor ayúdame.

Bien, así está el asunto:

La última vez que revisé una encuesta importante, encontré que el Número de parejas que suelen tener las mujeres estadounidenses era de cinco a seis en promedio. No la voy a volver a revisar, el número real no es el tema aquí. La vergüenza no nos lleva a ningún lado. Ashley puede cambiar su futuro, pero no su pasado.

¿Y sobre cuándo contarles a los chicos sobre eso? Yo recomiendo que nunca. *Pero si un hombre te pregunta con cuántos has ido a la cama, respóndele que eso es algo que no se pregunta, ni algo para andar contando.* Ésa es sólo mi opinión, pero sé por el doctor Buss y otros investigadores que los hombres usan la pregunta sobre el Número de parejas como la prueba de fuego para una garantía de paternidad.[169] Tienen un contador Geiger de doble moral que dice: "¡¿Ha estado con *tantos* hombres?! ¡Me va a engañar!".

Ahora, si Ashley en verdad es propensa a ser infiel, su Número es relevante porque es probable que vuelva a ser infiel, así que espero encuentre a alguien que apruebe una relación abierta, en lugar de seguir escondiéndose. Pero si está comprometida a ser fiel, revelar su Número no va a ayudar a nadie, ni ella ni a su futura pareja. Sé que puedes estar en desacuerdo conmigo. Está bien. *Como con el resto de este libro, depende de ti tomar lo que te sirve y dejar el resto.*

Respecto a otros asuntos (como decirle a la gente que tienes una enfermedad crónica, te has divorciado cuatro veces, abusaron de ti o tienes una enfermedad de transmisión sexual (ETS) el momento oportuno puede ser engañoso. Es muy importante revelar cualquier hecho que tenga una importancia directa para tu pareja, pero la gente responde de manera distinta dependiendo de cuándo lo dices.

Si compartes tu Secreto muy pronto, estarás eliminando candidatos que valen la pena, si lo dices muy tarde, ellos te eliminarán a ti.

No quieres esperar tanto para que parezca una mentira por omisión, pero no quieres soltar la horrenda verdad muy rápido y ahuyentar a tu pareja.

Hay mucho campo en medio donde trabajar. Básicamente, como vimos en la información de Sé Positivo, *si presentas muchas cosas deseables antes de una o dos potencialmente indeseables, entonces los puntos a favor pueden contrarrestar los puntos negativos y la relación seguirá avanzando.*

Así que éste es mi consejo para las personas con una ETS o cualquier otra cosa importante que en algún momento se deba discutir.

Primero, la ciencia no ha especificado una reunión en particular, como la segunda o la vigésima cita, para soltar la sopa. Pero gracias a otra encuesta de *LoveScience*,[170] y ayuda empírica, aquí hay algunas pautas que deberían mantenernos en buen camino:

No tengas sexo hasta que tú decidas

De las respuestas más sabias que le dieron a Cleo fue que no debía tener sexo con Mark hasta que le hablara de su ETS. Después de todo, no existe el sexo seguro si tienes cualquiera de las ETS incurables. Sólo hay sexo seguro, y hablar del tema es primordial para mantener a tu pareja a salvo. Así que si es tu caso, actúa de manera legal y moral asegurándote de que tu pareja esté informada antes de que tengan algo más.

Hablar del tema también puede ayudar a mantener a Cleo segura. Ella no es la única con una ETS. Casi un tercio de los estadounidenses tiene herpes y/o virus del papiloma humano (VPH) ahora mismo, de acuerdo con el Centro para el Control y la prevención de Enfermedades (CCPEEU), que la ha detectado en personas desde la edad de 14 años.[171] Por lo tanto, de acuerdo con esas estadísticas hay considerables probabilidades de que Mark también tenga una enfermedad. Una conversación sobre ETS, donde Cleo y Mark hablen sobre su condición, si la hay, beneficiaría a ambos. Debes esperar para tener sexo hasta después de que hayan conversado sobre este tema y, tal vez, se hayan hecho exámenes de sangre.

Llama la atención que, en la encuesta de *LoveScience, la mayoría de los Sabios Encuestados tenía un Secreto, pero no era sexual. Aun así, también usaron la abstinencia como estrategia número uno para hacer tiempo hasta revelarlo.*

Y funcionó: ninguno fue abandonado por revelar su Secreto, sexual o de otro tipo. ¿Por qué? Sospecho que está relacionado con el segundo mejor consejo:

No revelar Secretos hasta que se conozcan el uno al otro (no en el sentido bíblico)

Los encuestados de *LoveScience* dijeron que Cleo debería esperar para decirle a Mark sobre su ETS hasta que lo conociera bien, sintiera una conexión y viera que la relación se estaba volviendo seria o exclusiva.

No podría estar más de acuerdo. Para todos, coordinar la revelación del secreto con un nivel de intimidad y compromiso hace más que sólo proteger a tu pareja. *Protege tus emociones… y vale la pena protegerte.*

Como vimos en el Paso 5, tener sexo muy pronto literalmente tiende a provocar un cortocircuito en el aparato de vinculación emocional de los hombres. *Pero ya seas hombre o mujer, revelar tu secreto muy pronto, incluso sin sexo primero, igual puede hacer que las personas huyan. No pidas una prueba de sangre en la tercera cita. Espera hasta que ambos estén enamorados o, al menos, que vayan en esa dirección.*

Recuerda la frase con la que empezó este paso, un hombre recuerda haber perdido todo interés en una mujer porque la relación se volvió muy pesada, muy rápida, cuando ella le reveló su ETS antes de siquiera haberse besado. ¿Qué se sentirá ser ella, ser rechazada inmediatamente después de hacer esa confesión? *Ponemos mucha atención a los peligros físicos del sexo y las relaciones, pero los riesgos emocionales también merecen nuestra atención.*

¿Por qué no decir todo (el tercer consejo más común de los encuestados) y tener las probabilidades de aceptación de nuestro lado?

Porque las religiones serias mandan lo contrario, muchos experimentos muestran que juzgamos a otros y viceversa. Nuestros juicios son inconscientes, rápidos y, *en especial, nos aferramos a lo que aprendimos como lo Primero y Peor.* Es cognición humana.[172]

Así que, si Mark piensa que Cleo es divertida, amable, cálida y bella, él estará cautivado. Pero añade un sólo adjetivo negativo, "positiva en herpes", y se sentirá intimidado. Mientras más pronto aparezca el adjetivo Secreto, más dañará su reputación. Mark todavía no sabe lo suficiente sobre ella como para que lo bueno supere ese Secreto (o tal vez cualquiera).

Una mujer recomendó de manera astuta: "No hay necesidad de revelar las cosas negativas antes de tener la oportunidad de mostrar las positivas".

Así que cualquiera que sea tu Secreto, si va a afectar la vida de tu pareja, deberás decírselo algún día. Pero quizás lo mejor sea esperar hasta que conozcas a tu pareja en realidad (cuando hayan

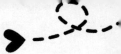

rebasado la etapa de sólo salir) para hacerlo. Y debes esperar hasta que sepa tu Secreto para tener sexo.

A final de cuentas, buscamos a alguien cuya verdad se una a la nuestra. Es importante compartir nuestros Secretos en un momento y ritmo que funcione para nosotros. Porque el amor no es sólo para quienes no tienen pasado. Y todos somos más que los Secretos que guardamos.

Dicho esto, a veces, cuando estamos saliendo con alguien, o incluso cuando tenemos una relación seria, descubrimos que algo está mal. ¿Cómo sabemos que es tiempo de alejarse? ¿Y cuál es la mejor forma de liberarnos? Tal vez Paul Simon estaba en lo correcto y hay 50 maneras de dejar a tu amado. Quizé tú sólo necesitas dos. Están en el Paso 8.

Paso 8

Corta sin dolor
Termina las relaciones equivocadas para conseguir al Indicado

El secreto para encontrar el amor es tener claro lo que quieres y luego dejar pasar a todos los que no cumplan con los requisitos.
SUSAN PAGE

Kevin era alto, moreno, guapo, inteligente, amable, exitoso y con unos ojos… llenos de lágrimas. Su voz y sus manos temblaban mientras me contaba que ansiaba terminar con Sheila, su novia desde hacía tres años. El problema era que la idea de dejarla lo aterraba. ¿Qué tal si nunca encontraba una relación mejor? ¿Qué tal si se equivocaba al pensar que había alguien mejor para él? ¿Y si se sentía demasiado solo sin ella? ¿Y si ya estaba muy involucrado y le debía a Sheila quedarse con ella? ¿Y si le rompía el corazón?

Pero la pregunta más importante de todas era la que no se hacía y que todos debemos hacernos. *¿Qué tal si te quedas con la persona equivocada?*

Dolor y miedo. Por qué romper con alguien es tan difícil

Incluso si estás en una mala relación, cortar con alguien o que te corten no sólo es molesto, es doloroso y atemorizante. Kevin sentía dolor y miedo genuinos; *el dolor emocional es dolor real.*

¿Sabías que algunas de las áreas del cerebro que se activan durante el dolor físico también se activan cuando experimentamos angustia emocional? Por ejemplo, esto se encontró en estudios donde se excluye a alguna persona de una interacción en internet.[173] Y es lógico que perder y dejar a una pareja íntima en términos emocionales sea aún más doloroso. *Con razón un estudio reciente encontró que el Tylenol reduce el sufrimiento *emocional*, ¡no sólo los dolores físicos y la fiebre!*[174]

No estoy abogando por buscar la solución a la crisis de Kevin en la farmacia, sino resaltando el argumento de que *cuando debemos terminar con una relación, es probable que el dolor y nuestro miedo a sentirlo sean las causas principales de que besemos al Incorrecto durante demasiaaaado tiempo.* Pero la mayoría de la gente con la que he hablado no menciona directamente al dolor y al miedo, sino que dan otras razones. Por mencionar unas cuantas: las personas racionalizan quedarse en relaciones inadecuadas porque su pareja tiene algunas de las cosas que desean y han perdido la esperanza de encontrar el paquete completo; no tienen a alguien más en la mira; puede que no encuentren a nadie más; aman a la persona y saben que existen problemas serios, pero tienen la esperanza de que el amor lo arregle todo (como vimos en los pasos 2 y 3, no es así); no pueden decir No a esta relación; o con frecuencia deciden pasar el rato con esta relación Incorrecta como algo bueno por ahora, hasta que aparezca la Correcta. *El dolor y el miedo son la causa de todas estas razones para perder nuestro tiempo en relaciones sin salida.*

El dolor y el miedo tienen muchas caras, y dos de las más poderosas son el tiempo invertido y la culpa. Los psicólogos sociales han observado durante mucho tiempo que las personas en general (no sólo los amantes) tienden a sentir que "ya invertí tanto en esto que debería continuar".[175] Pero éste es un conocido *error* en el pensamiento humano. Invertir más tiempo en algo que no tiene remedio no lo va a arreglar; sólo perdemos aún más tiempo, es como tirar dinero bueno tratando de rescatar dinero perdido.

En cuanto a la culpa, Kevin te podría contar todo sobre ella. Se sentía muy culpable por haberse quedado con Sheila durante tanto tiempo, en especial porque durante la mayor parte de la relación supo que algún día la dejaría. Sería maravilloso poder devolverle esos meses y años, pero como no puede, hacerla perder aún más tiempo sólo incrementaba su culpa en lugar de compensarla.

Nunca, nadie ha dicho *"gracias por conformarte conmigo"*. Sheila se merece a alguien que la adore, igual que tú te mereces al señor Correcto o la señora Correcta. Y en algún lugar hay una mujer, un hombre, dos o 12 que atesorarán a esta pareja que no es la Indicada para ti. No evites que tú o ellos sean felices. Déjalos ir.

¿Pero por qué, pese a toda lógica, seguimos invirtiendo en malas decisiones? En gran medida porque no estamos pensando de forma lógica sino de forma emocional, y la naturaleza humana quiere evitar el dolor y el miedo. En términos evolutivos estamos diseñados para alejarnos de lo que se siente mal y dirigirnos hacia lo que se siente bien; es una estrategia de supervivencia. *Pero, ¿lo has considerado? Cuando necesitas terminar una relación vas a sufrir Dolor de Cualquier Manera.* Habrá dolor si te vas y más sufrimiento si te quedas. Al permanecer tendrás la pena de estar con la persona Incorrecta, ¡además del dolor de perderte a la pareja Correcta!

Esta idea de que habrá Dolor de Cualquier Manera fue liberadora para Kevin. Cuando se dio cuenta de que el sufrimiento era inevitable, se sintió libre de tomar la decisión de seguir adelante hacia el amor (con alguien que no fuera Sheila). Y eso significaba terminar la relación. ¿Algún día?

Evita los Peor Es Nada (PEN) porque son los peores

Los PEN, el término que usa Susan Page para los "Peor Es Nada", nos hacen coquetear con remedios limitados para anhelos ilimitados.[176] Son las relaciones sin futuro, las parejas que no se involucran en términos emocionales, las personas que nunca se enamorarán de nosotros, los amigos que no pueden ser algo más, los casi pero no.

Y, pese a todo, si los PEN no cumplieran una función, no gastaríamos nuestro tiempo con ellos. Kevin había perdido como 30 meses en una PEN y seguía con ella porque, como en casi todos los casos, era un buen partido. Sheila le daba a Kevin sexo, comida y apoyo. Ella estaba ahí para él y él era importante para ella. Ella era la personificación de muchas, muchas noches con menos soledad.

Pero ella no era su elección permanente y él lo sabía. Él tenía una razón de la cual hablaremos más adelante. Pero, *en última instancia, lo único que necesitamos saber es ese pequeño pedazo de información: "No es mi elección permanente". ¡Y seguir adelante en cuanto lo sepamos!*

Involucrarse en relaciones sin futuro y quedarse en ellas demasiado tiempo es muy fácil porque *muchas personas son más o menos adecuadas para nosotros. Nadie necesita un libro sobre cómo encontrar al señor Casi Correcto o la señorita Casi Correcta.* El mundo está lleno de personas atractivas e increíbles que tienen mucho a su favor, pero que de alguna manera no son el Indicado para nosotros.

Al estar con un PEN nos conformamos, al menos por un tiempo, con alguien que es más o menos correcto (en vez del señor Correcto o la señora Correcta). No hacemos nuestra tarea dejando pasar a *todos* los demás. *Conformarse con las parejas Incorrectas, aunque sea de forma temporal, es, desde mi perspectiva, el peor error que cometen los solteros.*

*¡Casi nunca conseguimos a un Correcto mientras estamos con un Incorrecto! El precio para encontrar al Correcto es evitar a *todas las parejas Incorrectas* para que nuestros corazones, mentes y agendas estén abiertas y disponibles para la conexión genuina.*

Los PEN nos bajonean

Kevin sabía que tenía que romper con Sheila, pero su siguiente pregunta era fácil de adivinar: ¿encontraría el amor verdadero mientras seguía con Sheila?

Los hombres no son los únicos que odian renunciar a los PEN. Aquí está una carta que recibí de Vanessa: "Mi pregunta principal es simple pero difícil de responder desde mi posición: el sexo con él es increíble, pero sé que no me ama. ¿Tengo que dejarlo para hacer espacio para alguien nuevo? Porque, por desgracia, estoy tan involucrada con él que en realidad ni siquiera me siento atraída por nadie más. ¿Me arrepentiré de dejar esta relación o está destruyendo en silencio mi autoestima?".

Esta carta le dio al clavo. Es evidente que los PEN consumen tu tiempo. Pero, además, sí, esa relación *está* destruyendo en silencio tu autoestima (bien dicho, Vanessa). Cuando nos quedamos con un PEN, el "esto es lo único que tengo por el momento" se convierte en "esto es lo único que puedo conseguir", que se transforma en "es lo único que merezco". Llámalo la involución de la autoestima, lo opuesto al amor propio; no es bueno para nosotros. En términos psicológicos los PEN se convierten en una forma de desamparo aprendido: esa sensación de desesperanza y vacío cuando estamos expuestos de forma repetida e incontrolable a malas experiencias.[177] Con la salvedad de que quedarse con el Incorrecto es un hecho que Vanessa podría cambiar, lo cual significa que podría sentirse incluso peor al no hacerlo: ¡está eligiendo el infierno! Está cometiendo un grave error.

También acaba con tu confianza. Con el paso del tiempo los PEN acaban con la seductora autoconfianza que es atractiva de manera universal. Cuando pasamos tiempo con alguien que sabemos que no es adecuado para nosotros, terminamos abatidos y eso no es nada sexy.

Los PEN nos comen el cerebro y casi todo lo demás

Si estás con un PEN, es probable que te acuestes con él, cenes con él, salgas con él, etc. Esta persona puede ser tu única opción para tu tiempo libre. Algunas personas cuidan a sus PEN cuando están enfermos, van a reuniones familiares y salen con ellos de vacaciones. Consumen con ellos el tiempo, dinero y espacio en el corazón y en la mente para el Indicado.

Como zombis, los PEN consumen nuestra mente, dejando poco espacio para pensar en otros. Esto puede ocurrirles más a las mujeres, ya que tres de cada cuatro tienen dificultad para mantenerse desapegadas en términos emocionales de sus parejas sexuales *aunque se lo propongan*.[178] Pero aun si tu PEN no es una relación sexual, o si eres de las personas que pueden mantenerse desapegadas y disponibles al tiempo que tienen sexo en plan de mientras, para la mayoría de los PEN las cosas no son tan casuales.

Porque *al consumir nuestro espacio mental, y/o satisfacer nuestra cosquilla sexual, los PEN interfieren con nuestra motivación.*

Cuando crece una necesidad física, como comer o beber, nuestro cerebro nos motiva para hacer lo necesario a fin de satisfacerla. Por ejemplo, cuanta más sed tengamos, más dispuestos estaremos a hacer lo que sea para conseguir agua. Pero de acuerdo con la teoría de la reducción de la pulsión, que aborda esas necesidades fisiológicas, también ocurre lo opuesto.[179] Cuanto menos sedientos estemos, menos motivación tendremos para encontrar algo de beber.

El sexo y la conexión emocional no son necesidades físicas; una persona puede sobrevivir sin una pareja romántica, aunque la longevidad y la calidad de vida en general se reducen. De todas formas, yo veo paralelismos: si Vanessa está acostándose con alguien, todas sus necesidades sexuales y algunas necesidades emocionales están cubiertas. ¿Qué pasa con su motivación para salir de casa y conocer a alguien más? Si Kevin recibe atención y conexión, incluso de la señora Incorrecta, ¿cómo va a tener incentivos para encontrar a la señora Correcta?

Amistad: di no a los PEN disfrazados

Llegados a este punto en la discusión, muchas veces las personas están dispuestas a cortar, y en un momento vamos a explorar cómo hacerlo. Pero, por desgracia, su definición de romper con frecuencia incluye seguir en contacto con el PEN como amigos.

Kevin quería saber si él y Sheila podían seguir siendo amigos. Y mientras escribía este paso, Vanessa escribió de nuevo para decir:

Terminé con el chico con quien salía. Lo hice porque comencé a pensar en lo que dijiste sobre que los PEN destruyen tu autoestima, y luego algo que publicaste en internet sobre los finales necesarios amarró todo. La forma en que lo escribiste sonó a que los rompimientos sólo son una parte del tema más amplio de ser amables con nosotros mismos, incluso si esto se siente mal a corto plazo. Fue difícil hacerlo, pero estoy orgullosa de mí. Ahora estoy tratando de descifrar si es mejor cortar toda comunicación o si es posible seguir siendo "amigos". No planeo verlo, pero nos escribimos todo el día. Eso tiene que terminar, ¿verdad? Suspiro.

Amigos, entiendo las ganas de mantener a su PEN en su vida. Es muy difícil soltarlos, por todas las razones que ya mencionamos y otras más. Aparte, esta persona significa algo para ti, si no, no la tendrías cerca.

Y las amistades del sexo opuesto tienen mucho que ofrecer. La investigación de la doctora April Blesky sobre por qué los hombres y mujeres heterosexuales se valoran como amigos justifica muy bien este fenómeno.[180] Sus participantes revelaron que los compañeros del sexo opuesto representan una ventaja para todos. Nos dan alguien a quién respetar y con quién hablar de forma abierta, alguien con quién salir a cenar, que nos levante la autoestima, nos haga sentir bien cuando lo ayudamos y nos dé información interna sobre el sexo opuesto (consejos que no creen que un par del mismo sexo pueda ofrecer).

Pero mantener una amistad durante o inmediatamente después de una ruptura apesta a que continuamos con una versión modificada de PEN. Esta persona no sólo es un amigo, no sólo hay una historia romántica y tal vez sexual, sino que faltó un periodo de recuperación de la ruptura, no hubo tiempo de sufrir esa pérdida. El lazo emocional sigue muy presente, aún estás propenso a que te absorba de nuevo o evite que salgas con alguien más. Kevin admitió que si Sheila y él mantenían una amistad, él sentiría que la estaba engañando si veía a otra persona. Eso es lo opuesto a lo que necesita para encontrar a la señora Correcta.

Y Vanessa tenía razón al poner la palabra "amigos" entre comillas, como si ya supiera que no va a ser una relación platónica. La doctora Blesky descubrió que, incluso si una amistad *nunca* llegó a más, casi la mitad de los hombres esperaba que se volviera sexual.[181] Kevin admitió lo mismo: estaba abierto a seguir teniendo sexo con Sheila siendo "sólo amigos". Cuando escribí en mi blog sobre el tema de las amistades platónicas del sexo opuesto,[182] los comentarios reflejaron los hallazgos de la doctora Blesky: los hombres están mucho más dispuestos a incluir al sexo en estas relaciones, mientras las pocas mujeres que las mencionaron dijeron que querían evitarlo. *Mantener una amistad con alguien con quien estuviste involucrado en términos emocionales y/o sexuales es mantener la puerta abierta, al menos entreabierta. Y eso distrae y desmotiva. Déjalo ir.*

Rompe la adicción: déjalo de golpe

Un problema relacionado con estas amistades y con los PEN en general tiene que ver con la dopamina, uno de los bioquímicos que nos ayuda a enamorarnos.

Si te preguntas por qué los hombres tienen más dificultades con el arreglo de ser sólo amigos, echa un vistazo a la biología masculina. Como dijimos en el Paso 4, los genes de los hombres quieren una pareja que sólo tendrá bebés con ellos. ¿Qué mejor manera de asegurar la fidelidad que enamorarse perdidamente de Esa Difícil de Conseguir: la "amiga" evasiva? Los cerebros masculinos están diseñados para desarrollar adicción a las mujeres que hacen esperar a los hombres. Cuanto más dure el cortejo, más dopamina se libera; cuanto más se eleve, más se enamoran.

Pero sin importar si eres hombre o mujer, los PEN de cualquier tipo pueden mantenernos fuera del mercado del emparejamiento porque estamos enganchados con la pareja Incorrecta. El amor no es como una droga; las drogas son como el amor, imitan a los bioquímicos naturales que nos hacen sentir eufóricos por alguien para que podamos formar un lazo duradero. Y el PEN es tu droga y tu distribuidor: alguien de quien te volverás dependiente con el paso del tiempo.

Igual que con las drogas, *lo mejor para dejar a los* PEN *es hacerlo de tajo*. Nada de amistad, contacto, llamadas por teléfono, correos, mensajes de texto, notas, encuentros sin querer queriendo, mensajes a través de otros amigos, nada de nada. Cualquier cosa, por pequeña que sea, alborota la adicción e incrementa tu dolor cuando lo que necesitas es un respiro total.

¿Durante cuánto tiempo? No vuelvan a comunicarse hasta que te sientas cómodo si te encuentras a tu PEN *en público besando a otra persona.*

Ésta no es una prueba de fuego que se cumpla de forma fácil o rápida; puede ser que nunca suceda. Pero velo de esta manera. Si estuvieras dejando la heroína y no la usaras durante un mes y luego te dieras un pinchazo sólo una vez, ¿qué sucedería? Sí, lo mismo ocurre si dejas a un PEN sólo por un mes. La drogadicción se reactiva, el apego se despierta con un rugido y el PEN permanece.

Desearía que hubiera una solución más simple, pero *no hay un camino fácil para dejar a alguien que amas o incluso que no amas, pero a quien te has apegado en algún nivel.* Todos los otros caminos son más difíciles, menos efectivos y mucho más desgastantes en términos emocionales que dejarlo de golpe. Los PEN, incluso bajo la apariencia de amistades, acarrean la conexión, el dolor y, en alguna medida, el seudocompromiso. *Si quieres estar abierto por completo para encontrar al Correcto, necesitas dejar de ver al Incorrecto.*

Cuándo cortar: cinco señales de que es momento de terminar la relación

De alguna manera Kevin y Vanessa son afortunados. Saben que necesitan terminar. Mucha gente no tiene tanta suerte; se sienten atormentados por la duda. Veamos las situaciones más comunes en que terminar es necesario en definitiva, más dos experimentos que puedes hacer si aún no estás seguro.

Cuando les falta una de tus Obligatorias

No tomes a alguien como tu proyecto, tú eres tu proyecto y ellos son su proyecto. Encuentra a alguien que te guste como es, ¡no alguien que quieras arreglar!

Como ya sabes por los pasos 2 y 3, si tu amorcito tiene un factor negativo decisivo con el que no puedas lidiar, no luches. Averígualo y sal de la relación pronto, o arrepiéntete a gusto.

Conocí a una pareja que no quería revisar sus Obligatorias, así que se casaron sin discutir si deseaban tener hijos. Ella no quería. Él sí. El matrimonio terminó por la amargura que sobrevino. Gastaron muchísimo tiempo, dinero y lágrimas en terapia, todo porque no quisieron tener la conversación difícil y terminar en el momento más lógico: durante el cortejo. *Cuanto antes, mejor; rompe en cuanto conozcas el factor negativo decisivo. Si ya dejaste pasar ese momento, ¡el segundo mejor momento es ahora!*

Cuando el dolor sobrepasa al placer

Se dice que la tempestad es una señal de amor verdadero. Incluso Shakespeare escribió: "Nunca he podido leer en cuentos o en historias, que la corriente del amor verdadero se haya deslizado exenta de borrascas." La escena musical actual apoya esta perspectiva, sugiriendo que los disturbios, el drama y la ansiedad son parte natural de las relaciones.

Y sí lo son, parte natural de salir con el Incorrecto. Amigos, si esta persona no es la adecuada, no se pregunten por qué. Puede haber cientos de razones, pero todas se resumen en: sigue adelante. *¡Estar con el Correcto se siente bien! La intimidad se siente como una maravillosa afirmación de vida.* No te conformes con menos.

También he batallado con esto. En la Introducción leíste sobre el hombre con quien salía que lo tenía todo, excepto intimidad. No podía compartir su lado emocional, ni explorar su corazón. Pasé casi seis meses tratando de convencerme de que no necesitaba tanta conexión emocional, ¡pero yo sabía que no era así!

Ah, es tan tentador decirte que en realidad no necesitas (inserta la cualidad que en realidad sí necesitas), en especial cuando una persona tiene tantas de las otras cosas que quiere. *¡Los Casi pero no son terribles! Pero si esta persona no es a quien necesitas durante el cortejo, tu sentido común y muchos, muchos estudios indican que tienen aún menos probabilidades de ser quien necesites más adelante.*[183]

Cuando no te aman (lo suficiente)

Judson sabe muy bien cómo se siente eso: "Cora y yo teníamos todo en común. Salíamos de paseo en lo que cualquiera llamaría una cita, nos cuidábamos el uno al otro cuando estábamos enfermos y hablábamos todos los días. Pero no había intimidad física y nunca existió. Dijo más de una vez que no sentía la vibra y lo único que podía esperar era una amistad. Hace un año me tomé un descanso para revisar mis sentimientos, pero lo único que descansó fue mi determinación. Le llamé al mes. Ahora estoy enamorado. ¿Hay alguna manera de seguir siendo amigo de Cora sin que eso me impida encontrar a alguien más? ¿Cómo la supero? La última vez no me fue tan bien que digamos".

O considera esta carta de Julie:

He salido con Cal durante medio año, a lo largo de estos meses me presentó a sus padres y me llevó a pasar fines de semana con sus amigos. No me ha llamado su novia, no ha dicho que me ama y no me ha pedido que seamos exclusivos, pero sus amigos dicen que Cal habla más de mí que de ninguna otra persona con quien haya salido. Tenemos muy buen sexo, pero nunca hablamos del futuro. Al final no pude soportar la confusión por más tiempo. Le envié un mensaje de texto diciendo: "Te amo, ¿tenemos algún futuro?". Se volvió muy distante y después de un tiempo me respondió: "Hola, cariño. No quiero decirte esto, pero aunque sí me importas, no es al grado al que yo te importo a ti. No quiero lastimarte, eres increíble. Es sólo que no veo un futuro juntos". No me ha vuelto a pedir que nos veamos. Su respuesta me tiene más confundida que nunca. ¿Cuál es tu interpretación y consejo?

Para este momento ya sabes lo que les dije; puede que Judson y Julie amen a sus parejas, pero si sus parejas no los aman no son más que unos PEN. Déjenlos de tajo. *El amor no correspondido es amor roto.* No te conformes con eso.

Cuando no lo amas (lo suficiente)

Y luego está el problema de Kevin. Él no ama a Sheila. Como dice un amigo mío, si vas a casarte sin amor, hazlo en la mañana. Así si las cosas no funcionan, no habrás desperdiciado el día completo.

El amor es importante en todo el mundo. De hecho, es la cualidad más importante en una pareja, según las más de 10 000 personas que participaron en el estudio del doctor David Buss, que abarcó 37 culturas diferentes.[184] Siempre lo ha sido. Sin importar las elucubraciones de los historiadores sobre que el amor es reciente (una invención europea), el amor siempre ha existido; al menos en la medida que la historia escrita puede atestiguar. Por ejemplo, el poema bíblico de amor y pasión, el *Cantar de los Cantares* de Salomón, es un texto antiquísimo. Todo eso de escalar su palmera para recoger su fruto no se refería a las enramadas.

¿Qué tiene que ver el amor en esto? Seguro de pareja

El doctor Buss escribe: "Desde una perspectiva evolutiva, no hay decisión más importante que la elección de pareja".[185] En otros dos pasos de este libro he dicho que el amor no basta, por sí solo, para sostener un matrimonio. Y es cierto. Pero todo lo demás, bondad, respeto, similitud, etc. *tampoco* es suficiente sin amor. Necesitamos todo junto.

El amor nos ayuda a encontrar y mantener una pareja de por vida al menos de tres maneras.

Primero. Las mujeres que se casan sin amor tienden a ser infieles y algunas lo son muy seguido.[186] Recibí la carta de una mujer que estaba considerando el amor con un hombre que era perfecto en teoría, pero al que no amaba. Se sentía carcomida por la culpa. De cualquier manera, ella ya había tenido una aventura. Esto puede ser desastroso, en especial para los genes de los hombres, porque muchos terminan criando a los hijos de otros tipos sin saberlo.

Segundo. Los hombres que aman continúan proveyendo y protegiendo; y los que no aman, no.[187] Ahora toma más tiempo que nunca criar y soltar al mundo a nuestros hijos para que compitan de forma exitosa con los hijos de todos los demás. Por tanto, el papel de los hombres en la familia continúa siendo muy importante. Los hijos que tienen dos padres corren con mejor suerte en todos los aspectos, desde la supervivencia hasta el tipo de trabajo que consiguen. Y ser similares no es suficiente para formar el lazo, se necesita amor.

Incluso si nunca has tenido hijos, de todos modos el amor es indispensable. Algún día, señoritas, no serán tan jóvenes, atractivas y saludables. Algún día, señores, puede que ustedes también necesiten ayuda. Si se aman uno al otro, es probable que sigan comprometidos e involucrados incluso cuando sean viejos, estén enfermos o usen los mismos pantalones deportivos cinco días seguidos. Pero si empiezan sin amor, ¿entonces qué? ¿Vas a querer sentarte al borde de su cama cuando él esté enfermo? ¿Se sentirán honrados de cuidar de ella cuando En la Riqueza se convierta En la Pobreza? Si se aman, sí. Es el seguro de evolución de la pareja.[188]

Cuando tu intuición te lo advierte

Quizá te sorprenda encontrar a tu intuición mostrada en un libro sobre citas basado en la ciencia. Hace unos años yo hubiera pensado lo mismo. Pero la intuición es real y la ciencia lo confirma. Ubicada en el hemisferio derecho del cerebro, la intuición es saber sin tener pruebas reales.

En los experimentos con personas que han tenido una cirugía que impide la comunicación entre los dos hemisferios (para controlar la dispersión de electricidad que puede empeorar la epilepsia), la gente hace cosas curiosas. Por ejemplo, si se expone el hemisferio derecho a la palabra "sol" y el izquierdo a la palabra "disco", sólo son conscientes de haber experimentado "disco". Pero cuando se les pide que dibujen una imagen con su mano izquierda (que está conectada al hemisferio derecho) dibujan un sol. La mitad derecha sabe. Es sólo que no puede decirlo de manera directa, porque no es algo consciente.[189]

Es probable que la intuición exista para salvarnos; la mayor amenaza para la mayoría de las personas son otras personas. Somos el paraíso y el infierno unos de otros. ¿Alguna vez has tenido la sensación de que un extraño junto a ti podría lastimarte si tiene la oportunidad? No lo averigües, ¡vete! Escucha a tu intuición y sigue adelante. El precio de equivocarte y marcharte es bajo, el de tener la razón e ignorar a tus presentimientos puede ser muy alto.[190]

La intuición es más precisa en áreas donde tenemos mucha habilidad o experiencia.[191] Y sospecho que también funciona mejor en situaciones vitales para la supervivencia y reproducción de nuestros ancestros, como la elección de pareja. Nuestra intuición nos puede decir que estamos con la pareja Incorrecta. Puede que no sea una emergencia, pero la voz silente está ahí. Esto me ha sucedido dos veces. La primera vez estaba comprometida. Mi intuición poco a poco incrementó la alarma, de ansiedad a ataques de pánico, hasta un sueño donde la voz se volvió consciente: "¡No debes casarte con este hombre!". Lo dejé y todos los síntomas de ansiedad desaparecieron.

La segunda vez fue menos dramática, pero no menos importante. Me había involucrado bastante con un hombre que parecía perfecto de muchas maneras, excepto que no era bondadoso. No era exactamente malo, pero no tenía calidez ni amabilidad y sus sonrisas no llegaban hasta sus ojos. Nunca podría haber hecho una vida con alguien así. Mi intuición me lo advirtió desde la primera cita y debí escucharla desde ese momento. Pero seguí y terminamos luego de unos pocos meses.

¿Por qué somos malos para seguir nuestra intuición? La doctora Brené Brown señala que "la mayoría no somos muy buenos en no saber".[192] No seguimos lo que nos dice la intuición porque nuestro cerebro derecho intuitivo no nos ofrece pruebas, sólo presentimientos. La doctora Brown continúa: "Lo que silencia nuestra voz intuitiva es nuestra necesidad de certeza".

Mi voz intuitiva no fue silenciada, pero en definitiva no le hice caso y fue porque quería pruebas. ¿Qué haces cuando no te sientes seguro respecto a alguna persona? Si eres como yo, les pides a tus amigos su opinión. Pero a tu cerebro derecho no le importan las opiniones de los demás. Le importa protegerte. Escúchalo.

En general, mi intuición me ha dicho, de forma bastante directa, que me vaya. La tuya puede decirte que bajes la velocidad y conozcas más a la persona. En un paso previo hablamos de Diane, una mujer a la que un hombre muy rico le propuso matrimonio. Su intuición le dijo que algo estaba mal y ella le hizo caso. Al averiguar más descubrió que su presunto prometido no quería mantenerla a ella ni a sus hijos; se dio cuenta que incluso si se casaba con este hombre, seguiría estando por su cuenta. Al escuchar la voz de su intuición de averiguar más, evitó lo que después me dijo habría sido un divorcio seguro.

En mi experiencia, Diane fue más valiente que la mayoría. Sé que hubo momentos en que yo suprimí de forma intencional mi saber interno porque estaba cansada de buscar. Quería que ésta fuera la relación Correcta, sin importar si en verdad lo era o no. Mucha gente se esconde de la verdad para evitar el dolor inmediato, en lugar de desenterrarla para evitar un dolor futuro. Yo creo que, en buena medida, eso acalla nuestra intuición en las relaciones: queremos que éste sea el Indicado, así que dejamos nuestros ojos entrecerrados justo cuando deberíamos tenerlos bien abiertos. Recuerda que sigues investigando a esta persona hasta que no se casen.

Otra cosa que motiva a algunas personas a esconderse de su verdad intuitiva es una noción de justicia. Eso hice yo con T. ¿Está bien condenar a alguien al destierro de tu vida cuando no tienes evidencia concreta de que ha hecho, o hará, algo malo?

Éste es un buen momento para recordarte que cuando estás saliendo con alguien no estás en un juicio. No tenemos que demostrar que alguien es culpable más allá de toda duda razonable; no debemos tener certeza absoluta o prueba alguna. La doctora Helen Fisher lo dijo de manera perfecta: "El amor no se trata de justicia, se trata de ganar".[193] Estás saliendo con alguien, puedes dejarlo sólo porque quieres. La justicia no cabe aquí y tu compromiso no debe ser marital antes de que se casen. ¡No permitas que la culpa te lleve hasta el altar, sólo para tropezar en la decisión más importante de tu vida!

Pero muchos de nosotros, incluyéndome, nos sentimos mal si actuamos siguiendo nuestra intuición. Tal vez estamos aferrados a no volver a estar solos. Tal vez buscar de nuevo parece agotador. Quizá nuestra pareja está tratando de mantenernos cerca, haciéndonos sentir culpables sólo por pensar en irnos. Tal vez nuestra situación no se ajusta de forma clara a un factor negativo decisivo y simplemente no estamos seguros de si queremos esta relación como nuestra elección definitiva.

Aquí hay dos experimentos para ayudar a los que tengan duda.

Experimentos
Decide si debes terminar

Experimento 1: el volado

Katie tiene veintitantos años y estaba saliendo con un jugador profesional de básquetbol, no dormía ni comía pensando si debía terminar. ¿El problema? Abdul era perfecto, excepto que no lo amaba. Sus amigos y familia se angustiaban de que pensara siquiera en terminar la relación. Él lo tenía todo, incluyendo que la adoraba. Cuando nos conocimos estaba muy avergonzada y confundida.

Las opiniones de los demás la habían convencido de que era mala o estaba loca por no amar a Abdul. El hecho seguía siendo que no lo amaba.

Echamos un volado: "Cara, te casas con Abdul. Cruz, tienes que terminar con él". Aventé la moneda, la escondí bajo mi mano y le pregunté: "Cuando la moneda estaba en el aire, ¿qué lado esperabas que saliera?". Su respuesta fue cruz. Ella quería dejarlo.

Amigos, he aquí la verdad. No sé si hay estudios científicos sobre esto, pero muchas veces los consejeros personales usan experimentos con volados porque revelan los hechos. *Determina dos opciones de antemano y lanza la moneda: lo que quieres cuando la moneda está en el aire te dice tu deseo más profundo.*

¡Abdul es un buen partido! Se merece mucho más que estar con alguien que se conforme con él. Le dolerá, pero encontrará a alguien más. Alguien que en verdad lo ame y que él ame también. Lo mismo sucederá con Katie. Ella lo dejó libre y se sintió mucho mejor.

Experimento 2: el experimento mental

¿Sigues dudando? Quizás un experimento mental te ayude.

En los experimentos mentales imaginas cómo sería la vida siguiendo diferentes opciones. Exploras cómo sería la ruta alterna y la que estás caminando en este momento. Vives con ambas opciones por un rato en tu imaginación. Y eso te ayuda a decidir entre las dos alternativas que te confunden.

En el caso de "quedarse" contra "irse", *imagina por completo quedarte con esta pareja. ¿Cómo se siente? ¿Qué te imaginas que pasará en meses o en años? Puedes darte una semana o más para habitar en este espacio mental.*

Luego, invierte el experimento. Imagina por completo terminar con esta pareja. ¿Cómo se siente? ¿Qué te imaginas que pasará en meses o en años? De nuevo, date un tiempo para habitar en este espacio mental.

¿Qué opción te dio más de lo que necesitas?

Por supuesto, si en verdad esta relación es importante para ti y aún no tienes una respuesta clara o un factor negativo decisivo, quizá necesitas repetir los ejercicios. En este caso tómate el tiempo que requieras. Así como no querrías quedarte en la relación Incorrecta, tampoco quieres deshacerte de la relación Correcta. Vive con tu ambivalencia mientras te involucras con tus posibilidades de manera emocional y consciente.

Cuando se debe decir No: dos maneras de terminar

En este punto ya lo reconociste: esta relación no puede continuar. Ahora es necesario decir No para que puedas encontrar al Indicado. Pero, ¿cómo?

Primero, no te eches para atrás: no digas "yo te llamo" y no lo hagas, no te desaparezcas por completo sin volver a comunicarte. Si haces una promesa, cúmplela. Si la relación fue sustancial (y no sólo un par de citas), tu pareja se merece tener un cierre. Eso es ser amable y respetuoso. Conozco el terror de terminar. He pasado noches en vela pensando qué decir y cómo hacerlo. Recuerdo una vez en que casi vomito de la ansiedad de decirle No a la otra persona. Pero no decir nada está mal. Piensa en las veces en que te lo han hecho. ¿Cómo te sentiste? No hagas que otra persona sienta lo mismo.

Pero herir a otros, de la forma menos dolorosa posible, es parte de las relaciones. ¿Cómo lograrlo? ¿Con qué palabras? En parte, eso depende de la seriedad de la relación.

Decir No: cómo rechazar a una pareja

El rechazo duele, sin importar hace cuánto tiempo ocurrió. Treinta años después aún lo recuerdo con claridad: entré en un aula llena de niños apuntándome, riendo y pasándose de mano en mano mi nota de "¿Quieres ir al baile conmigo?". Había invitado a un chico a un baile donde las mujeres invitaban a los hombres... Así me enteré que su respuesta era No.

Como los chicos generalmente son los que invitan, muchos hombres tienen más historias como ésa, historias de crueldades que no se merecían y que les dejaron cicatrices emocionales que les dificultan tomar riesgos con otras parejas. No lastimes a la persona que te invita a salir, mantén tu No en privado y sé amable. Si quieres ser feliz, todas tus relaciones deberán estar basadas en la amabilidad y el respeto por el resto de tu vida. Practícalo con todas las personas. **Sé amable**.

Si no dejas bien claro que No significa Absolutamente No, la mayoría de los hombres, y algunas mujeres, tienden a pensar que aún tienen una oportunidad. Se empeñarán aún más en sus intentos y te harán perder el tiempo.[194] Ser claro no es cruel, es ser honesto. **Sé claro**.

Del mismo modo, no te extiendas en explicaciones. Dar detalles es tentador, ya sea para corregir a la otra persona o para hacerla sentir mejor. Pero en realidad los detalles sólo le dan a la otra per-

sona elementos para discutir y un asidero para ver si te convencen de salir de todos modos. **Sé breve.**

No siempre fui la parte lastimada; a veces también hice daño. Recuerdo haber dicho que no iría al baile cuando en realidad estaba esperando que me invitara alguien que me gustaba más. Adivinen qué sucedió. Cuando el primer chico supo la verdad, además de sentirse rechazado, lo que es parte de la vida, se sintió engañado, y fue mi culpa. **Sé honesto.**

Qué decir

"Gracias por invitarme, pero no siento que tengamos suficientes cosas en común."

Diciendo gracias demuestras amabilidad al reconocer el riesgo que tomó la otra persona y el halago que te hacen. Diciendo que no hay suficientes cosas en común mantienes la explicación breve y estás diciendo la verdad.

Amigos, siempre que le digan No a alguien, la razón de fondo es que no nos sentimos como necesitamos sentirnos, sentimos que no encajamos lo suficiente. Esto puede ser por diferentes razones, las cuales incluyen cosas como "tú eres un patán y yo no", "ya no me atraes", "gano más dinero que tú", etc. Pero sin importar qué tan refinadas sean tus razones, no te extiendas. No nos sentimos como necesitamos sentirnos y eso es suficiente. Decidir con quién salir o formar una pareja es cuestión de sentimientos. La otra persona puede discutir sobre los detalles, pero no sobre cómo te sientes.

¿Y si empiezan a pelear sobre tus sentimientos? Entonces, qué bueno que estás poniéndole fin, eso es poco respetuoso. Puedes decir: "No quiero discutir, pero gracias de nuevo por invitarme".

Decir No
Cómo terminar con una pareja

Claro que terminar con una pareja, no sólo con alguien con quien has salido por un tiempo, es mucho más difícil. Pero las palabras y los procesos son parecidos de muchas formas a cuando le dices No a alguien con quien estás saliendo. De cualquier manera, debes ser amable, claro, breve y honesto.

Hace unos pocos años quedé sorprendida al enterarme de que en Arabia Saudita los hombres pueden enviar tres mensajes diciendo "Me divorcio de ti" y con ello hacer que el matrimonio quede disuelto de manera legal. Desde las antiguas cartas de "Querido Juan" hasta los mensajes de divorcio actuales, la tecnología no sólo acercó a las personas, también sirvió como notificación oficial de que están separados. Aunque no está claro con qué frecuencia las personas en Estados Unidos reciben el "no eres tú, soy yo" digital, pensé que la ciencia debía haber explorado los sentimientos de las personas sobre este asunto o al menos cómo se considera que debe terminarse una relación en general.

Pero entre los más de 89 000 artículos de investigación formal sobre rupturas, no encontré ninguno que abordara estos detalles. Para asegurarme incluso llamé a prestigiosos expertos en comunicación, como la doctora Traci Anderson.[195] Dijeron que no, nadie ha hecho esta investigación todavía, o si la han hecho, no está publicada. Así que hice lo que cualquier nerd haría: corrí mi propio experimento.

"El Cuestionario de la Ruptura"[196] se conformó de seis preguntas y fue contestado por 55 estudiantes universitarios voluntarios de mi clase, con antecedentes étnicos y raciales diferentes (de 23 años de edad en promedio), y otros 30 participantes anónimos de entre mis contactos de Facebook (de 41 años de edad en promedio) en Survey Monkey. Los 85 participantes declararon de forma anónima su sexo, edad y si en alguna circunstancia un mensaje de texto era una manera apropiada para terminar una relación; de ser así, cuándo; si no, por qué; y qué palabras les gustaría que les dijeran si los estuvieran cortando.

La ciencia de calidad se basa en resultados consistentes en varios estudios, no es el resultado de un cuestionario. Y mis resultados no representan a todos los estadounidenses, ni siquiera representan a todas las personas que conozco. Sin embargo, los resultados fueron sorprendentemente consistentes, ya sea comparando por edad, por sexo, por universidad-"mundo real" o cualquier combinación de ellos... y esto es fascinante. Así que veamos qué dijeron.

En primer lugar, 87% de todos los participantes estuvieron de acuerdo en que terminar por mensaje de texto está mal, MAL en mayúsculas, porque es algo que debe hacerse en persona. Cortar por mensaje demuestra cobardía. Y como Aretha Franklin podría decirnos, se trata de R-E-S-P-E-T-O.

Un hombre resumió los sentimientos de la mayoría escribiendo: "Algo así de serio debe hacerse de manera respetuosa, y enviar un mensaje no lo es. Mandar textos se usa para recordarle a alguien que compre leche, no para decirle que su vida va a cambiar."

Incluso el 13% a favor de los mensajes de texto impuso límites. Los adultos universitarios más jóvenes mencionaron de forma predominante el temor de abuso físico como una razón aceptable. Los de cuarenta y tantos aprobaron la posibilidad de terminar por mensaje si la persona que rompe es muy joven, la relación fue muy breve o si quien recibe el mensaje ya ha actuado fuera de los límites del decoro y, por tanto, se lo ha ganado. "¡Te vi besuqueándote con mi mejor amiga en la fiesta, patán!".

¿Cómo terminar si no es en persona?

Al responder la última pregunta, "¿Qué palabras te gustaría que usaran cuando te cortan?", *hombres y mujeres de todas las edades y características pidieron de forma abrumadora que fueran honestos con ellos, pero no brutales*. Los participantes prefirieron que les dijeran algo valioso sobre ellos y luego les dieran una razón honesta, pero amable, para terminar.

Las razones más deseadas reflejan el tema de la poca compatibilidad: "Esto no va a funcionar", "no creo que seamos la persona correcta uno para el otro", "no tenemos suficientes cosas en común" y "no somos suficientemente compatibles".

Una mujer lo resumió diciendo: "Me gustaría que mencionen los aspectos positivos de la relación y luego digan que no somos compatibles y dieran una explicación con sensibilidad... Como, quizá, 'Me la he pasado muy bien saliendo los últimos meses, pero para ser honesto, no creo que esto vaya a ningún lado'..."

Qué decir

"En verdad he disfrutado mucho, _____. Pero no creo que tengamos suficientes cosas en común como para seguir y no me siento como necesito sentirme para que sigamos avanzando juntos."

Repite esto tantas veces como sea necesario, como disco rayado, hasta que la reunión de ruptura haya terminado.

El panorama más amplio de otras investigaciones sobre relaciones indica que mis participantes, al poner énfasis en el tema de la incompatibilidad, van en la dirección correcta hacia la felicidad a largo plazo. ¿Por qué? Porque decenas de estudios muestran que la similitud es el mejor camino hacia la meta extendida de tener un matrimonio feliz. El deseo de los participantes en mi encuesta es escuchar que el "No creo que tengamos suficientes cosas en común como para seguir" no sólo es claro, breve y amable en el momento, es la Verdad. Es una razón bien anclada en la realidad de lo que forma una unión dichosa de manera permanente. Ah, y un bono extra, es irrefutable: te sientes como te sientes y punto.

Al final, sólo es cosa de practicar para cuando suceda en serio, para cuando necesites que las acciones respetuosas y amables sean algo natural en ti, para que te lleven hacia adelante y te sustenten a ti y a tu amado, el Indicado, por quien en última instancia realizas todo este proceso doloroso de ruptura.

Experimento: escríbelo y luego ensaya tu ruptura

Incluso así algunas personas no quieren aceptar un No como respuesta. Kevin estaba seguro de que Sheila no lo aceptaría. *Así que escribió lo que iba a decirle. Y luego ensayó las respuestas de ella y sus reacciones ante esas respuestas.* Esto es algo que tú también puedes hacer.

Por ejemplo, él sabía que ella iba a tratar de hacerlo sentir culpable: "¡Me hiciste desperdiciar años de mi vida! Yo te he amado tanto, ¿qué tengo de malo que tú no me ames?". Pensó que ella trataría de mantenerlo en la relación ofreciendo argumentos sobre lo bien que estaban juntos, pidiendo que tuvieran sexo por última vez y conservando la esperanza de "ser amigos".

Tenía razón. Ella intentó todo eso y más. Pero él estaba listo y en menos de una hora cumplió la misión de romper con ella.

La carta de Kevin comenzaba reconociendo lo bueno en su pasado y luego iba de forma inmediata al punto: "Sheila, hemos estado juntos los últimos tres años y has sido muy buena conmigo. Eres una persona amable, cariñosa y generosa. Y desearía amarte como necesito para hacer un compromiso mayor. Pero no me siento como necesito sentirme para seguir adelante y quiero que terminemos. Sé que esto te lastima y odio causarte dolor. Pero necesito ponerle fin". Llevó su carta a la reunión y se la leyó para no desviarse. Tú puedes hacer lo mismo.

Luego repitió esta oración cada vez que ella tenía una objeción: "Tienes razón, pero no me siento como necesito sentirme para seguir juntos. Tengo que terminar".

Y tenía un plan: "debía" estar en algún lugar al cabo de una hora, así las cosas no podrían alargarse.

Tras tres años de relación, la ruptura de Kevin fue muy, muy, muy difícil. Pero lo hizo. Tú también puedes. Si quieres al señor Correcto o la señora Correcta, romper puede ser difícil pero también absolutamente necesario.

Pero, ¿y si encontraste al Indicado y él no quiere comprometerse? A veces las personas son las indicadas la una para la otra, pero una de ellas está dudosa de llevar las cosas al siguiente nivel, aunque ambos estén enamorados. Con frecuencia es el hombre. En el Paso 9 descubriremos por qué y qué hacer al respecto.

Paso 9

Induce el "¡Sí, acepto!"

Éxito llamando al 911

¿Para qué comprar la vaca si te dan la leche gratis?
ANÓNIMO

Hace años, estaba en una fiesta donde Jack (exitoso, enamorado y casi siempre bastante hábil) criticó de manera abierta el matrimonio: "¡¿Se casaron?! ¡Qué tonto! Si funciona, quédate, si no, vete". Yo conocía a su novia Wynne, atractiva y buen partido bajo cualquier estándar. No parecía ni sorprendida ni divertida. Tampoco comprometida, después de años de vivir juntos.

¿Leche gratis y una vaca? Hombres, mujeres y compromiso

¿Por qué los hombres le huyen al compromiso? No es sólo Jack, tampoco es porque los hombres sean malos o el matrimonio sea un mal negocio.

De hecho, estudio tras estudio demuestra que los hombres se benefician mucho más que las mujeres con el matrimonio (y les gusta estar casados). Casi 95% de los hombres dicen que son más felices casados que solteros.[197] Como ya vimos en el Paso 1, los casados también tienen mayor poder adquisitivo, gozan de mejor salud y están más satisfechos sexualmente que los solteros, divorciados o personas que viven en unión libre. Literalmente, los casados tienen menos probabilidades de morir de soledad que quienes tienen algún otro tipo de acuerdo. En general, los hombres que estuvieron casados se vuelven a casar tan rápido como pueden en vez de vivir con alguien o quedarse solos.[198]

Pero, muchas veces, el primer clavado se lo avientan las mujeres, mientras los hombres se mantienen junto a la alberca, midiendo el agua con la punta de los pies y otras partes del cuerpo demasiado tiempo para la comodidad de las mujeres. *La renuencia masculina y el entusiasmo femenino son resultado de una combinación de biología y experiencia. Y esto parece reducirse a tres grandes razones: tiempo, sexo y cohabitación.*

El tiempo es relativo

Ben y Candace estaban a principios de sus veinte. Él la cortó y quería platicar conmigo porque no estaba muy seguro de por qué lo había hecho. Intenté descubrir si había algún factor negativo decisivo. ¿Les faltaban intereses similares? No. ¿Ella lo trataba mal o era irrespetuosa? No. ¿Ya no le parecía atractiva? No. ¿Ya no estaba enamorado de ella? No. ¿De alguna manera ya no era suficiente para él? No. ¿Había alguien más? No. Según Ben, Candace y su relación, en esencia, eran perfectas. Pero después de dos años de estar juntos, la dejó cuando a ella se le ocurrió sacar el tema del matrimonio: "¿Hacia dónde va esto? ¿Cuándo nos casaremos?". Metiendo la mano en su cabello, Ben tartamudeó y dijo: "No sé qué decirte. Es decir, creo que algún día nos casaremos, pero no ahora, y no estoy listo para lidiar con esto. Y creo que aún me faltan muchas cosas por vivir".

Amigos, Candace y Ben son de la misma edad, en el papel. Pero en un sentido real, él es mucho más joven porque su edad fértil es ilimitada. La mayoría de los hombres (ya sea en la vida o en el cortejo) no empiezan a concentrarse en el compromiso tan pronto como las mujeres. Sólo mira a los niños jugando a las pistolas y no a los novios. O fíjate en sus sitios preferidos de citas como Match.com, que se basan en lo visual para cazar. Mientras las mujeres giran en torno al sitio eHarmony con la idea de casarse.

Científicos como los doctores David M. Buss y Donald Symons citan estos hechos biológicos como formadores de la psicología masculina: un impulso para atraer parejas jóvenes y fértiles, una capacidad envidiable para hacer su parte a fin de crear una nueva vida en tan sólo unos minutos y una fábrica de esperma sin fecha de caducidad.[199] ¡Voilà! El compromiso no presiona la psique del hombre. De hecho, desde el punto de vista biológico de los chicos que transmiten sus genes, darle vuelo a la hilacha puede tener ganancias procreativas. No me sorprende que Ben dudara. No sabía por qué de forma consciente, pero el compromiso lo espantaba, su biología generaba una psicología renuente a establecerse.

El tiempo es menos amable cuando se trata de la fertilidad de la mujer, por eso se espera que sean más comprometidas desde la infancia. Está bien. Comparada con Ben, Candace está limitada para heredar sus genes y esto influye para que piense en el compromiso como lo primero y lo más importante.[200] Su objetivo es la manera psicológica ancestral conseguir un proveedor y protector que se quede junto a ella. De la misma manera en que su psicología ancestral la lleva a mantener abiertas sus opciones por un tiempo.

Si quieres conocer la psicología del emparejamiento en hombres y mujeres, fíjate qué les indigna. Las mujeres (apremiadas por el tiempo y necesitadas de recursos) desarrollan un enojo por cualquier cosa que tenga pinta de ser una pérdida de tiempo y de falsos compromisos. Aborrecen a los hombres que las engañan haciéndolas creer que están entregados a ellas o se comportan como si el siguiente paso fuese comprometerse cuando en realidad no es así. Los hombres (que están en busca de una compañera fiel y fértil con quien puedan dejar descendencia) odian a las parejas que ponen en riesgo su linaje al dormir con alguien más o mienten en algo relacionado con la fertilidad, como la edad.[201]

Sexo al alcance de las manos

Una réplica famosa de la frase sobre la leche/vaca es: "No vale la pena comprar el puerco entero para sólo comerse una salchichita" (como si las mujeres también se beneficiaran de juguetear y estuvieran renuentes a establecerse). Los hechos dicen lo contrario, aunque suene loco. Nosotras, las mujeres, podemos dar a luz un niño y así heredar nuestros genes sólo una vez al año, sin importar cuánto vuelo le demos a la hilacha. Así que nuestra psicología heredada se orienta a buscar el compromiso y los recursos económicos en una pareja. Por todas las razones explicadas en el Paso 4, estamos preparadas para la permanencia. Casi siempre estamos dispuestas a ir por todo el pastel. Nos sentimos ofendidas con la vaca-nalogía y con toda la razón. Pero también somos las primeras que queremos casarnos.

Sólo que las fuerzas culturales juegan con estos instintos ancestrales. Por ejemplo, en la actualidad tanto hombres como mujeres deciden casarse más tarde, ambos sexos creen menos en el matrimonio (véase Paso 1) y se pone más énfasis del que hasta hace poco se acostumbraba en terminar los estudios y alcanzar otras metas personales importantes antes de casarse.[202] Antes la tradición era que los padres impulsaran a los jóvenes a casarse, ahora muchos los alientan para que se esperen. En gran medida, hacerlo después de los 25 tiene sentido: las partes del cerebro donde se encuentran las funciones ejecutivas terminan de desarrollarse alrededor de esa edad y la tasa de divorcios desciende.[203]

Para los hombres, que solían conocer a las mujeres a la mitad del matrimonio, hubo un gran alejamiento de las ganas de casarse. En sólo dos generaciones, los chicos han cambiado de casarse a principios de los veinte, a esperar hasta los treinta.[204] Antes pasaban sólo unos meses entre el noviazgo y la boda, no años. ¿Qué cambió?

Es una gran pregunta con muchas respuestas. Pero según una encuesta actual y representativa realizada entre jóvenes de Estados Unidos, *los hombres dicen que la causa principal por la que no sienten el instinto de compromiso es el fácil acceso al sexo sin matrimonio*.[205] Ben tenía una vida sexual activa en su relación, y ésta no estaba condicionada al compromiso.

Permanecer virgen hasta casarse nunca fue una regla en Estados Unidos ni en muchos otros sitios del mundo, pero la castidad hasta el compromiso era la norma en muchos lugares y el compromiso prenupcial se veía más bien como una atadura. Incluso los puritanos tienen sexo como locos una vez que ya hay planes de boda, pero también saben que deben casarse lo más pronto posible.[206]

Dicho de manera simple, los tiempos han cambiado. Ahora, los chicos se permiten el deseo psicológico de esperarse para el compromiso porque no tienen que aguantar mucho para tener sexo. Las mujeres no somos ganado bovino, pero los hombres tampoco están sedientos.

Cohabitación es lo opuesto a difícil de conseguir

De hecho, muchos hombres sacian su sed cuando quieren gracias a otro cambio cultural: la cuasi institución llamada cohabitación. Lo opuesto a difícil de conseguir es el escenario donde las parejas viven juntas sin estar casadas.

Jack y Wynne viven en unión libre, y el fenómeno está aumentando con rapidez. En 2009, 6.7 millones de parejas ya vivían juntas, 13% más que en 2008. *Para 2013 más de ocho millones de parejas empezaron a vivir juntas antes (o en lugar) de casarse.*[207]

Vivir juntos después de comprometerse es diferente porque los sentimientos y las acciones son muy parecidos a estar casados. *Pero vivir juntos antes de comprometerse acaba con las ganas de los hombres para hacerlo, ya que no lo requieren para satisfacer sus necesidades heredadas: Fertilidad, Fidelidad y Sexo.*

A los hombres les gusta la caza y al vivir en unión libre la caza se acaba. Más bien, cohabitar es como una zona de juegos para hombres, quienes ganan sexo frecuente con alguien joven, bella e idealmente fiel, todo en una atmósfera en la que sus opciones continúan abiertas. De hecho, varios estudios señalan que los concubinos sobrepasan o empatan en sexo con las personas casadas.[208] Después de todo, cuando estás soltero o saliendo con alguien te esfuerzas para lucir bien, pero cuando estás bajo el mismo techo, no sales de casa, ¡y no te importa afeitarte, arreglarte o coquetear!

La psicología del emparejamiento en las mujeres evolucionó en una atmósfera de embarazos, partos, lactancia, alimentación y cuidados del bebé en extremo riesgosos. Sin un compromiso sólido respaldado por la familia, la sociedad y quizás el garrote de papá (de madera), no funcionaba dejar a capricho del hombre llevar a casa el jabalí. Por eso, así como las mujeres desconfiaban del sexo casual, desconfiaban del cohabitar (y por lo que dice la ciencia, deberían seguir desconfiando). Esto es lo contrario de difícil de conseguir, los hombres necesitan señales de que la caza ya empezó para darse cuenta de que quieren comprometerse.

Cohabitar: ¿es para ti?

Algunas de ustedes pensarán: "¡Oye, espera un minuto! Soy mujer y no daría el gran paso sin primero probar las cosas". O quizá: "¡Qué ofensiva! ¡Soy mujer y no quiero casarme!". O tal vez eres un chico pensando algo en este sentido.

En un momento exploraremos qué piensa la mayoría de la gente sobre la cohabitación, qué es para ellos y qué dicen las investigaciones al respecto. Por ahora, consideremos: *¿Hay algún momento en que la gente *debería* cohabitar sin estar casada o comprometida? ¿Vivir en unión libre es la mejor opción para ti?*

Vivir juntos no le hace daño a nadie si ya están comprometidos y falta poco para la boda.[209] La ciencia no podría ser más clara. Fuera de eso, *tu respuesta dependerá de lo que quieres.*

Pero si quieres que la cohabitación te lleve al matrimonio o algo parecido al matrimonio, detente ahí mismo. *Es común que ambos, hombres y mujeres, lo interpreten de manera diferente.*[210] Cuando los hombres dicen: "Quiero que vivamos juntos", sólo quieren decir: "Quiero que vivamos juntos". Es todo. Mientras las mujeres usan esas mismas palabras como clave para decir: "Esto es un equipo matrimonial inicial". *Y vivir juntos no es como el matrimonio, excepto por vivir bajo el mismo techo.*[211]

Estudio tras estudio y cultura tras cultura, **la unión libre no es un matrimonio ligero. Es un ente diferente, separado y desigual**. Así como salir con alguien no es lo mismo que cohabitar, la

unión libre es diferente al matrimonio, con ventajas y desventajas distintas. He aquí lo que obtienes de cada una de ellas.

Cohabitar para dejar abiertas tus opciones

Hablando de la vida sexual, como ya se mencionó, en el concubinato se tiene sexo más seguido que en las parejas de casados. Aunque los concubinos dicen que esperan una fidelidad sexual recíproca como en el matrimonio, hay menos posibilidades de lograr su ideal. *Muchos tienen mucho en casa y además en otro lado.*

En lo económico, los concubinos se gestionan de forma individual en lugar de cuidarse uno al otro, ahorran dinero en seguros de vida, seguros médicos, etc. Casi siempre guardan su dinero para sí. Al dividir costos y mantener las cuentas separadas gastan sin rendirle cuentas al otro. *Tienden a evitar las compras grandes juntos o de uno a otro. El horizonte temporal es muy corto para esto; una inversión hoy podría resultar ridícula mañana.*

Por ejemplo, conozco concubinos que guardan o almacenan sus trastes y muebles de manera separada, y entiendo por qué lo hacen. Si cortan, sería terrible tener que comprar todo de nuevo. Por otra parte, en cuanto nos casamos, Vic y yo vendimos nuestros artículos para el hogar que estaban duplicados, no los volveríamos a usar de nuevo.

Su tiempo también les pertenece. Lo administran donde y con quien quieren y suelen pasar menos tiempo con su pareja que si estuvieran casados.

Por último, son mucho más libres de dejar la relación y es más probable que lo hagan.

El lema de cohabitar es: libertad.

Casarse para unir sus vidas y fortunas

Los casados revelan que tienen el primer y segundo mejor sexo (o la misma cantidad que los concubinos, dependiendo del estudio). *Invirtieron de por vida y son los más fieles en obras, no sólo en palabras.* Ahora y para siempre, todo lo conseguirán en casa, así que es mejor que valga la pena.

En lo económico, las personas casadas invierten mucho en el otro. Es típico que le concedan casi o todos sus bienes terrenales e ingresos, en su testamento, en sus cuentas bancarias y en su vida cotidiana. Garantizan la vida del otro; en salud, hijos, autos y vivienda, no sólo planean el presente o los siguientes años, sino que tienen en la mente su futuro cuando alguno de ellos muera.

Los esposos están todo el tiempo en contacto; es decir, el no consultar sobre las compras los enviará rápidamente a la Ciudad de Duerme con el Perro, porque sus fortunas están sujetas al comportamiento de cada uno. Lo mejor es que algunas veces se regalan cosas caras y es muy raro que los concubinos lo hagan. Hace poco le regalé a Vic un viaje a Kenya con el dinero que gané dando clases extras. El viaje lo planeé por más de un año. No hay forma de que hubiera hecho lo mismo por un novio, viviera con él o no. También nos hemos ido de vacaciones juntos con dinero de nuestras cuentas mancomunadas. Los concubinos tienden a no hacer este tipo de cosas. Las inversiones serias tienen más sentido en un contexto de permanencia.

Como el matrimonio proporciona un horizonte temporal indefinido, es común que las parejas se especialicen en algo, que se dividan las labores de modo que uno se enfoque más en generar dinero mientras el otro se ocupa de los quehaceres de la casa. ¡Así es, aun en estos tiempos, incluso si ambos trabajan como asalariados! Aunque suene irónico, esta división de labores es clave importante para la mayor riqueza de los casados. Es más eficiente especializarse en algo y depender mutuamente de la pareja, que tener que hacer todo y aparte tener que ser bueno en ello.

En lo social, el tiempo es para y con tu pareja, excepto si hay un acuerdo mutuo (es para toda la vida, en tiempos difíciles, incluso si hay subidas o bajadas). Los concubinos tal vez ignoran a quién besarán el siguiente Año Nuevo. Los casados saben bien con quien estarán éste y todos los años.

El lema del matrimonio es: para siempre.

Aun así, las mujeres en especial, a veces prefieren vivir en unión libre como medio para llegar al altar. Por supuesto, hay concubinos que viven juntos por siempre, uniones libres que llegan a ser buenos matrimonios y matrimonios que terminan o se desarrollan en libertad.

Pero por hechos y probabilidades, no es la manera de apostar.

Cohabitar: realidad contra fantasía

¿Vivir en unión libre es útil para la mayoría de las personas que están en proceso de encontrar una pareja? Si nos vamos por los argumentos o la conducta de los estadounidenses, diría que sí. En una encuesta Gallup reciente resultó que 62% de quienes tienen veintitantos creen que vivir juntos es una prueba de manejo válida que minimizará el riesgo de divorcio y aumentará la felicidad marital en un futuro.[212] Se ve la tendencia en las estadísticas hacia un alza en el índice de cohabitación y los países en desarrollo no se quedan atrás.

Pero la ciencia está en total desacuerdo con quienes opinan que cohabitar es útil, y más todavía si los concubinos no tienen planes sólidos de matrimonio para involucrarse. Al preparar este paso revisé cada artículo científico y cada fuente de información que pude encontrar con fechas entre 1970 y 2000. En más de dos docenas de artículos no había nada que apoyara la idea cultural y actual de vivir en unión libre como un seguro contra el divorcio y la miseria.[213] Nada.

Existen muy pocos estudios que respaldan la idea de que no hay peligro en cohabitar, pero siempre y cuando la pareja ya esté comprometida cuando se mudan juntos. El resto de los estudios indica que vivir juntos se asocia con menos felicidad que dentro del matrimonio, nunca con más. Y hay mayor riesgo, nunca menos, de divorciarse después de vivir juntos. Ésta es la tendencia en Estados Unidos y también en cada cultura donde se ha estudiado la cohabitación.[214]

¿Te impactó? A mí, sí. Creí que vivir juntos sería una forma de seguro contra el divorcio o, al menos, sería inofensivo para quienes son demasiado jóvenes para casarse y desean ahorrar dinero viviendo bajo el mismo techo. Estaba equivocada. *En varias décadas de investigaciones bien conducidas, encontré que vivir juntos sin un compromiso al nivel del matrimonio nunca es benéfico y a menudo es dañino.*

Al principio, la ciencia parece desafiar a la lógica: ¿cómo puede ser que vivir en unión libre entorpezca y además lastime? Esto se debe a la falta de compromiso.

Los concubinos se comprometen menos

Primero, las personas que viven en unión libre tienden a empezar con menos compromiso para el Compromiso en sí. Por ejemplo, el psicólogo Larry Kurdek descubrió que los concubinos heterosexuales expresan menos compromiso entre sí que cualquier otro grupo, incluyendo los casados heterosexuales y las parejas formales de homosexuales (gay y lesbianas).[215] La doctora Linda J. Waite, conocida científica sobre cohabitación contra matrimonio, detalla en su sobresaliente libro: *The Case for Marriage*, (*El caso del matrimonio*),[216] que los concubinos tienden a desvalorizar el compromiso en diferentes aspectos.

Se necesita un gran compromiso para lograrlo y vivir en unión libre representa la evasión del compromiso. Por ejemplo, los concubinos generalmente están menos comprometidos con la idea del matrimonio, con la fidelidad sexual (tanto hacia su pareja como en general) y con la responsabilidad financiera hacia el otro. "En lo bueno, en la riqueza, en la salud o hasta que las cosas se pongan difíciles", sería su solemne voto. Son inestables.

Cohabitar deteriora el compromiso

Segundo, al parecer vivir juntos cambia a las personas que cohabitan, generando todavía menos compromiso una vez que ha comenzado la unión libre. Sí, son declaraciones causales de información correlacionada. Pero en este punto contamos con suficientes y buenos estudios multiculturales desde hace bastante tiempo, así que las declaraciones débiles ya no tienen sentido.

En la cohabitación, el horizonte temporal y el compromiso son menores que en el matrimonio desde el primer día. Así que, es común que los concubinos inicien la relación con menos inversión *y además vaya bajando esa inversión con el paso del tiempo (lo opuesto a lo que necesita una unión durable y feliz). Con razón los estudios muestran también que los concubinos se sienten menos comprome-*

tidos después de los votos matrimoniales. También son menos felices que quienes cohabitan sólo después de haber establecido con certeza que quieren una vida juntos.

Y mientras más tiempo vivan en unión libre, más evitarán el Compromiso. Mientras más tiempo cohabiten los hombres, es menos probable que propongan matrimonio, justo lo contrario a lo que las mujeres creen. Y mientras más tiempo sigan viviendo en unión libre, menos probabilidades tendrán de comprometerse más adelante, si es que se llegan a casar. No es seguro, pero no es la dirección que queremos tomar porque pone en riesgo nuestra meta. Es triste, pero cuando dos individuos se van a vivir juntos, disminuyen las probabilidades de que esas personas entiendan cómo se siente un compromiso total y verdadero, incluso si se casan.

Me dio pena una joven que escribió: "Soy una firme defensora de vivir con alguien antes de comprometerse (léase: casarse). He vivido con dos novios. Al vivir con cada uno sentí que aprendí muchas cosas que de otra forma no hubiera podido aprender."

Odio a todo el que de forma inadvertida aprende a tratar sus relaciones como algo temporal. Es contrario a nuestra felicidad y necesidades como seres profundamente emocionales. Podemos aprender lo que necesitamos sobre una posible pareja al salir con ella, ¡para eso son las citas! *Y podemos aprender lo que debemos saber sobre el compromiso relacionándonos de forma estrecha con nuestras familias, amigos y compañeros de cuarto. Del mismo modo, ahorramos dinero si compartimos la casa con amigos. Vivir juntos es innecesario y muchas veces es dañino.*

En otra ocasión, una mujer que no se casó con el padre de sus hijos, pero que había vivido años con él, declaró que tenía grandes expectativas de casarse. Me contó sus puntos de vista contra vivir en unión libre como medio para lograr el matrimonio: "Cohabitar NO te da más probabilidades de llegar al altar, a menos que sea 10 años y varios niños después… y en ese momento, ya para qué te casas, ¿no?".

Tristemente, una de las cosas que los concubinos deben aprender es cómo contenerse y cómo no comprometerse (la antítesis de lo que la primera mujer parecía querer y un impedimento para la felicidad duradera que me gustaría desearles a cada uno de ellos… y a ti).

Tiempo, sexo y cohabitación (una mezcla de hechos biológicos, evolución psicológica y tendencias culturales) son los tres grandes motores que impiden que los hombres deseen llevar las cosas al siguiente nivel: el matrimonio. *¿Cómo pueden las mujeres sortear este complicado panorama? Regresemos con Ben, el joven de veintitantos que cortó a Candace, su novia con ideas casamenteras.*

¿Quieren el anillo? Señoritas, salgan de la relación para avanzar al compromiso

Cuando Ben y yo hablamos, le dije que me gustaría que su exnovia me hubiera encontrado primero. "¿Por qué?", me preguntó. "Porque entonces le habría aconsejado que te cortara primero y empezara a salir con otros sin esconderse. Ella ya había estado saliendo con otros chicos y apenas te estás enterando."

La reacción de Ben fue muy reveladora: se veía estremecido, pálido, tembloroso y dijo: "Iría corriendo tras ella tan rápido que te dejaría dando vueltas." "Muy bien, pues ahí está tu respuesta", le contesté.

Como Candace en realidad *no* estaba saliendo con alguien, *él* tomó el toro por los cuernos y dejó la relación, pero quedó confundido. La última vez que escuché sobre Ben fue que no regresaron.

Las mujeres saben lo que quieren y cuándo lo quieren; los hombres saben lo que quieren cuando ya no lo tienen. Si estás cortejando a una mujer, dale más de ti para que tengas más de ella. Pero si eres mujer y estás saliendo con un hombre y buscas mayor compromiso de su parte, darle más de ti no servirá. Dale menos, para que los dos sepan dónde está su corazón.

¿Por qué? Ya lo sabes desde el Paso 5. Los hombres buscan fidelidad y posición en una pareja, y hacerte la difícil le demuestra que tú le puedes garantizar eso. La psicología heredada de los chicos requiere un poco de incomodidad e incertidumbre para que estén seguros de estar con la Indicada. Si Candace hubiera empezado a salir con otros, los celos de Ben le hubieran dicho que la quería, de una forma que no hay palabras en el mundo que lo hicieran mejor.

Igual de importante es que, al dejar la relación, Candace hubiera creado una barrera que ahuyenta a los donjuanes. ¿Recuerdas a Kevin, del Paso 8, que no estaba enamorado de su novia de mucho tiempo? Me cae bien. Pero gastó tres años o más del tiempo de Sheila. Se sentía culpable, pero no la amaba, y si no la amaba ahora, nunca lo haría. ¡Si Sheila sólo lo hubiera botado, no hubiera invertido demasiado en alguien que la hizo perder el tiempo!

En otras palabras, alejarse (en vez de acercarse) de las relaciones con hombres inseguros crea un punto de inflexión que funciona de dos formas: ahuyenta a los donjuanes y aumenta el nivel de involucramiento en los comprometidos.

Viví en unión libre cuando estaba comprometida, pero no al revés. No por un alto sentido de la moral ni por un conocimiento superior, sino porque no quise. Valoré mi libertad y nunca vi el punto de atarme a alguien que no me amara lo suficiente como para casarse. Aún más, no vi el punto de amarrar mi vida a alguien que no me amara lo suficiente para proponérmelo. Desde el punto de vista emocional, retrocedí en usar la cohabitación para persuadir a alguien de que me eligiera como pareja de vida. Sobre todo, quería alguien que estuviera seguro de que me quería. Si un hombre no me amaba lo suficiente como para comprometerse para siempre sin ser engatusado, yo sí me quería lo suficiente como para seguir con él.

En retrospectiva, ésa es una de las razones principales por las que me sorprendían con propuestas inesperadas. Recuerdo con claridad un día en que el hombre con quien salía desde hacía tres meses empezó su oración así: "Cuando vivamos juntos…". Le dije: "Un momento. No hay necesidad de apresurarnos. No estoy diciendo que nunca querrás casarte conmigo. Aún estamos conociéndonos y estoy a favor. Pero no viviré con alguien con quien no esté casada. Para mí no tiene sentido involucrarme con alguien que no amo lo suficiente como para comprometerme". Para mi sorpresa y alarma, dos semanas después me propuso matrimonio. En aquella época pensé: "A pesar de mis palabras…". En realidad, seguro que fue por ellas.

Pero para cuando fui a la fiesta con Jack y Wynne, ya sabía cómo funcionaban las cosas. Él evadía el compromiso, en parte porque ella lo animaba. En efecto, su forma de actuar indicaba que las cosas estaban bien así. Deseaba platicar con Wynne, pero nos conocíamos poco. *Quería decirle: "Salte de su vida más rápido de lo que dices 'unión libre'. Sigue adelante, abandónalo (sin explicaciones). Sólo vete ¡Ah! Y ten una cita el martes".*

Sal con alguien el próximo martes

Por casualidad, Wynne dejó a Jack esa misma semana. Enseguida empezó a salir con otros y se aseguró de que Jack se enterara. Tres semanas después, tras desgastarse las rodillas, los conductos lagrimales y su tarjeta de crédito, Jack convenció a Wynne de aceptar su propuesta de matrimonio. Jack planeó la boda hasta el último detalle y ha venerado el piso donde se para desde ese día (hace más de una década).

¡Pero salir con otras personas cuando estás enamorado del Indicado es muy difícil! Wynne fue muy valiente. Cuando escribí la historia de Jack y Wynne en el blog *LoveScience*,[217] una mujer me respondió:

Me intriga saber cómo alguien que está en una relación seria puede empezar a salir "el martes". Conocer a alguien en un almuerzo o café puede tener un efecto profundo en dos personas. ¿No se necesitaría un poco de tiempo para retroceder y reevaluar la situación? ¿En verdad es inteligente involucrar a otra persona? Escuché que hoy en día es común que la gente de 35 años o más tenga sexo en la primera cita. O a lo mejor era que alguien quería algo más conmigo…

Excelentes puntos. Primero, tiene razón. Aunque no encontré datos sobre qué tan común es tener sexo de inmediato, es usual desde que somos adultos sexualmente activos. Y sí, claro, para alguien muy enamorado es difícil empezar a salir con otros así de repente.

Pero tampoco es tan fácil encontrar el amor y obtener el compromiso. De hecho, conseguir esto último es más difícil, se necesita mucha fuerza interior. Si te vuelves fácil de tener, cavarás tu tumba. Wynne cambió sus planes, supongo que lo hizo porque se cansó de esperar una propuesta que no llegaría y se dio cuenta que estaba entre la espada y la pared. Así que tal vez intentó alejarse de la relación porque acercarse más no la estaba llevando a ningún lugar.

Cuando las mujeres empiezan a salir de inmediato, no sólo les da la oportunidad de darle celos al ex (véase el Paso 5), también las mantiene avanzando, concentrando su atención en el futuro (por si él no regresa). Las aleja del enojo y sufrimiento causado por alguien que nunca tuvo la intención de comprometerse, y les da el poder de asegurar que el hombre que en verdad las ama luchará arduamente para tenerlas de vuelta. Pone así al hombre en la misma cuerda floja de nervios que ella recorrió. ¿Y si no está nervioso? Entonces no era el Indicado, sin importar cuánto lo hubiera deseado ella.

Evita los ultimátums

Pero nunca debes darles el ultimátum: "Nos casamos o me voy".

Lo más probable es que la razón por la cual las personas se enamoran con mayor intensidad cuando sus padres desaprueban abiertamente a una pareja con la que salen se deba a la reactancia (término que los psicólogos usan para describir nuestra motivación para recuperar nuestro sentido de libertad cuando se siente amenazado).[218] Si a un hombre le pides que se case contigo, no sólo puede decir que no, sino que también se puede enojar contigo.

¿Quién podría culparlo? De hecho, el punto de salirse de la relación es *no* forzar a alguien para que se case contigo. Es recuperar tu vida mientras él se da cuenta de lo que quiere y actúa para conseguirlo. De todas maneras, tú ya sabes que lo quieres, ¿verdad? Él tiene que sentir ese mismo deseo hasta la médula de los huesos. Y no lo sentirá si tú se lo pides.

El método de Wynne fue inteligente porque evitó el ultimátum. No dio explicaciones, no hizo peticiones ni se quedó esperando el compromiso. Se desarraigó, vivió su vida y permitió que Jack la observara. Entonces, Jack decidió *por él mismo* que no podía vivir sin ella.

El compromiso procede con mucha mayor suavidad cuando ambos se eligen uno al otro. Todos conocemos gente que sigue distante e indiferente *después* de la boda. No se conformen con eso. Consigan que las elijan por completo y para siempre.

Así que, señoritas, pueden irse, salir con alguien y seguir con sus vidas. Pero nada más. Nada de ultimátums, berrinches, explicaciones largas, quejas, sentimientos de culpa; nada de "Te di los mejores años de mi vida", nada de lloriqueos. *Buscas a alguien que te vea como su alegría, no como su trabajo. Los hombres son felices de casarse con alguien amado como un premio, pero no desean ser prisioneros de tu culpa y vergüenza.*

A final de cuentas, la forma para que las mujeres logren un compromiso sincero y total es seguir el viejo cliché: Si lo amas (y él no se compromete), déjalo libre. Si regresa (con una propuesta), es tuyo. Si no, no lo iba a ser.

Señoritas solteras, tomen nota: No pueden cortejar a un hombre para que se comprometa, ni deben tratar de obligarlo, pero no acepten mudarse con él o abandónenlo y dejen que descubra por sí sólo que se quiere comprometer. No recomiendo para nada que le restrieguen en la cara el consejo de vampiresa de Beyoncé: "Si te gusto, pon un anillo en mi dedo". Es más probable que funcione la fortaleza, el amor propio y la distancia de la señorita Knowles, que el plan de influir en tu amorcito con mimos empalagosos diarios. El periodo de prueba de vivir en unión libre se acabó y es culpable de mutilar un compromiso pleno, sincero y entusiasta. Mejor intenta dejarlo.

Cómo Helen consiguió que le dieran el anillo

*Nada puede forzar a una persona para que ame a otra, pero para los hombres, una ausencia *que ellos no eligieron* deja en claro muy* rápido si no hay nada de apego, o si están apegados por ahora o para toda la vida. Y las mujeres se benefician más de tener una respuesta (sin importar cuál sea) que de reducir sus opciones por estar perdiendo tiempo con alguien que no las ama.

Pero en mi experiencia con clientes y lectores de *LoveScience*, para una mujer es muy difícil salirse de una relación porque transgrede las señales que necesitamos. Nuestra psicología del emparejamiento dice que si alguien no nos da demasiado tiempo y atención no nos quiere. Ése es el matapasiones más grande para las mujeres, por eso asumimos que los chicos sienten de la misma forma. Pero eso es apareacentrismo, la psicología de los hombres evolucionó en forma diferente de la de las mujeres.

Será útil poner un ejemplo completo. Por eso, a continuación les presento la correspondencia que sostuve con Helen. Ella perdió su posición después de mudarse con Troy, un hombre que cambió del optimismo a la indiferencia en 60 segundos. Las preguntas de Helen se redujeron a esto: *¿Podía volver a ser la mujer de posición elevada que era cuando él se enamoró?*

De Helen: Cuatro años perdidos

Sabía bien que no debía dormir con mi novio de inmediato, pero lo hice. Me prometí nunca vivir con otro hombre a menos que estuviéramos casados, pero Troy y yo hablábamos de matrimonio, así que nos mudamos. Ahora, ¡cuatro años después!, no hay anillo a la vista. Así que, ¿ahora cómo recupero mi posición elevada? ¿Todavía es posible?

De Duana: ¡Valor!

Al mudarse juntos la mayoría de las mujeres escucha las campanitas de la boda y los hombres el partido de futbol en la televisión. Lo mismo dice la ciencia. Es triste reconocer que tu experiencia es la norma. Pero no todo está perdido.

Primero, he aquí las buenas noticias: puedes volver a ser la mujer difícil de conseguir, con posición elevada, y terminar casada con el hombre con quien estás ahora. Siempre amada por él.

¿Las malas noticias? La única manera de hacerlo es abandonarlo y ver si *sufre* (o no) para recuperarte. Pero si te vas, debes estar preparada para la posibilidad de que quizá te deje ir con sólo una o dos quejas.

Pero la oportunidad de perderlo vale la pena, porque quedarte sólo te dará uno o más de los siguientes inconvenientes:

a) Un hombre que estará medio comprometido en la relación. Lo cual espero que no sea suficiente para ti.

b) Un hombre que termine abandonándote o engañándote.

c) Una vida emocional en la que cada vez sentirás más enojo, miedo y ansiedad.

d) Una relación sin ningún compromiso permanente.

Y abandonarlo con un "no sé, es sólo que no está funcionando para mí" como explicación, te dará una o más de las siguientes ventajas:

a) La libertad de meterte en una relación verdadera y comprometida donde seas 100% deseada y valorada.

b) El compromiso y colaboración entusiasta de Troy (si en verdad te quiere como su esposa).

c) La certeza sobre sus sentimientos. Ambos, *él* y tú estarán seguros después de esto (no puedes hacer que un hombre se comprometa, pero por supuesto puedes aclarar muy rápido de qué lado está).

d) El sentimiento de que tu pareja te valora en vez de sólo darte por hecho.

Y necesitas dejarlo de inmediato. Cuanto más tiempo continúes viviendo con un hombre en una relación sin compromiso, tienes menos oportunidades de que se case contigo algún día, más posibilidades de que te engañe y abandone, y lo peor se augura para tu salud emocional incluso después de haberte casado. Suplicarle matrimonio haciéndole más desayunos y tratándolo cada vez mejor no te llevará a ningún lado.

Esto necesita valentía. Pero si quieres una vida feliz, no la conseguirás quedándote donde estás.

De Helen: Y exactamente, ¿cómo lo hago?

Sospechaba que tu respuesta sería algo así, pero esperaba que hubiera una forma más fácil. Aunque tienes razón. Ahora debo seguir las reglas de la ciencia de las relaciones. Pero tengo más preguntas: ¿Qué tan receptiva debo estar para cuando él me llame o quiera verme? ¿Qué tan distante es "demasiado distante"?

De Duana: Instrucciones detalladas

Perdón por darte el consejo difícil, pero en este momento es importante crear una barrera para el contacto futuro. Esto te alejará del punto medio y te mostrará si tu hombre se compromete (y lo hace de todo corazón) en vez de sentirse generoso por permitirte estar pegada a su vida como lapa. Auch. Una mujer de posición elevada nunca, jamás, tolera esa actitud. Y a partir de ese minuto te estarás colocando de nuevo en la posición alta.

Qué tan difícil debes ser sobre esto depende de qué tanto carece de compromiso hacia ti en la actualidad y cuánto compromiso es suficiente para ti. Espero que tu objetivo sea un hombre dedicado a ti por completo, que sepa que es afortunado de tenerte (no porque se lo digas, sino porque lo siente hasta la médula) y que te adore (no sólo que te ame). Cualquier otra forma de ser tratada significa que tú (y no él) estás haciendo todo el trabajo duro en el ámbito emocional de la relación, en la crianza de los hijos y en todo lo demás. Significa que tu pareja te ignora cuando expresas lo que necesitas o deseas, en vez de buscar de manera activa formas de complacerte (como tú lo haces por él). Esto ocurre porque los hombres tratan a las mujeres como *quieren* ser tratadas sólo cuando se conectan de forma emocional y se perciben como afortunados por *poder* casarse en vez de *tener* que casarse con nosotras.

El precio es pasar por encima de todos los hombres que fallaron en tratarte como querías y decirle "Sí" al que te trate de forma apropiada. Tienes suerte de irte antes de que en verdad lo de Troy terminara. Así, este hombre tiene una oportunidad de recuperarte.

Por eso, si te quiere ver, acepta, pero sólo una vez. Sin embargo, en esa reunión necesita tener un plan y en verdad estar entusiasmado con él si quiere volver a verte después de esto. No caigas con "Nena, te quiero de vuelta", flores o "¡Ay! Estoy tan confundido y no sé lo que quieres."

No le expliques nada, un hombre que quiere casarse contigo descubrirá que quiere hacerlo y nada le impedirá proponerte matrimonio. Guiarlo es demostrar una posición baja y poco atractiva. "Simplemente ya no funciona para mí" es toda la información que necesitas darle. Es este caso, menos es más.

Estás buscando señales de que tiene la *voluntad* para comprometerse, no de que está resignado a hacer lo que debe hacer para que te quedes. Si sientes esto último, di algo como esto: "No lo sé. Pienso que no está funcionando como esperaba, creo que necesito empezar de nuevo". Entonces observa su comportamiento y vuelve a empezar. Debes comenzar a salir de inmediato, tanto para tu separación emocional como para que entienda que otros hombres te desean y él era afortunado por tenerte incluso un solo día.

Si te ruega que regreses, te da un anillo, te propone una fecha concreta de matrimonio y te dice que no puede vivir sin ti… dile ¡Sí, acepto! (si realmente lo quieres). Nunca olvidará que tuvo que esforzarse para tenerte. Esto lo hará sentir bien porque se conecta con tu gran valía, posición y transmite tu fidelidad futura a sus genes. Pero si te dice algo como: "Bueno, si tengo que casarme contigo, supongo que lo haré", entonces déjalo. Ve varias veces El diario de Bridget Jones; hasta ella se da cuenta (con el tiempo) de que una propuesta a medias "no es lo suficientemente buena para mí".[219]

Lo que no debes hacer es seguir saliendo con él. Para este momento, o quiere casarse contigo o no. Pasar más tiempo sólo alargará tu vínculo con alguien que te está haciendo perder tu tiempo. No importa cuánto te duela, dejarlo y seguir adelante te dolerá menos que pasar tu vida con alguien que no está lo suficientemente seguro de quererte como esposa.

Avísame cómo te fue. Te deseo éxito y mucha fortaleza.

De Helen: ¡Estoy comprometida!

¡Me recuerdas? Hace apenas un mes era la mujer de posición baja que estuvo esperando y esperando y esperando una propuesta de matrimonio… durante cuatro años. Bueno, seguí (casi) todos tus consejos y ayer ¡ME DIERON EL ANILLO!

La verdad no tuve que irme para siempre, pero lo iba a hacer y él lo sabía. Encontré un compañero de cuarto y le dije a Troy que me iba y me quedaría con unos amigos mientras sacaba mis cosas. Al día siguiente Troy quería hablar conmigo. La verdad no seguí tu consejo de ser imprecisa, pero tampoco le rogué que se casara conmigo, ni lloré, ni me quejé, etc. Le informé de manera calmada que me iba porque ya no quería desperdiciar mi vida viviendo en una casa donde no había compromiso. Simplemente le dije que necesitaba seguir adelante.

No me propuso matrimonio en ese momento, pero me rogó que me quedara mientras me establecía y dijo que se casaría conmigo. Me quedé, pero estaba decidida a irme si la propuesta tardaba en llegar y seguro lo percibió. Ayer, se arrodilló, me propuso matrimonio y me dio un anillo ¡con un diamante muy grande y muy brillante! ¡Muchas gracias por tus consejos! No estaría usando este anillo si no los hubiera seguido (casi todos). ¡Estás cordialmente invitada a nuestra boda! ¡Gracias!

De Duana: Les deseo toda la felicidad del mundo

Querida Helen de Posición Elevada:
En cuatro semanas lograste con determinación y valentía lo que no habías conseguido en cuatro años de devoción: estar comprometida con el amor de tu vida, y tener su agradecimiento y compromiso incondicional. Les deseo a ti y a Troy toda la felicidad del mundo.

Y mientras tanto, quizás esto inspire a otros, una lectora que aplicó la ciencia y le encantó contar su historia.

¿Pero qué hubiera pasado si Troy no le propone matrimonio? La mayoría de nosotros ha amado y perdido. Seguro Helen habría padecido una enorme agonía si hubiera tenido que empezar su búsqueda otra vez desde cero mientras se recuperaba del desamor.

¿Cómo sufrir el duelo y seguir adelante? Es vital continuar, incluso cuando es más difícil. En el paso 10 verás cómo superar las cosas y avanzar con determinación y valentía.

Paso 10

Progreso, no perfección
Persiste, ten esperanza, ¡sé valiente!

La esperanza es esa cosa con alas que se posa en el alma.
EMILY DICKINSON

"El cáncer hace muchas cosas, una de ellas es hacer que estés seguro de tus prioridades", suspiró Bella. "Quiero encontrar amor en mi vida. Pero nadie querrá a la Chica Cáncer. Ahora que sé lo que quiero, tengo miedo de no conseguirlo."

Se dice que algunas personas conocen a alguien a quien amar en las bodas y, en cierta forma, eso me pasó. Después de todo, la amistad es una forma de amor. Yo tenía 25 años y Bella 19. Era cautivadora, carismática, magnética, fascinante, independiente, luminosa y llena de ideas brillantes. Es la única vez que recuerdo haber pensado: "No importa lo que cueste, me volveré amiga de esa persona". Me hice tiempo para invitarla a caminar y cenar… y se convirtió en la amiga más querida que he tenido.

Cuando le diagnosticaron cáncer, a los 22 años, estábamos pasmadas. Nadie espera una enfermedad grave en una persona joven. Y, sobre todo, nadie espera que le pase a sí mismo, a un ser amado o a alguien que irradie buena salud y ánimo.

Pero, aun así, era cierto. El cáncer no fue detectado a tiempo, ya estaba en etapa IV, se consideraba terminal y los doctores usaban palabras como: "Salvar a la paciente" y "un pronóstico de dos años".

Quizás algunas personas se rendirían en su búsqueda de amor, pero no Bella. Y quizá 22 años parecen pocos para disponerse a encontrar el amor de tu vida, pero no hace mucho era la edad normal para hacerlo. Además Bella, a diferencia de la mayoría de nosotros, estaba privada de la ilusión que ofrece una larga vida. Era joven, pero estaba lista.

Por desgracia, ya tenía los arrepentimientos con los que la mayoría de nosotros nos identificamos. *El principal era ignorar sus propias Obligatorias: desperdiciar tiempo en hombres que estaban bien para alguien más, pero no para ella.* Había salido durante tres años con un hombre y vivido con él la mitad de ese tiempo, sabiendo desde el primer día que era un ferviente católico y ella era una atea igual de ferviente. Cuando cortaron fue porque… él era un ferviente católico y ella una atea igual de ferviente. Al igual que muchas otras personas (como siempre), ignoraron sus factores negativos decisivos. Pensaron que eran muy jóvenes, tenían tiempo y nunca necesitarían tomar eso tan en serio.

Claro, cuando las cosas se pusieron tensas, este problema conocido fue muy doloroso.

Justo cuando se acostumbraba a vivir sin su ex, se involucró con Jay. Acepto que era divertido, adorable y guapo. Pero también jugaba con ella, mientras ella estaba enamorada de él. ¿Cuántos de nosotros nos hemos permitido amar a alguien que no nos corresponde? Yo sé que lo he hecho. Pero no muchos de nosotros podemos contar de manera tan clara (y cruel) la forma en que Bella descubrió los verdaderos sentimientos del otro: Jay la abandonó en el área de urgencias del hospital y nunca regresó.

Con razón estaba convencida de que nadie la querría. Tenía cáncer, su caso estaba diagnosticado como terminal y la abandonaron el día que lo descubrió.

Pero al seguir los pasos de este libro, Bella consiguió el amor de su vida. No alguien que le tuviera lástima. No se conformó con cualquiera. ¡Encontró al amor de su vida! *Sufrió mucho, pero no se rindió (y tú tampoco deberías). Encontró esperanza (y tú también la puedes encontrar).*

Nunca te rindas

Bella triunfó porque perseveró hasta el final sin importar nada. Conforme hacíamos los pasos juntas, no dejó que nada la detuviera: ni la decepción, tristeza, enojo, días malos, golpes fuertes de la vida o incluso su enfermedad (y todos los tratamientos que conlleva). Siguió esta misión como seguir la estrella polar: sin importar qué tan fuerte soplaran los vientos para sacarla del camino, ella regresaba para encontrar amor.

Esto es lo que se requiere. Sin importar lo bien que sigas estos pasos, si sólo los haces una vez, es probable que no funcionen. Surgirán obstáculos, habrá decepción. La vida se interpondrá en el camino. ¡La clave es persistir! *Nada* puede sustituir a la persistencia paciente, tenaz y constante.

Aunque a mucha gente le falta la persistencia de Bella. ¿Cómo lo hizo? Superó los obstáculos comunes (perfeccionismo, intimidación, miedo y sufrimiento) para apegarse a su objetivo.

Abandona el perfeccionismo

¿Nunca rendirse? Sí. ¿Ser perfecto? No.

Cuando nos amamos, somos compasivos y aceptamos nuestros errores inevitables. El perfeccionismo se opone al amor propio y a nuestro progreso para encontrar el amor con alguien más. *Diversos estudios han revelado que ser perfeccionista no sólo nos impide disfrutar el momento y amarnos, sino también lograr nuestras metas.* Puede crear una "parálisis de vida", impedirnos avanzar por miedo a cometer errores. Como dijo la doctora Brené Brown: "Cuando eres perfeccionista te da terror arriesgarte porque tu autoestima está en juego".[220]

Amigos, Bella no dio lugar al perfeccionismo. Estaba consciente, es verdad, y trató de hacer lo mejor que pudo en todo lo que intentó. Consiguió su licenciatura mientras tenía un cáncer etapa IV, y luego empacó sus cosas y se mudó a Manhattan sin conocer a nadie ni tener ya un trabajo o un departamento. Tenía agallas junto con un plan. No es como si se soltara y esperara a que pasara la vida; eso no es falta de perfeccionismo, es falta de trabajo.

Pero ya sea que estuviera persiguiendo sus objetivos o encontrando el amor, metió la pata muchas veces. Como yo lo hice. Como tú lo harás.

Los pasos en este libro son indicadores, cosas que han funcionado para mucha gente, muchas veces, en muchos lugares. Te ayudarán a poner las probabilidades a tu favor. Pero si tratas de hacerlos perfectos, no necesariamente conseguirás amor... quedarás exhausto.

Bella ya no tenía espacio en su vida para más cansancio. Quizás esto le ayudó a evitar el perfeccionismo; simplemente no podría hacer los pasos *y* ser rígida respecto a ellos. Juntas identificamos los pasos que sentía que podía dar y los dio con decisión. Además, cuando se equivocaba su actitud era fantástica, muy a la Scarlett O'Hara en *Lo que el viento se llevó*: "Mañana será otro día".[221]

Hubo pasos que ignoró porque no tenía el tiempo, la energía o el interés necesarios para hacerlos. Por ejemplo, no se volvió una asistente regular en alguna cafetería, bar o librería en particular. No puso anuncios ni hizo citas por internet. No se negó a mudarse antes del compromiso (con una barrera como el cáncer, ya no tenía que preocuparse por tipos no comprometidos). Hizo casi todo lo demás que recomienda este libro, menos esas cosas.

Capta la indirecta del comportamiento de Bella. Toma las cosas de este libro que piensas que puedes hacer y hazlas, una y otra vez, lo mejor posible. *Bella hizo lo que pudo, persistió y liberó los resultados, negándose a dejar que los tropiezos la detuvieran. Eso es justo lo que te recomiendo.*

Promedios de bateo

Buscar amor es muy parecido al beisbol: casi nunca conectas un jonrón. De hecho, la mayoría de las veces ni siquiera haces contacto con la bola (a menos que un lanzador muy salvaje te pegue en el hombro con ella). Los mejores jugadores en la historia del beisbol casi siempre fallan.

Pero no se quedan atorados en eso. Dan su mayor esfuerzo, tan seguido como pueden. Y eso resulta ser lo bastante bueno como para entrar en el Salón de la Fama.

Cada vez que cuento la historia de Bella, la gente no puede creer que encontró un esposo maravilloso y se casó. Pero así fue, como un gran juego de beisbol. Sólo siguió practicando, aunque seguía perdiendo lanzamientos, pero no tantos como antes. Al final, esto la llevó a su punto crítico y al momento en que conoció a su amado Andrew, quien la cortejó y después se casó con ella.

"*Progreso, no perfección*". Es un mantra muy bueno para todos nosotros.

Desafía la intimidación

Al principio, Bella se sintió intimidada por el tamaño de la tarea de encontrar al Indicado mientras luchaba contra el cáncer. No es de sorprender. A muchos de nosotros la búsqueda nos parece desalentadora, y eso que no tenemos retos de vida o muerte.

La imagen que la ayudó es la misma que he usado en todas mis luchas (románticas y de otro tipo): una niñita, sentada a la mesa con cuchillo y tenedor, con una enorme ballena frente a ella. El dibujo de Shel Silverstein va con su poema "Melinda Mae", donde una niña decide comerse una ballena entera aunque ella es pequeña, la tarea es enorme y todo el mundo le dice que va a fallar.[222] Enfrentó contratiempos: sentir indigestión, tener inflamación, encontrar un refrigerador grande (lo suficiente para guardar lo que sobrara). Pero Melinda Mae persistió: "En ochenta y nueve años se comió esta ballena, ¡porque dijo que lo haría!".

Nunca quise comerme una ballena, pero muchas veces sentí que mis objetivos eran del tamaño de un cetáceo. Las palabras y la imagen de Silverstein me ayudaron a sobrellevar el doctorado y este libro. Cada día me comprometía a comer sólo un bocado, sabiendo que, tarde o temprano, surgiría con una panza enorme, un doctorado terminado o un libro completo. Éste es el paso final.

Aunque esas tareas fueron fáciles comparadas con encontrar a Vic. Buscar el amor es una actividad desalentadora para muchos de nosotros porque a veces se siente que no se construye nada durante el proceso. Es decir, sabes que si escribes las palabras suficientes durante el tiempo necesario, redactarás un ensayo; las palabras que escribiste construirán algo. Sabes que si tomas clases en el orden correcto y estudias lo suficiente para pasarlas, obtendrás un diploma o algún reconocimiento. Pero buscar amor se parece más a cazar un trabajo o una casa: el trabajo, la casa o la cita que estás evaluando o mirando no necesariamente significa que la próxima será la Indicada. La cantidad de tiempo que le inviertas no significa que el Correcto estará a la vuelta de la esquina. Y todo esto a veces se siente desalentador.

De hecho, el sentimiento nebuloso de que la búsqueda nunca terminará en gran medida es una ilusión. La mayoría de nosotros aceptamos una casa, trabajo o pareja después de un número no aleatorio de candidatos. De manera interesante, encontramos una pareja permanente después de haber besado más o menos a 12 sapos ¡en promedio![223] Pero *el sentimiento* de que la tarea es turbia y el resultado final incierto puede impedir que la gente intente empezar.

¿Cómo lidiar con la incertidumbre y la intimidación que produce? *Las imágenes y la conversación positiva contigo mismo* son formas clásicas, válidas y seguras de ayudarte a perseverar. En verdad fueron parte de mi proceso. Después de una ruptura o una cita mala, o una buena, pero con alguien que no era correcto para mí, me decía: *¿Cuáles son las probabilidades de que me siga sintiendo así en cinco años? ¿Cuáles son las probabilidades de que siga soltera si continúo con mis esfuerzos? Si sólo sigo comiendo esta maldita ballena, sólo un bocado a la vez, encontraré alguien correcto para mí, que piense que soy correcta para él y haremos una gran vida juntos.*

Y funcionó.

Bella tampoco dejó que la naturaleza intimidatoria de la tarea la detuviera. Más bien, se dio cuenta de que las *tareas grandes e inciertas necesitan esfuerzos pequeños y constantes.*

Por ejemplo, Bella no eludió hacer su Lista de Obligatorias y Deseables. Visualizó por completo a quién necesitaba y deseaba, hasta el último detalle. No hizo la Lista de una sola sentada, sino después de varios días, cuando terminó, tenía 105 puntos. La Lista final incluía Obligatorias serias como: "es valiente para enfrentar mi enfermedad conmigo", "me ama sin dudar" y "percibe el matrimonio como un objetivo importante en la vida", junto con Deseables opcionales como: "al menos 1.80 de estatura", "asiático" y "arquitecto". Para Bella tenía sentido un diseñador alto y adorable con cierta inclinación por todas las cosas asiáticas.

Aunque no se detuvo ahí. Utilizó el Plan Amigos y Familia. Les contó a otros en quienes confiaba que estaba buscando el amor en serio y les pidió que la ayudaran. Tampoco escatimó en los detalles; les dijo que quería casarse y les describió cómo sería el señor Correcto para ella.

Una de las personas a las que les dijo fue Holly, su compañera de cuarto y empleada en una tienda de ropa de lujo. Un día, entró en la tienda un hombre asiático, guapo, de 1.80 de estatura y muy bien vestido. Holly se dirigió hacia él con tranquilidad, entabló una pequeña conversación y le preguntó: "De casualidad, ¿eres arquitecto?".

Busca a pesar de tus miedos

Mucha gente siente tanto miedo de conseguir el amor como de no lograrlo, ya lo discutimos en los pasos 1 y 3. Si es tu caso, quizá necesitas revisar ese material varias veces y seguir trabajando en **Notar** y **Redireccionar**.

Pero casi todo el mundo se asusta de poner su corazón y alma en una búsqueda que produzca dolor o sea inútil. ¿Qué tal si nos hacemos ilusiones y no resulta nada? ¿Qué tal si encontramos a alguien y no funciona? ¿Qué tal si todos dicen que somos unos tontos? Yo he sido una tonta por amar más de una vez, ¿y tú? A veces así es la vida.

A Bella le daba miedo todo esto y más. Temía que se le acabara el tiempo.

Se dice que lo opuesto al amor es el odio o la apatía, pero yo creo que en realidad es el miedo. Si permitimos que nos consuma la ansiedad, preocupación, duda y otros aspectos del miedo, nos alejamos de estar abiertos al amor o a buscarlo.

Para muchos de nosotros encontrar y mantener el amor es una posibilidad aterradora. Para algunos es tan amenazante que ni siquiera empiezan a buscarlo. He platicado con gente que lleva una década sin una sola cita debido a varios miedos, aunque dicen que quieren casarse. Otras personas que conozco tuvieron un desamor tan grave que dejaron de buscar.

Esos 10 años, 10 meses o el tiempo que sea, son días, semanas, meses y años en los cuales no estás estableciendo intimidad con la pareja correcta. Son momentos de deseo, nostalgia y de preguntarse cosas improductivas que ahogan la vida como: "¿Debería remodelar mi casa? ¿Qué tal si encuentro a alguien justo después de hacerlo y mis esfuerzos son un desperdicio? ¿Debería tener otro perro? ¿Qué tal si el señor Correcto no quiere otro perro?".

A veces las personas dicen que encontraron una forma de darle la vuelta al problema: ya no van a buscar el amor, ni meterse en una relación seria o matrimonio. Creen que van a evitar los problemas de encontrar y mantener el amor (y de que quizá les rompan el corazón algún día) evitando el asunto por completo.

Perdón. *Encontrar y mantener el amor ¡no es un problema que puedas dejar al margen!* Claro, puedes estar en contra del compromiso o de las relaciones íntimas. *Pero las relaciones nos afectan de manera profunda, ya sea que estemos dentro de ellas o no. Tanto la ausencia como la presencia de una pareja tienen un impacto profundo en nuestra vida, salud, sexualidad y felicidad.* Decidir estar en contra sigue siendo una decisión, y una decisión tan grande como estar a favor. Y cualquier decisión que tomes respecto al amor tiene un impacto. Las sabias palabras de la doctora Brown sobre amarnos a nosotros mismos también se pueden aplicar a nuestras relaciones íntimas: "Aceptar nuestras vulnerabilidades es arriesgado, pero no tan peligroso como rendirnos al amor, la pertenencia y la alegría (experiencias que nos hacen más vulnerables)".[224]

Entonces, ¿cómo Bella superó sus miedos antes de encontrar amor? No lo hizo. Ni yo. Y es probable que tú tampoco lo hagas.

Tener citas puede ser divertido, en especial si lo ves como una excursión al pensamiento y comportamiento humano que puede incluir una cena o al menos una buena historia. Pero salir con alguien también tiene sus riesgos y éstos implican miedo. Los temores no se evaporan sólo con desearlo, tenemos que hacer algo para que desaparezcan. La valentía no es la ausencia de miedo, sino la capacidad de actuar cuando nos asustamos. *Encontrar y mantener el amor requiere valentía. Bella actuó en presencia de sus miedos, evitando que la detuvieran. Justo lo que debes hacer.*

Da la casualidad de que Andrew, de hecho, era arquitecto. Holly, la compañera de cuarto de Bella, después de un rato de conversación, dijo: "Ah, por cierto, el próximo fin de semana mi compañera de cuarto y yo haremos una fiesta. Deberías venir. ¡Trae a un amigo!".

Es obvio que no habían planeado ninguna fiesta, pero Holly y Bella improvisaron una bastante rápido. Cuando Andrew y su amigo llegaron, estaban listas. A Bella se le salía el corazón, pero sólo mostraba una hermosa sonrisa.

Andrew quedó cautivado casi desde el principio. Tenía que salir de la ciudad por negocios, pero en cuanto regresó se puso en contacto con ella… y empezaron a salir.

Claro, Bella tenía miedo de que perdiera el interés al saber que tenía cáncer, pero cuando se lo dijo él ya estaba muy enamorado. En una forma extraña que nadie desearía, el cáncer fue su amigo: le enseñó la mejor forma de correr a los donjuanes y dejar a los comprometidos. Frente a la cúspide de los momentos críticos (la amenaza de la muerte de su amada), este hombre que había sido perseguido por otras mujeres, que languideció durante años en una relación previa sin decidirse al compromiso, se enamoró.

Unos meses después, le propuso matrimonio por primera vez. Bella dijo que no.

No podía creerlo. ¡¿No?! "Tengo miedo, Duana. Va a descubrir que en realidad no quiere esto, ya sabes, los tratamientos, el cáncer, todo". Pero Bella continuó actuando en presencia de su miedo y siguió saliendo con Andrew. Y él le propuso matrimonio cada mes, a lo largo de dos trasplantes de médula ósea, hasta que Bella por fin cedió, y llorosa y feliz dijo "¡Sí, acepto!".

Si te apegas a tu búsqueda persistiendo sin importar lo que pase, las probabilidades de que te quedes solo son muy bajas. Incluso con esfuerzos poco sistemáticos, casi todos los que quieren una pareja encuentran a alguien al menos algunas veces. Claro, si realizas los pasos de este libro todos los días, no sólo aumentarás tus probabilidades de encontrar a alguien, sino de descubrir a la persona maravillosa para ti. No sólo por ahora, sino para siempre. Tarde o temprano descubrirás al menos a una de las muchas personas en el mundo que podrían ser la Indicada. ¡Y sólo necesitas a una!

Saca el sufrimiento pasado

Encontrar amor requiere persistencia y valentía. Y a veces buscar y esperar, aunque tengamos el corazón roto.

Bella nunca dejó de buscar. Las apuestas eran demasiado altas. La mayoría de nosotros sólo tiene un entendimiento intelectual de algunas verdades que Bella sabía de forma íntima: una larga vida no está garantizada y el tiempo es un recurso que nunca podemos recuperar. Es horrible desperdiciarlo. Al enfrentarse con la elección de encontrar al señor Correcto o morir sin haberlo conocido, decidió trabajar para hacer posible lo probable.

Le habían roto el corazón de una forma muy fea meses antes de mudarse a Manhattan. Jay no merecía su amor, pero bien que mal ella dejó que sus emociones fueran primero y preguntó después (o ni preguntó). Esta vez estaba haciendo las cosas en el orden correcto: descubriendo cuáles eran sus requisitos, aprendiendo si un prospecto de pareja los cumplía, saliendo sólo con hombres que satisfacían sus estándares y la perseguían con entusiasmo, dando tiempo para que el posible señor Correcto la conociera, viendo si se amaban y entonces (sólo hasta entonces) liberando sus emociones y su sexualidad.

Aunque esto significa que Bella estaba actuando no sólo en presencia del miedo, sino del desamor. Si relaciones pasadas te lastimaron, considera lo siguiente: *Tu ex ya se llevó todos los años o meses que le diste. Ahora, después de la ruptura, ¿cuánto más tiempo y energía estás dispuesto a invertir en él o ella?*

Da la casualidad de que, para la mayoría de los hombres, la respuesta es: "Más tiempo del que la mayoría de las mujeres invertiría". A pesar de la reputación contraria, como vimos en el Paso 5, los hombres enamorados generalmente son *más* emocionales que las mujeres. Por ejemplo, una vez que están en una relación, las discusiones acaloradas los molestan más y los abruman de forma física. El doctor John Gottman descubrió que a las mujeres no se les dificulta tener una larga pelea, pero a los hombres les pasa como a los coches, en cuanto su corazón alcanza las 100 pulsaciones por minuto, se "ahoga" como el carburador de un coche y ya no escucha nada.[225] Los hombres también se sumergen en un mayor deseo por el tiempo y la atención de su pareja después del nacimiento de su primer hijo.[226] Es más fácil que se enamoren rápido y menos probable que terminen una relación en cualquier etapa del compromiso, la mayoría de las rupturas y divorcios son iniciados por las mujeres.[227]

Y es más probable que sufran de forma más intensa y por más tiempo cuando su relación Termina.[228]

Un hombre de 58 años recordó: "En la universidad, mi primera novia en serio terminó nuestra relación después de dos años. Recuerdo que a la mañana siguiente, cuando me senté en una clase que ambos tomábamos, la vi tan bella, radiante y maravillosa como nunca antes".

Micah me escribió esta nota:

"Mi novia me engañó y me rompió el corazón. La corté, pero todavía no lo supero. Llevo un año como poseído, su recuerdo me persigue. Anoche, una posibilidad me golpeó como un puño de

Mike Tyson: ¿Y si regresara? No sé si la rechazaría o volvería con ella (qué tonto). ¿Es normal que algo que sucedió hace tanto tiempo todavía me afecte? ¿Es normal este dolor y confusión? ¿Estoy mal? Si estoy mal, ¿qué hago? ¿Cómo me compongo? estoy sufriendo tanto, ¿cómo sigo adelante?".

No, Micah no está mal, sólo muy lastimado, necesita ayuda y apoyo mientras padece su gran pérdida. Su evidente sufrimiento y su pregunta (¿cómo se cura un corazón roto?) es eterna y casi universal.

En una encuesta de *LoveScience* sobre el dolor del duelo, casi 90% de los Sabios Encuestados habían sufrido un desamor (muchos de forma repetida). Y los recuerdos de la pena a veces permanecían más de 40 años.[229]

Pero casi todos se habían recuperado y seguido adelante. Sin importar lo terrible de tu ruptura o dolor… tú también puedes. ¿Cómo?

La esperanza muere al último

Bella mantuvo la esperanza de que encontraría a Andrew. De manera curiosa, las dificultades que tenía con su enfermedad le ayudaron.

Los estudios muestran que la esperanza se puede aprender, no sólo es algo que tenemos o no. Y nuestras dificultades pueden ayudarnos a alimentarla (si las dejamos). En parte, la esperanza surge al aceptar el horrible factor de que "algunos esfuerzos valiosos serán difíciles, desagradables y consumirán tiempo", como descubrió la doctora Brown en sus investigaciones.[230]

Claro, no todo el mundo usa sus retos de forma proactiva y positiva. Bella lo hizo. Estaba decepcionada, pero decidida. Y creía en ella. Éstos también son aspectos de la esperanza. Cuando se combinan, se suman a la perseverancia. *Persistir es un acto de esperanza, un acto que alimenta futuras esperanzas.* Cada día que Bella trabajaba en encontrar el amor, era un día en que se sentía más cerca de su objetivo. No sólo se permitió sentir de esta manera, también se alentó para hacerlo.

Vale la pena. Algunos estudios revelaron que la gente se preocupa más por las cosas que querían hacer y no intentaron que por las que hicieron y fracasaron.[231] Incluso si tu corazón se rompe, es probable que reorganices tu vida para superarlo. Habitualmente, lo único que la gente no puede superar *no* es la pérdida de una pareja (aunque sea muy amada), sino la muerte de un hijo.[232]

Quizá no nos recuperamos de otras pérdidas, pero nos seguimos esforzando, incluso cuando a la gente se le diagnostica SIDA o tiene un accidente que la deja incapaz de moverse del cuello para abajo, los estudios demuestran que es resistente. Los niveles de felicidad de esta gente vuelven a ser similares a los de la población en general en el transcurso del siguiente año, a veces en mucho menos tiempo.[233] Otros estudios (y la encuesta de *LoveScience* sobre el duelo) descubrieron que la mayoría de las tristezas de la gente se curan con el tiempo.[234] Sin importar cómo lidies con tu pena, el tiempo suavizará el dolor.

Un hombre dijo: "A los 55, con muchos desamores pasados y una esposa maravillosa en la actualidad, todo lo que puedo decir es que sí hay esperanza. ¡No te rindas ni retrocedas! Pon un pie frente al otro y antes de que te des cuenta encontrarás a alguien más digno de ti".

La esperanza muere al último. Aférrate a ella. El tiempo cura las heridas y la gente resiste de forma notable frente a las grandes pérdidas. Podemos superar casi todo. Tú te recuperarás también.

Acércate a los demás, a tu manera

Bella no trató de cargar sola con su pena y miedo. Pidió ayuda. Mujer inteligente. Nuestros problemas son más fáciles de soportar cuando se comparten. Como vimos en el Paso 3, parte de amarnos a nosotros es compartir nuestras experiencias y necesidades con los demás. No sé si en verdad necesitas escuchar que las investigaciones respaldan la utilidad del apoyo, pero lo hacen.[235]

Sin embargo, es importante elegir con cuidado a las personas con las que nos vamos a sincerar (no hay que hacerlo con cualquiera). Bella aprendió que no podía decirle a todos los que amaba sobre su cáncer. Mucha gente estaba tan afligida con sus propias penas y preocupaciones que su diagnóstico se volvería un problema más para ellos, incluso se descubrió consolando a otros justo cuando más necesitaba que la consolaran.

De forma similar, no discutió su vida amorosa con cualquiera, no todo el mundo podía ser comprensivo. Tampoco les dijo sobre el abandono de Jay. Necesitaba ser capaz de procesar su dolor sin que los demás juzgaran sus decisiones o su carácter. Me identifiqué con esa experiencia, así como tú quizá te identifiques con esta nota de una mujer que describe su propio dolor:

Cuando solía llorar, muchas veces me disculpaba con la persona con la que estaba. Luego me di cuenta que al mostrar mis emociones en su presencia, en realidad le demostraba mi confianza de que no me juzgaría. Eso es un honor. No puedo enfatizarlo lo suficiente, hay mucha curación al compartir nuestras cargas con otros, en especial cuando el amigo nos ayuda en vez de criticar cómo las estamos padeciendo o enfrentando. La única razón para el miedo es ser juzgado.

Parece que, sin importar lo que la gente haga cuando termina una relación, será juzgada por ello. Si empiezas a salir, "es una relación por despecho"; si no, "te estás aislando"; si lloras mucho, "te estás ahogando en tu sufrimiento"; si participas en diversas actividades, "estás huyendo del dolor". A veces es difícil saber cómo deberías reaccionar ante una pérdida terrible para hacer felices a los demás.

Así que, cuando sufras, ten cuidado en quién confías para desahogarte. Abre tu corazón a las personas de confianza, incluyendo un consejero o terapeuta (si quieres y puedes costearlo). El tiempo lo cura todo, pero el Neosporin emocional en forma de compañeros confiables puede acelerar la curación.

Entiende el sufrimiento normal

NENDA. Quizá suena como algo que diría Pedro Picapiedra, pero en realidad es la sigla que resume las cinco reacciones más comunes ante el duelo: negación, enojo, negociación, depresión y aceptación.[236] No hay una forma "correcta" de sufrir y no todo el mundo pasa por esas reacciones ni en ese orden. Pero éstas son respuestas *normales* bien documentadas ante las pérdidas graves. Quizá reconocerte en ellas te dará consuelo. Espero que así sea.

Aunque Bella siguió buscando al señor Correcto mientras atravesaba estas reacciones al dolor, presentó la mayoría de estas respuestas.

La negación trata de protegernos de las realidades cuyo impacto es demasiado abrumador. Por eso, al principio, a Bella le costó mucho trabajo creer que Jay la había abandonado: "¿Quién dejaría a alguien en el área de urgencias? Sólo cometió un error, ya regresará".

Obviamente se enojó con él: "¡Quién deja a alguien en urgencias! ¡Qué horrible ser humano!". (Me uní a este sentimiento).

Hasta donde sé, no negoció pidiendo al universo o a Jay más tiempo, etc. Pero sí entró en una depresión tan profunda que afectó su salud y debió buscar orientación y tratamiento para salir de ella: "¿Por qué no era lo suficientemente buena para él como para que no me dejara abandonada en urgencias? ¿Ya nadie más va a quererme? Estoy destrozada".

Y luego llegó la aceptación. Con el tiempo Bella sólo aceptó que Jay no la quería lo suficiente, que no era su culpa ni había nada que hacer. Siguió adelante emocionalmente.

En el caso de Micah, no tengo tanta información. Quizá negó que su novia lo engañó, incluso después de descubrirla. Es probable que se haya enojado con ella, con su amante y tal vez consigo mismo por no darse cuenta antes (es común tratar de controlar las situaciones difíciles encontrando errores en nosotros mismos con la esperanza de prevenir su repetición). Tal vez Micah negoció con Dios, consigo mismo o con su ex sobre si regresarían; cuando la soledad es lo suficientemente mala, es fácil entender por qué. Podría haberse deprimido, la prueba es que sigue sintiéndose mal después de esperar un año a que pase el duelo. Y es probable que tuviera momentos en los cuales sintió que había aceptado la pérdida y estaba listo para seguir adelante, sólo para descubrir que repetía una respuesta anterior al dolor.

Sigue adelante para continuar

Es claro que sumergirte en tus emociones (en toda clase de emociones) cuando sufres una pérdida es parte del trato.

Pero no es todo el trato. Las investigaciones muestran que la distracción es una buena estrategia para reducir el dolor (físico y emocional). Por ejemplo, los centros de dolor del cerebro de víctimas de quemaduras muestran mucha menos actividad si los distraen con imágenes de escenarios nevados durante los tratamientos.[237] Y cuando los niños pequeños sufren la muerte de un padre, generalmente se aconseja mantenerlos ocupados para distraerlos del sufrimiento constante.[238]

Bien, *los adultos también necesitan distracción. En la encuesta de* LoveScience *sobre el duelo (la cual trata sobre la pregunta de Micah), 97% de los encuestados* usaron técnicas que van desde mantenerse ocupados hasta emprender nuevas actividades o pasar tiempo con los amigos. Pero *su consejo número uno es tener citas con gente nueva.*[239]

Un joven de 18 años dijo de forma breve y concisa: "Necesitas salir y tratar de conocer mujeres nuevas. Es sorprendente lo fácil que una cara nueva y sonriente puede comenzar a curar las viejas heridas".

Un hombre de 50 años concuerda. Cuando le pregunté cómo había superado el desamor en su juventud, me dijo: "Más bien él me superó… Conocí a otra chica que me atrajo y regresó mi interés".

Muchas veces la mejor cura para un viejo amor es un nuevo amor y, si estás sufriendo una pérdida, espero que recuperes tu vida más temprano que tarde. La soledad literalmente es mala para tu corazón, y además no es tan buena para todo lo demás.

Otro encuestado astuto dijo: "Los sentimientos siguen a las acciones. Una vez enamorado de alguien, hay probabilidades de que parte de tu corazón siga enamorado. Sin embargo, para seguir adelante uno debe realizar las acciones de seguir adelante". Exacto. La ciencia apoya cada parte de este enunciado. *Para continuar… sigue adelante.*

Así que es posible que Micah siga sufriendo. Pero espero que viva su vida mientras lo hace: con esperanza, compasión hacia sí mismo, entendimiento del duelo, ayuda de sus amigos… y *con alguien más*.

Bella siguió adelante y encontró a Andrew. En una fría víspera de Año Nuevo, se casaron rodeados de su familia y amigos. La canción de su ceremonia fue profética en su última frase: "Ahora, sólo la muerte puede separarnos". Tuvieron un matrimonio muy feliz que se interrumpió cinco años después, cuando el cáncer al fin hizo lo peor. El mes anterior a su muerte Bella hizo una negociación. Se desmayó, entró en presencia de lo que después llamaría Dios y le pidió un mes más: "Un mes en el que me sienta saludable y pueda estar con Andrew para despedirme".

Obtuvo el mes exacto. Bella no se rindió, Andrew tampoco. En su funeral, no se arrepintió de las cuentas médicas o de los tiempos en que la ayudaba en la enfermedad. No se arrepintió de su compromiso con la "Chica Cáncer" (como se decía Bella). Él sólo lamentó no haber tenido más tiempo.

Un corazón roto es el precio que nos exige el amor en última instancia. Incluso las mejores relaciones se terminan en algún momento, ya sea por una traición, una ruptura o el pesar tras la muerte del ser querido. Y como el amor es mucho más vital para la felicidad humana que el dinero o la fama, su pérdida está entre las cosas comunes más difíciles de soportar. Pero vale la pena. Con el tiempo Andrew se volvió a casar y tuvo hijos. Se volvió a enamorar. Bella habría querido eso para él.

Encuentra el amor otra vez… y otra vez, hasta que lo encuentres para toda la vida. Persiste con valentía, esperanza y compasión en toda tu gloria imperfecta. A final de cuentas, sí, el amor lastima… pero también nos salva. Hay alguien allá afuera esperando por ti, alguien listo y correcto, alguien que está evitando un PEN porque vale la pena estar libre para ti, alguien que sigue de pie lleno de esperanza en que lo encontrarás. Alguien que te está buscando.

Lo cual me lleva al último paso:

Ve a encontrarlo

Agradecimientos

Se necesita un pueblo para crear un libro. El alcalde de este pueblo en particular es mi esposo, Vic Hariton, quien creó y alentó la existencia de *Enamórate de ti y encuentra al amor de tu vida* desde años antes de que escribiera la primera palabra. Sin su apoyo y ejemplo continuo, el libro *Enamórate de ti... y encuentra al amor de tu vida* no sería más que hipotético... no existiría.

Entre todos los pobladores destacados que ayudaron a crear *Enamórate de ti...*, mi familia, amigos, antiguos estudiantes y Sabios Lectores de *LoveScience* y Facebook alentaron este proyecto de principio a fin. Estas personas son mis primeros y eternos lectores, mis comentaristas más ávidos, mis mejores animadores y quienes insistieron en que *Enamórate de ti...* debía existir. Mi más profundo agradecimiento a: Katie Heitert Wilkinson, Joan Cachere Norton, Julia Cameron, Stanna Welch, doctora Randi Cowdery, Karl y Angie Houck, Candi y Greg Woods, Patti Hill, Laura Wright, Monica Banks-March, Thomas Arthur Castle, Michael y Monica Simon Cooley, Amanda Person, Ryan Casper, Amy Denmon, Erica Garza, Anna Jacobson Cooper, Brenda Gainey, Michelle DuBois Hood, Darien Sloan Wilson, Norma Leon, Evelyn Zertuche, William Earl Grant, LeLinda Bourgeois, Yvette Vasquez French, Kimberley Kwavnick Rozenberg, Donovan Wolfe, Amy Cunningham, Mariya Krapivina, Hannah Venne, Ben Austin, Catherine O'Toole, Lisa Dreishmire, Keith Hayden, Morgan Ardolino, James Horrigan, Lydia Hollowell, Katherine Gomez, Hannah Gardner-Perry, Mike Cravens, Asha Petrich, Andrea Cepeda, Jill Blumberg Ultan,

John Dupre Jr., Brigid McSweeney Kleber, Rachel Rabbit White, Maggie Fowle, Claudia Fontaine Chidester, Mace Welch, Derek Collinson, Paula Scafe, Tommy Smith, Jessica Salinas, Meagan Jackson, John Nordlinger, Scott Hanson, Cynthia Freese, Jesse Quinney, Courtney Lebedzinski, JoAnna Henderika, Curtis Ruder, Julia Gregory Poirier, Lelial Thibodeau, Lanier Fisher, Jyoti Evans, Karen Terpstra, Jeffrey Auerbach, Elizabeth Padron, Kurt Boniecki, Susan Snelling Balcer, Tracy Pierce, Aura Swinning-Andrade, Carelle Flores, Rima Adhikari, Christine Woods, Marie Lynn, Shayna Schriver, Adrienne Meyer, Jordan Pinson, Karen Dickens Emerson, Scott Burkey, Daniel Wallace, Cathy Paone, Dwight D. Kling, Carrie Lynne Pietig, Quinn Hudson, Carmen Matheny Gaines, Tuesday Zeitner, Yvonne Negron, Joseph Frey, Hawk Durham, Alexa Rae, Michelle Winslow Norman, Cathy Fuller Pellegrino, George Contreras, Lynn Mellor, Nicole McGuire Cuba, Jason and Tracey Louis, Michael Newland, Carly Heffelfinger, Audrey Alberthal, David Weigle, Aimee Scarbrough, Jennifer Myers, Kelly Conrad Simon, Miriam Grace, Vaughn Anthony, La'Tarsha Deltrice, Gabriel Campos, Allen Roark, Kyle Phillips, Charlotte Frye, Rex Yoacum, Valerie Lunsford, Ruben Vela, Duana Andrews, Karen Willsson, Rachel Sherriff y a muchos otros que no puedo mencionar por ser tan numerosos o porque desean permanecer en el anonimato.

Claro que este libro no existiría sin los científicos y autores cuyo trabajo me sirvió de base. Me siento honrada por las contribuciones de los doctores David M. Buss, Linda J. Waite, John Gottman, Julie Schwartz Gottman, Nancy Kalish, Brené Brown, Sue Johnson y Helen Fisher. Gracias también a Jena Pincott, Gavin de Becker, Lundy Bancroft y Susan Page. Estoy en deuda con cada uno por su trabajo y, en algunos casos, por su guía directa. Algunos de los grandes científicos sobre cuyos hombros se levanta este libro han fallecido, incluyendo a los doctores Shirley Glass, Neil Jacobson, Devendra Singh y Larry Kurdek.

El equipo profesional de *Enamórate de ti…* le dio vida de una forma que una persona sola nunca habría podido. Francis J. Flaherty, extraordinario doctor en contar historias, guio mis pasos, entendió cuáles preguntas eran las que los lectores querían que contestara y creó el título perfecto. Sus esfuerzos y fe en mí fueron invaluables para el resultado final. También mi más sincero agradecimiento para: Erin Tyler, diseñador que se aseguró de que la gente pudiera juzgar de forma correcta este libro por su portada; Joe Antenucci, escritor extraordinario, y Jason Camps por su paciente y excelente ingeniería del sonido para la versión en audio de este libro en inglés. Muchas gracias a la escritora Jena Pincott por ayudar a que Frank y yo nos encontráramos; a Audrey Alberthal por la fotografía inspiradora; a Tim Garner por crear el logo de *LoveScience* Media y a la Sabia lectora Holly Russo por convencerme durante varios meses para que empezara a escribir *Enamórate de ti...* Fue fundamental para llegar de la incertidumbre al gran salto.

Por último, gracias a cada uno de ustedes por leer *Enamórate de ti...* Espero que haga una diferencia positiva en su vida amorosa y que su felicidad traiga paz a quienes los rodean (como sugieren muchas investigaciones). Tanto en las estadísticas como en las historias, esperar el amor no es sólo un cuento de hadas. El amor es real, abundante y alcanzable. Es el fundamento de nuestra vida, el trampolín del que saltan todas las cosas buenas. Se los deseo a cada uno de ustedes con todo mi corazón. Gracias por ser parte de este pueblo.

Lecturas recomendadas

A continuación te presento las fuentes principales, y mis favoritas, las que intervinieron en la elaboración de *Enamórate de ti y encuentra al amor de tu vida*. Son los libros a los cuales vuelvo una y otra vez, los que me sirven de referencia, los que marco o les doblo la página y los que me preocupa prestar. No puedo garantizarte que coincidirán con tus gustos, pero te prometo que los libros que leí y no me gustaron, no están en la lista. Si quieres saber más sobre relaciones y sobre ti mismo, ¡sigue leyendo! Seguro encontrarás muchas cosas disfrutables en estos viejos amigos míos.

Libros en orden de aparición dentro de *Enamórate de ti y encuentra al amor de tu vida*:

The Case For Marriage: Why Married People are Happier, Healthier, and Better Off Financially
Escrito por la doctora Linda J. Waite
y Maggie Gallagher

Si crees que el matrimonio sólo es un pedazo de papel, prepárate para asombrarte (como yo) por las evidencias de que es todo lo contrario. Descubre por qué el matrimonio beneficia (tanto a hombres como a mujeres) más que cualquier otro tipo de relación y por qué cohabitar no produce los mismos beneficios que casarse.

Los dones de la imperfección
Escrito por la doctora Brené Brown
Quizá hay alguien que use tu ayuda para amarse a sí mismo y establecer límites funcionales: ¡Tú!

Marriage: Just a Piece of Paper?
Editado por Katherine Anderson, Don Browning y Brian Boyer
Este libro consta de entrevistas a científicos, terapeutas, abogados y legos sobre temas como el matrimonio, el divorcio, la cohabitación y la crianza, entre otros.

Siete reglas de oro para vivir en pareja: un estudio exhaustivo sobre las relaciones y la convivencia
Escrito por el doctor John M. Gottman
Si vas a comprar sólo una guía básica para lograr un matrimonio exitoso (para siempre), ¡éste es el libro!

Love Sense: The Revolutionary New Science of Romantic Relationships
Escrito por la doctora Sue Johnson
¿Cuál es tu estilo de apego y cómo afecta tus relaciones íntimas? Este nuevo libro explora por qué nunca dejamos de necesitarnos y habla sobre cómo podemos aprender a estar más cerca, sin importar nuestro estilo.

La evolución del deseo
Escrito por el doctor David M. Buss
De todos los libros sobre relaciones, populares y con bases científicas, éste es, quizá, el que más mitos destruye y más revela a nivel psicológico. Es sorprendente. Muy recomendable.

Si soy tan maravillosa, ¿por qué sigo soltera?
Escrito por Susan Page
No dejes que el título te desanime. Este libro es uno de los mejores para hombres y mujeres que quieren un amor genuino y duradero.

Por qué amamos: naturaleza y química del amor romántico
Escrito por la doctora Helen Fisher

Una mirada fascinante a los cuatro tipos básicos de la personalidad y a su influencia en las citas y el apareamiento. ¿Cuál es tu personalidad? ¿Y la de tu pareja? ¿Qué dicen sobre su relación?

And Baby Makes Three: The Six-Step Plan for Preserving Marital Intimacy and Rekindling Romance after Baby Arrives
Escrito por el doctor John M. Gottman y
la doctora Julie Schwartz Gottman

Después del nacimiento del primer hijo, dos tercios de las parejas se vuelven menos felices de forma permanente. Si quieres pertenecer al tercio que sigue feliz, consigue este libro.

When Men Batter Women: New Insights into Ending Abusive Relationships
Escrito por el doctor Neil Jacobson y el doctor John Gottman

Éste es el principal libro con bases científicas que te explica cómo, por qué y cuándo las mujeres dejan a los hombres que las lastiman… y por qué los hombres las lastiman, para empezar. Una lectura obligada para cualquiera que tenga una relación de abuso, que esté preocupado porque tal vez está entrando en una relación de este tipo y quiera entender o ayudar a alguien que está dentro o quiere dejar una relación así.

¿Por qué se comporta así?: Comprender la mente del hombre controlador y agresivo
Escrito por Lundy Bancroft

Más ayuda excelente para las víctimas de parejas abusadoras. Muy recomendable.

El valor del miedo: señales de alarma que nos protegen de la violencia
Escrito por Gavin de Becker

Si quieres protegerte de un abusador, ya sea antes o después de que entre en tu vida, necesitas este libro. Si quieres saber cuándo y cómo confiar en tu intuición, necesitas este libro. Si quieres deshacerte de un acosador, necesitas este libro.

Not "Just Friends": Rebuilding Trust and Recovering Your Sanity after Infidelity
Escrito por la doctora Shirley Glass

Resulta que el que los hombres tengan amoríos no se relaciona con cuán felices son. ¿Cuáles son los elementos fundamentales que llevan a las aventuras? ¿Cómo prevenirlas o darlas por terminadas, o recuperarte de una? Fundamentada en investigaciones, la doctora Glass desmenuza y rompe con las ilusiones sobre cómo ocurren los amoríos y cómo puedes cosechar los beneficios de saberlo.

Do Gentlemen Really Prefer Blondes?: Bodies, Behavior, and Brains—The Science Behind Sex, Love, & Attraction
Escrito por Jena Pincott

Jena Pincott es una escritora científica que resume de manera divertida las recientes investigaciones sobre el sexo, el amor y la atracción en las relaciones… y revela cómo aplicarlas.

Cómo conquistar marido
Escrito por Ellen Fein y Sherrie Schneider

¿Quieres ser la señora Correcta en vez de la señorita Para un Rato? Este libro puede ser sarcástico y simple, pero la ciencia evolutiva indica que el consejo es preciso para las mujeres que quieren activar las estrategias sexuales a largo plazo de un hombre y evitar ser presa de las estrategias de apareamiento a corto plazo. Y hombres, si se preguntan de qué son capaces las mujeres, aquí está la respuesta.

The Dangerous Passion: Why Jealousy is as Necessary as Love and Sex
Escrito por el doctor David M. Buss

El doctor Buss presenta una argumentación convincente y fascinante de cómo y por qué los celos no sólo causan problemas en

nuestra vida, sino que resuelven problemas reales en las relaciones románticas.

Lost & Found Lovers: Fact and Fantasy About Rekindled Romances
Escrito por la doctora Nancy Kalish

La doctora Kalish es la experta más destacada en amantes que se separaron y años después se volvieron a reunir. Este libro es imprescindible para ti si alguna vez te has preguntado qué pasó con fulano de tal y si deberías volver a contactarlo.

Data, a Love Story: How I Cracked the Online Dating Code to Meet My Match
Escrito por Amy Webb

Amy Webb realizó un estudio personal sobre su ruta hacia su señor Correcto en el ciberespacio, dando consejos para otros en el mismo camino.

Inteligencia intuitiva
Escrito por Malcolm Gladwell

Me encantan todas las reflexiones con bases científicas de Malcolm Gladwell sobre cómo piensa y actúa la gente. Este fue el libro que elegí para entender la intuición.

Notas

[1] Shermer, Michael. *The Believing Brain: From Ghosts and Gods to Politics and Conspiracies-How We Construct Beliefs and Reinforce Them as Truths*. Henry Holt & Company, 2011.

[2] Welch, D. C. (De febrero de 2009 al presente). *LoveScience: Consejos sobre relaciones personales, basados en investigaciones, para todos*. Extraído de http://www.LoveScienceMedia.com.

[3] Waite, Linda J. y Gallagher, Maggie. The Case for Marriage: Why Married People are Happier, Healthier, and Better Off Financially. Broadway Books, 2000.

PASO 1: ¿El amor es más que suerte? Abandona los mitos que dificultan tu progreso

[4] Brown, Brené. *Los dones de la imperfección*. GAIA, 2016.

[5] Estudios en décadas anteriores mostraban que de 80 a 90% de los estadounidenses querían casarse. En la actualidad sólo 60% quiere hacerlo y al parecer esto se relaciona con que la gente ya no cree que el matrimonio contribuye a su felicidad. Véase Cohn, D. (13 de febrero de 2013). *Love and marriage*. Artículo extraído de http://www.pewsocialtrends.org/2013/02/13/love-and-marriage/

[6] Waite, Linda J. y Gallagher, Maggie. *The Case for Marriage: Why Married People are Happier, Healthier, and Better Off Financially*. Broadway Books, 2000.

[7] *Ibid.*

[8] Waite, L. J. (2002). *"Looking for Love"*. En Anderson, K., Browning, D. y Boyer, B. (editores), *Marriage: Just a piece of paper?* (pp. 163-169). Grand Rapids, Michigan: William B. Eerdmans Publishing Company.

[9] *Ibid.*

[10] *Ibid.* Entrevista de Waite, p. 166.

[11] Cuando los casados permanecen juntos, en parte depende de si los niños de relaciones anteriores son llevados al nuevo matrimonio, y los hombres tienen más probabilidad de volverse a casar que las mujeres. Para más estadísticas sobre tasas de matrimonio, divorcio y segundas nupcias, véase Kreider, R. M. (del 10 al 14 de agosto de 2006). *Remarriage In The United States*: Cartel presentado en la reunión anual de la American Sociological Association, Montreal. Artículo extraído de http://www.census.gov/hhes/socdemo/marriage/data/sipp/us-remarriage-poster.pdf

[12] Tabulaciones de Linda J. Waite de la Encuesta Nacional de Familias y Hogares 1987/88 y 1992/94, en Waite, Linda J. y Gallagher, Maggie. *The Case for Marriage: Why Married People are Happier, Healthier, and Better off Financially*. Broadway Books, 2000.

[13] Gottman, John M. y Silver, Nan. *Siete reglas de oro para vivir en pareja: un estudio exhaustivo sobre las relaciones y la convivencia*. Debolsillo, 2010.

[14] Fisher, Helen E. *The Sex Contract: The Evolution of Human Behavior*. William Morrow Publishing, 1982.

[15] Waite, Linda J. y Gallagher, Maggie. *The Case for Marriage: Why Married People are Happier, Healthier, and Better off Financially*. Broadway Books, 2000.

[16] En realidad los adultos tienen tres estilos de apego (Seguro, Ansioso y Evasivo), pero en este libro damos dos estilos Evasivos. Esto se debe a que las investigaciones muestran que el estilo evasivo se divide entre las personas que temen depender demasiado contra las que valoran mucho su independencia; véase Bartholomew, K. (1990). *Avoidance of intimacy: An attachment perspective. Journal of Social and Personal Relationships*, 7, 147-178.

[17] En las relaciones íntimas la gente se comporta de forma diferente dependiendo de su estilo de apego. Para mayor información sobre esto, véase Johnson, Sue. *Love Sense: The Revolutionary New Science of Romantic Relationships*. Little, Brown, 2013. Véase también Simpson, J. A. (1990). *Influence of attachment styles on romantic relationships. Journal of Personality and Social Psychology*, 59, 971-980.

[18] Welch, D. C. (27 de marzo de 2012). *Attachment styles: Overcoming fear, embracing intimacy at last*. Extraído de http://www.lovescienceme-

dia.com/love-science-media/attachment-styles-overcoming-fear-embra-cing-intimacyat-last.html

[19] Grieling, H. y Buss, D. M. (2000). *Women's sexual strategies: The hidden dimensions of extra-pair mating. Personality and Individual Differences*, 28, 828-963. David Buss y Heidi Greiling hicieron una serie de cuatro estudios para evaluar por qué las mujeres cambian de pareja. Una razón fue que algunas mujeres con estilo Ansioso tienen miedo de perder a su actual pareja, por lo que preparan un respaldo. Puedes leer más sobre esto en el libro de Buss, *La evolución del deseo.*

[20] Esta investigación mostró que alrededor de dos tercios de las personas parecen mantener el mismo estilo de apego en la infancia y la adultez: Waters, E., Merrick, S., Treboux, D., Crowell, J. y Albersheim, L. (2000). *Attachment security in infancy and early adulthood: A twenty-year longitudinal study.* Child Development, 71, 684-689. Otra investigación mostró el papel que desempeña la madre en el estilo de apego del niño: Selcuk, E., *et al.* (2010). *"Self-reported romantic attachment style predicts everyday maternal caregiving behavior at home". Journal of Research in Personality*, 44, 544-549.

[21] Johnson, Sue. *Love Sense: The Revolutionary New Science of Romantic Relationships.* Little, Brown, 2013.

[22] *Ibid.*

[23] Burns, David D. *The Feeling Good Handbook.* Plume, 1999. Un libro que salió en junio de 2014 (después de terminar *Enamórate de ti...*), indica que definitivamente puedes cambiar tu estilo de apego y cita los mismos pasos que yo recomiendo: notar, redirigir y repetir *ad infinitum* para obtener resultados. Véase Becker-Phelps, Leslie. *Insecure in Love: How Anxious Attachment Can Make You Feel Jealous, Needy, and Worried and What You Can Do About it.* New Harbinger Publications, 2014.

PASO 2: Tu pareja en el espejo: detalla los rasgos que quieres en tu pareja

[24] Page, Susan. *If I'm So Wonderful, Why Am I Still Single?: Ten Strategies That Will Change Your Love Life Forever.* Three Rivers Press, 2002.

[25] Shermer, Michael. *The Believing Brain: From Ghosts and Gods to Politics and Conspiracies-How We Construct Beliefs and Reinforce Them as Truths.* Henry Holt & Company, 2011.

[26] Baumeister, R. F., Bratslavsky, E., Finkenauer, C. y Vohs, D. K. (2001). *Bad is stronger than good. Review of General Psychology*, 5, 323-370.

[27] Éste es uno de los muchos estudios sobre personas que eligen parejas similares a sí mismas (en vez de diferentes): Botwin, M. D., Buss, D. M. y Shackelford, T. K. (1997). *"Personality and mate preferences: Five factors in mate selection and marital satisfaction"*. *Journal of Personality*, 65, 107-136.

[28] Fisher, Helen. *Por qué amamos: naturaleza y química del amor romántico*. Punto de Lectura, 2005.

[29] Jack Sprat grasa no comía, / Su mujer carne no comía, / los dos, por aquello / dejaron limpio el plato.

[30] Gottman, John M. y Silver, Nan. *Siete reglas de oro para vivir en pareja: un estudio exhaustivo sobre las relaciones y la convivencia*. Debolsillo, 2010.

[31] Gottman, John M. y Gottman, Julie Schwartz. *And Baby Makes Three: The Six-Step Plan for Preserving Marital Intimacy and Rekindling Romance After Baby Arrives*. Three Rivers Press, 2007.

[32] Esta sección se basa en el trabajo de David Buss y de otros sobre psicología evolutiva. Buss, David M. *La evolución del deseo*. Alianza, 2009.

[33] De hecho, las mujeres valoran los recursos en una pareja potencial alrededor de un 100% más que los hombres: Buss, D. M. (1994). *"The strategies of human mating"*. *American Scientist*, 82, 238-249.

[34] Kenrick, D. T. y Keefe, R. C. (1992). *"Age preferences in mates reflect sex differences in reproductive strategies"*. *Behavioral and Brain Sciences*, 15, 75-133. La preferencia de los hombres por las parejas jóvenes es global: Buss, D. M. (1989). *"Sex differences in human mate preferences: Evolutionary hypotheses tested in 37 cultures"*. *Behavioral and Brain Sciences*, 12, 1-14.

[35] Una investigación realizada por el sitio web HOTorNOT.com muestra que la gente está consciente de quién está dentro de sus posibilidades y tiende a invitar a salir a personas similares a ella en cuanto a atractivo físico, aunque alguien fuera de su nivel se vea mejor. Véase Lee, L., Lowenstein, G. F., Ariely, D., Hong, J. y Young, J. (2008). *"If I'm not hot, are you hot or not? Physical-attractiveness evaluations and dating preferences as a function of one's own attractiveness"*. *Psychological Science*, 19, 669-677. Esta decisión de evitar parejas que no están dentro de su nivel surge de un miedo realista al rechazo: Montoya, R. M. (2008). *"I'm hot, so*

ARCO GASOLINE

ARCO AMPM 42595
2445 E BALL RD
ANAHEIM CA

Description	Qty	Amount
3CKE OAT RAIS:TPR	1	1.49
DNT SUGAR:TPR	1	1.29
debitfee	1	0.35

Subtotal	3.13
TOTAL	**3.13**
DEBIT $	3.13

Sale Receipt
DEBIT $3.13
Payment from Primary Account
Acct/Card #: *********0297
Auth #: 084044
Resp Code: 000
Stan: 017526887920
Reference:11239
APPNAME Debit
AID : A0000000042203
APP CRYPTOGRAM : ARQC 678182AE7728A19F6
ENTRY : Insert

THANK YOU
FOR CHOOSING ARCO
COMMENTS?
Call 1-800-322-2726

ST#42595   DR#1 TRAN#1027304
1/27/24 6:00:24 PM   : 3

I'd say you're not: The influence of objective physical attractiveness on mate selection". Personality and Social Psychology Bulletin, 43, 1315-1331.

[36] Gottman, John M. y Silver, Nan. *Siete reglas de oro para vivir en pareja: un estudio exhaustivo sobre las relaciones y la convivencia*. Debolsillo, 2010.

[37] *Ibid.*

[38] Jacobson, Neil S. y Gottman, John M. *When Men Batter Women: New Insights into Ending Abusive Relationships*. Simon & Schuster, 1998.

[39] Bancroft, Lundy. *¿Por qué se comporta así?: Comprender la mente del hombre controlador y agresivo*. Paidós Ibérica, 2017.

[40] Becker, Gavin de. *El valor del miedo: señales de alarma que nos protegen de la violencia*. Urano, 1999.

[41] Welch, D. C. (11 de marzo de 2011). *When men batter women: How abuse ends*. Extraído de http://www.lovesciencemedia.com/love-science-media/when-men-batter-women-how-abuse-ends.html

[42] Jacobson, Neil S. y Gottman, John M. *When Men Batter Women: New Insights into Ending Abusive Relationships*. Simon & Schuster, 1998.

[43] Glenn, N. y Marquardt, E. (2001). *Hooking up, hanging out, and hoping for Mr. Right: College women on dating and mating today*. An Institute for American Values Report to the Independent Women's Forum. Extraído de http://fmmh.ycdsb.ca/teachers/fmmh_mcmanaman/pages/mfhook.pdf

[44] Trees, Andrew. *Decoding Love: Why it Takes Twelve Frogs to Find a Prince, and Other Revelations from the Science of Attraction*. Avery, 2009.

[45] Casi todo el mundo dice estar enamorado cuando se casa, pero dos años después no todos se sienten igual. En este estudio los participantes recién casados estaban muy contentos, pero dos años después los ahora infelices recordaron cosas que siempre estuvieron mal: Holmberg, D. y Holmes, J. G. (1994). *"Reconstruction of relationship memories: A mental models approach"*. En Schwartz, N. y Sudman, S. (editores), *Autobiographical memory and the validity of retrospective reports* (pp. 267-288). New York: Springer Verlag.

PASO 3: Buenas vallas hacen grandes amantes: ámate en una gran relación

[46] Brown, Brené. *Los dones de la imperfección*. Gaia, 2016

[47] *Ibid.*

[48] *Ibid.*

[49] Las EAI, conocidas como Experiencias Adversas en la Infancia (ACEs por sus siglas en inglés), a menudo causan estragos en la autoestima, la educación, los comportamientos saludables y la longevidad misma: Anda, R. (fecha sin especificar). *The health and social impact of growing up with Adverse Childhood Experiences: The human and economic costs of the status quo.* Investigación realizada en conjunto con el estudio de Experiencias Adversas en la Infancia (EAI). Extraído de http://acestudy.org/files/Review_of_ACE_Study_with_references_summary_table_2_.pdf

[50] Brown, Brené. *Los dones de la imperfección.* Gaia, 2016.

[51] *Ibid.*

[52] Tagney, June Price y Dearing, Ronda L. *Shame and Guilt.* Guilford Press, 2002.

[53] Buss, D. M. (1989). "*Sex differences in human mate preferences: Evolutionary hypotheses tested in 37 cultures*". *Behavioral and Brain Sciences*, 12, 1-14.

[54] Gottman, John M. y Silver, Nan. *Siete reglas de oro para vivir en pareja: un estudio exhaustivo sobre las relaciones y la convivencia.* Debolsillo, 2010.

[55] *Ibid.*

[56] *Ibid.*

[57] Reis, H. T. (2011). "*When Good Things Happen to Good People: Capitalizing on Personal Positive Events in Relationships*". En Gernsbacher, M. A., Pew, R. W., Hough, L. M. y Pomerantz, J. R. (editores), *Psychology and the Real World: Essays illustrating fundamental contributions to society* (pp. 237-244). New York, New York/Worth Publishers.

[58] Becker, Gavin de. *El valor del miedo: señales de alarma que nos protegen de la violencia.* Urano, 1999.

[59] Ésta es mi definición favorita de intimidad. Véase Page, Susan. *If I'm So Wonderful, Why Am I Still Single?: Ten Strategies That Will Change Your Love Life Forever.* Three Rivers Press, 2002.

[60] Johnson, Sue. *Love Sense: The Revolutionary New Science of Romantic Relationships.* Little, Brown, 2013.

[61] *Ibid.*

[62] Glass, Shirley P. *Not "Just Friends": Rebuilding Trust and Recovering Your Sanity After Infidelity.* Atria Books, 2004.

[63] *Rand Corporation statistics on relapse: The Course of Alcoholism: Four Years after Treatment* (enero de 1980). Este informe a gran escala so-

bre 900 hombres alcohólicos mostró que sólo 15% mantuvo la sobriedad durante un periodo de cuatro años. Encontré esta referencia en *Drinking: A Love Story*, de Caroline Knapp. Al discutir el reporte Knapp dice: "Una vez que has cruzado la línea del alcoholismo, los porcentajes no están a tu favor..." Véase Knapp, Caroline. *Drinking: A Love Story*. Dial Press, 1996.

[64] Jacobson, Neil S. y Gottman, John M. *When Men Batter Women: New Insights into Ending Abusive Relationships*. Simon & Schuster, 1998.

[65] Myers, David G. *Psicología social* (8a edición). McGraw-Hill/Interamericana de México, 2005.

[66] Buss, D. M. y Schmitt, D. P. (1993). *"Sexual strategies theory: An evolutionary perspective on human mating"*. *Psychological Review*, 100, 204-232.

[67] Behrendt, Greg y Tuccillo, Liz. *¿De verdad está tan loco por ti?* Ediciones B, 2005.

Paso 4: Juegos mentales: domina la mente del apareamiento

[68] Todas las afirmaciones basadas en hechos de este paso se basan en *La evolución del deseo* del doctor David Buss, a menos que se especifique lo contrario. Buss, David. *La evolución del deseo*. Alianza, 2009.

[69] Wade, Nicholas. *Una herencia incómoda*. Planeta, 2016.

[70] Los hombres fabrican alrededor de 12 millones de espermatozoides por hora. Las mujeres maduran más o menos 400 óvulos en toda su vida fértil. Véase Buss, D. M. *Evolutionary Psychology: The New Science of the Mind* (tercera edition). Pearson, 2008.

[71] Clarke, R. D y Hatfield, E. (1989). *"Gender differences in receptivity to sexual offers"*. *Journal of Psychology and Human Sexuality*, 2, 39-55. El estudio fue reproducido y grabado en audio y video en secreto en una universidad de Londres. Lo vi en Worth Publishers' (2008) Video Tool-Kit for Introductory Psychology (el título del video es *Openness to casual sex: A study of men versus women*). Worth consiguió el video de "Deepest Desires", Human Instinct de la BBC Motion Gallery.

[72] Hay algunas discusiones sobre cuándo surgieron las ETS (enfermedades de transmisión sexual). Quizá nuestros antepasados no las vivieron o quizá sí. Tal vez depende de qué infección estamos hablando, así como en qué momento de la historia. Véase Wade, Nicholas. *Una herencia incómoda*. Planeta, 2016.

[73] Una forma de evaluar el deseo sexual es preguntar a la gente sobre sus fantasías sexuales. Resulta que las mujeres son más propensas a la monogamia y orientadas a la emoción, mientras los hombres se enfocan más en conseguir algo extraño, incluso en su vida de fantasías (aunque la mayoría no realiza dichas fantasías). Véase Barclay, A. M. (1973). *Sexual fantasies in men and women. Medical Aspects of Human Sexuality*, 7, 205-216.

[74] Ésta es mi conjetura basada en mi lectura de la psicología evolutiva. No recuerdo ver una explicación de "asesinatos de honor" en otros lugares, aunque bien puede existir.

[75] Por ejemplo, véase Buss, D. M. y Schmitt, D. P. (1993). *"Sexual strategies theory: An evolutionary perspective on human mating". Psychological Review*, 100, 204-232. Algunas cosas hacen que los hombres piensen dos veces sobre aceptar una pareja particular para tener sexo casual. Los hombres tienden a ser rechazados por mujeres sexualmente reservadas, tensas o que tienen un deseo sexual bajo. Las mujeres con menos experiencia sexual o con más propensión a hacer esperar al hombre por sexo son más deseadas para las relaciones a largo plazo.

[76] En específico, 44% de las mujeres (en comparación con 9% de los hombres) dijo que habían tenido sexo casual para tratar de conseguir una relación a largo plazo; véase Regan, P. C. y Dreyer, C. S. (1999). *"Lust? Love? Status? Young adults' motives for engaging in casual sex". Journal of Psychology and Human Sexuality*, 11, 1-24. Otro estudio descubrió que después de la atracción física, la segunda razón más dada por las mujeres para tener sexo casual fue: "Quería una relación a largo plazo con esta persona y pensé que el sexo casual podía llevar a algo más duradero". Véase Li, N. P. y Kenrick, D. T. (2006). *"Sex similarities and differences in preferences for short-term mates: What, whether, and why". Journal of Personality and Social Psychology*, 90, 468-489.

[77] Grieling, H. y Buss, D. M. (2000). *Women's sexual strategies: The hidden dimensions of extra-pair mating. Personality and Individual Differences*, 28, 828-963.

[78] Buss, David. *La evolución del deseo*. Alianza, 2009.

[79] Buss, D. M. (1994). *"The strategies of human mating". American Scientist*, 82, 238-249.

[80] Varios estudios muestran una serie de diferencias entre las lesbianas "marimachas" y las "femeninas". Las primeras son más parecidas emocional, física y psicológicamente a los hombres heterosexuales. Las

segundas son más similares a las mujeres heterosexuales en los mismos aspectos. Uno de estos estudios es: Singh, D., Vidaurri, M., Zambarano, R. J. y Dabbs, J. M. (1999). *"Lesbian erotic role identification: Behavioral, morphological, and hormonal correlates"*. *Journal of Personality and Social Psychology*, 76, 1035-1049.

[81] Desde finales de la década de 1950 los datos indican que si haces algo sin una razón convincente (como cuando te fuerzan o te sobornan) es probable que creas en lo que hiciste y encuentres razones para justificar tus acciones. Véase Festinger, L. y Carlsmith, J. M. (1959). *"Cognitive consequences of forced compliance"*. *Journal of Abnormal and Social Psychology*, 58, 203-210. Así que hay posibilidades de que un hombre que hace un esfuerzo por una mujer específica se enamorará más de ella *porque* hizo el esfuerzo sin coacción, amenaza o soborno. Por otro lado, ¿si eres un chico y no te gusta una mujer después de todo el esfuerzo que hiciste? Ella no es la indicada… sigue adelante.

[82] Cameron, C., Oskamp, S. y Sparks, W. (1978). *"Courtship American style: Newspaper advertisements.* Family Coordinator, 26, 27-30.

[83] Barber, N. (1995). *The evolutionary psychology of physical attractiveness: Sexual selection and human morphology. Ethology and Sociobiology*, 16, 395-424. Este artículo muestra que, por desgracia, las mujeres rechazan a los hombres de baja estatura para las relaciones a corto y a largo plazo. Véase también: Buss, D. M. y Schmitt, D. P. (1993). *"Sexual strategies theory: An evolutionary perspective on human mating"*. *Psychological Review*, 100, 204-232. Y uno de mis artículos en *LoveScience* que recibió más reacción por correo electrónico fue el que les decía a las mujeres de mediana edad que dejaran el esnobismo por los altos (véase http://www.lovesciencemedia.com/love-science-media/the-womans-guide-to-finding-love-at-midlife.html). Al sobrevalorar la estatura, muchas mujeres se alejan del mercado de emparejamiento, pero se enojan porque los hombres no les hacen caso porque ellos están buscando juventud y belleza. Suficiente para volver loco a un LoveCientífico.

[84] Wiederman, M. W. y Allgeier, E. R. (1992). *Gender differences in mate selection criteria: Sociobiological or socioeconomic explanation? Ethology and Sociobiology*, 13, 115-124.

[85] Buss, D. M. (1988). *"Love acts: The evolutionary biology of love"*. En Sternberg, R. J. y Barnes, M. L. (editores), *The psychology of love* (pp. 100-118). New Haven, CT: Yale University Press.

[86] *Ibid.*

[87] Haselton, M. G. (2003). *"The sexual overperception bias: Evidence of a systematic bias in men from a survey of naturally occurring events"*. *Journal of Research in Personality*, 37, 34-47.

[88] Ay, las mujeres tienen preferencias moldeadas por el comportamiento y psique de los hombres. Por ejemplo, los hombres que simplemente buscan fotos de mujeres jóvenes y atractivas se califican como más ambiciosos; véase Roney, J. R. (2003). *"Effects of visual exposure to the opposite sex: Cognitive aspects of mate attraction in human males"*. *Personality and Social Psychology Bulletin*, 29, 393-404. Para mayor información sobre cómo la elección sexual de hombres y mujeres moldeó no sólo nuestros comportamientos de emparejamiento, sino también el tamaño del cerebro, la creatividad, el desarrollo del lenguaje, la música, el arte, la moralidad, el humor y la risa, véase Miller, Geoffrey. *The Mating Mind: How Sexual Choice Shaped the Evolution of Human Nature*. Anchor, 2001.

[89] Symons, D. (1995). *"Beauty is in the adaptations of the beholder: The evolutionary psychology of human female sexual attractiveness"*. En Abramson, P. R. y Pinkerton, S. D. (editores), *Sexual nature, sexual culture* (pp. 80-118). Chicago: University of Chicago Press.

[90] Singh, D. (2000). *Waist-to-hip ratio: An indicator of female mate value. International Research Center for Japanese Studies, International Symposium*, 16, 79-99.

[91] En estudios famosos de Helen Fisher y otros, las exploraciones cerebrales revelaron que hombres y mujeres enamorados muestran actividad en los centros de recompensa del cerebro, centros que procesan la dopamina. Supongo que los hombres con lujuria muestran una actividad cerebral similar, dada la abundante investigación sobre la dopamina y la lujuria en otros animales machos. Para el estudio de Fisher véase Fisher, H., Aron, A. y Brown, L. L. (2005). *"Romantic love: An fMRI study of the neural mechanism for mate choice"*. *The Journal of Comparative Neurology*, 493, 58-62. De cualquier manera, es notable que, en casi cualquier ciudad grande, hay muchos lugares donde los hombres van a ver a mujeres desnudas bailar en el escenario, pero la mayoría de las ciudades tienen dificultades para mantener abierto uno de estos establecimientos donde las mujeres paguen por ver a los hombres bailar desnudos. En cierto nivel, la recompensa existe para los hombres, pero no para las mujeres (o no en el mismo nivel), como una consecuencia directa de la visión de la juventud y la belleza.

[92] A veces estas mujeres no sólo son rechazadas por los hombres como una perspectiva a largo plazo (pero activamente buscadas como una compañera a corto plazo) por parecer "fáciles", también suelen ser elegidas por ellos para violarlas o explotarlas de alguna otra manera; véase Goetz, C. D., Easton, J. A., Lewis, D. M. G. y Buss, D. M. (2012). *"Sexual exploitability: Observable cues and their link to sexual attraction"*. *Evolution and Human Behavior*, 33, 417-426.

[93] Por ejemplo, véase Rozin, P. y Fallon, A. (1988). *"Body image, attitudes to weight, and misperceptions of figure preferences of the opposite sex: A comparison of men and women in two generations"*. *Journal of Abnormal Psychology*, 97, 342-345.

[94] La diferencia de edad que prefieren los hombres se basa en la edad del hombre; cuanto más viejo es, más joven quiere a su compañera en relación con su propia edad. Véase Kenrick, D. T. y Keefe, R. C. (1992). *Age preferences in mates reflect sex differences in reproductive strategies*. *Behavioral and Brain Sciences*, 15, 75-133.

[95] Los hombres no sólo prefieren generalmente a las mujeres sin hijos para el matrimonio (véase *La evolución del deseo*), sino que cuando eligen a las mujeres que ya tienen hijos de una relación anterior, las consecuencias pueden ser mortales. El indicador individual más grande de las probabilidades de que un niño sea víctima de abuso físico o sexual, o de que sea asesinado es tener un padrastro. Los niños criados por un padrastro (especialmente el novio o el esposo de la madre biológica) tienen 40 veces más probabilidades de abuso físico y de 40 a 100 veces más probabilidades de asesinato que los niños criados por ambos padres biológicos; véase Daly, M. y Wilson, M. (1988). *Homicide*. Hawthorne, NY: Aldine. Elegir bien una pareja es más arriesgado y crucial después de que tienes hijos. Cómo hacerlo será el tema de mi siguiente libro.

PASO 5: No existe ningún perfume llamado Desesperación. Hazte la difícil

[96] A menos que indique lo contrario, los hechos en este paso se derivan de Buss, David. *La evolución del deseo*. Alianza, 2009.

[97] Baker, R. R. y Bellis, M. A. Human Sperm Competition. Chapman & Hall, 1995.

[98] *Ibid.* Pero no todos los estudios encontraron "espermatozoides suicidas"; véase Moore, H. D. M., Martin, M. y Birkhead, T. R. (1999). "*No evidence for killer sperm or other selective interactions between human spermatozoa in ejaculates of different males in vitro*". En Shackelford, T. y Pound, N. (editores), *Sperm Competition in Humans: Classic and contemporary readings* (pp. 213-227). New York: Springer-Verlag.

[99] Gallup, G. G., Jr., Burch, R. L. y Platek, S. M. (2002). "*Does semen have antidepressant properties?*". *Archives of Sexual Behavior*, 31, 289-293. Encontré primero una explicación de este estudio en el excelente y divertido: *Do Gentlemen Really Prefer Blondes?: Bodies, Behavior, and Brains — The Science Behind Sex, Love, & Attraction*, de Jena Pincott, publicado en 2008 por Delta.

[100] Al hacer estas declaraciones, estoy juntando varias líneas de evidencia. En primer lugar, la dopamina está definitivamente asociada con la testosterona, y los hombres deben tenerla para enamorarse. Los centros de procesamiento de dopamina del cerebro también están involucrados en mantener a los hombres enamorados. Véase Fisher, Helen. *Por qué amamos: naturaleza y química del amor romántico*. Punto de Lectura, 2005. En segundo lugar, los niveles de dopamina aumentan en otros mamíferos masculinos justo antes de tener relaciones sexuales y descienden inmediatamente después; véase p. 187 de Trees, Andrew. *Decoding Love: Why it Takes Twelve Frogs to Find a Prince, and Other Revelations from the Science of Attraction*. Avery, 2009. En tercer lugar, los hombres con mucha experiencia sexual (pero no las mujeres y tampoco los hombres sexualmente inexpertos) informan que pierden el interés sexual inmediatamente después del coito. Véase Haselton, M. G. y Buss, D. M., (2001). *The affective shift hypothesis: The functions of emotional changes following sexual intercourse. Personal Relationships*, 8, 357-369. Entonces, mi conjetura es que cuando los hombres tienen sexo muy rápido en una relación, pierden el interés sexual debido a un descenso, no intencional ni consciente, de la dopamina. La pérdida del interés ayuda a los hombres a protegerse de invertir en las mujeres que pondrán sus genes en riesgo, independientemente de que la dopamina tenga o no una participación específica.

[101] Glass, Shirley P. *Not "Just Friends": Rebuilding Trust and Recovering Your Sanity After Infidelity*. Atria Books, 2004.

[102] Wade, Nicholas. *Una herencia incómoda*. Planeta, 2016.

[103] Fein, Ellen y Schneider, Sherrie. *Cómo conquistar marido*. Booket, 1999.

[104] Buss, D. M. y Schmitt, D. P. (1993). *"Sexual strategies theory: An evolutionary perspective on human mating"*. Psychological Review, 100, 204-232.

[105] Buss, D. M. (1989). *"Sex differences in human mate preferences: Evolutionary hypotheses tested in 37 cultures"*. Behavioral and Brain Sciences, 12, 1-14.

[106] Buss, David M. *La evolución del deseo*. Alianza editorial, 2009.

[107] Driscoll, R., Davis, K. E. y Lipetz, M. E. (1972). *"Parental interference and romantic love: The Romeo and Juliet effect"*. Journal of Personality and Social Psychology, 24, 1-10.

[108] Más de un estudio muestra que los hombres (más que las mujeres) son más atraídos a medida que las oportunidades de encontrar una compañera disminuyen. Véase Pennebaker, J. W., Dyer, Mary Anne, *et al.* (1979). *"Don't the girls get prettier at closing time: A country and western application to psychology"*. Personality and Social Psychology Bulletin, 5, 122-125. Puedes leer este clásico en http://archlab.gmu.edu/people/jfedota/Pennebaker%20Dyer%201979.pdf. Un estudio más reciente que descubrió lo mismo es Gladue, B. A. y Delaney, J. J. (1990). *"Gender differences in perception of attractiveness of men and women in bars"*. Personality and Social Psychology Bulletin, 16, 378-391.

[109] Buss, David M. *The Dangerous Passion: Why Jealousy is as Necessary as Love and Sex*. Free Press, 2000.

[110] *Ibid.*

[111] *Ibid.*

[112] *Ibid.*

[113] Taylor, Shelley E. *The Tending Instinct: Women, Men, and the Biology of our Relationships*. Holt, 2003.

[114] Una mujer sexualmente difícil de conseguir o que es percibida por los hombres de esa manera, desanima a los que tienen agendas a corto plazo e intriga a quienes tienen agendas a largo plazo. En un estudio, los hombres revelaron que cuando quieren una aventura, buscan estilos de vestir y comportamientos que indican disponibilidad sexual, y evitan estos mismos estilos y comportamientos cuando quieren a la señora Correcta. Lo contrario también es cierto: los hombres que buscan una aventura evitan activamente a las mujeres que parecen poco propensas a dar

sexo fácil. ¿Conclusión? Un hombre que quiere sexo de inmediato, o de lo contrario dice que se irá, es muy probable que esté jugando. Véase Buss, D. M. y Schmitt, D. P. (1993). *"Sexual strategies theory: An evolutionary perspective on human mating"*. Psychological Review, 100, 204-232.

[115] Haselton, M. G. y Buss, D. M., (2001). *"The affective shift hypothesis: The functions of emotional changes following sexual intercourse"*. Personal Relationships, 8, 357-369.

[116] Curiosamente, en este mismo estudio, los resultados fueron exactamente opuestos para las mujeres: tres cuartas partes de las mujeres (pero una cuarta parte de los hombres) dijeron que sentían una conexión emocional con su pareja sexual casual y sólo una cuarta parte de las mujeres (pero tres cuartos de los hombres) encontró fácil mantenerse distante en una relación de pareja sexual casual. Véase Townsend, J. M. (1995). *"Sex without emotional involvement: An evolutionary interpretation of sex differences"*. Archives of Sexual Behavior, 24, 173-206.

[117] Kanazawa, S. (2003). *"Can evolutionary psychology explain reproductive behavior in the contemporary United States?"* The Sociological Quarterly, 44, 291-302.

[118] Brantley, A., Knox, D. y Zusman, M. E. (2002). *"When and why gender differences in saying "I love you" among college students"*. College Student Journal, 6. Este estudio también mostró que los hombres y las mujeres revelan el amor más rápido a medida que envejecen. Para otro estudio que muestre que los hombres se enamoran más fácilmente que las mujeres, véase Kanin, E. J., Davidson, K. R. y Scheck, S. R. (1970). *"A research note on male-female differentials in the experience of heterosexual love"*. The Journal of Sex Research, 6, 64-72.

[119] Cohn, D. (13 de febrero de 2013). *Love and marriage*. Artículo extraído de Pew Research Social & Demographic Trends (http://www. pewsocialtrends.org/2013/02/13/love-and-marriage/). Se puede ver otra revisión de las principales diferencias y similitudes emocionales entre hombres y mujeres en Fisher, Helen. *Por qué amamos: naturaleza y química del amor romántico*. Punto de Lectura, 2005.

[120] Cavanaugh, John C. y Blanchard-Fields, Fredda. *Adult Development & Aging* (cuarta edición). Wadsworth, 2002.

[121] Gottman, John M. y Silver, Nan. *Siete reglas de oro para vivir en pareja: un estudio exhaustivo sobre las relaciones y la convivencia*. Debolsillo, 2010.

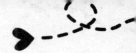

[122] Buss, D. M. y Schmitt, D. P. (1993). *"Sexual strategies theory: An evolutionary perspective on human mating"*. Psychological Review, 100, 204-232.

[123] Brantley, A., Knox, D. y Zusman, M. E. (2002). *"When and why gender differences in saying 'I love you' among college students"*. College Student Journal, 6. Para otro estudio de cómo hombres y mujeres se mienten el uno al otro para conseguir lo que quieren véase Haselton, M., Buss, D. M., Oubaid, V. y Angleitner, A. (2005). *"Sex, lies, and strategic interference: The psychology of deception between the sexes"*. Personality and Social Psychology Bulletin, 31, 3-23.

[124] Buss, D. M. (2006). *"The evolution of love"*. En Sternberg, R. J. y Weis, K. (editores), *The psychology of love* (pp. 65-86). New Haven/Yale University Press.

[125] *Ibid.*

[126] Gottman, John M. y Silver, Nan. *Siete reglas de oro para vivir en pareja: un estudio exhaustivo sobre las relaciones y la convivencia*. Debolsillo, 2010.

[127] Johnson, Sue. *Love Sense: The Revolutionary New Science of Romantic Relationships*. Little, Brown, 2013.

PASO 6: A través de un salón (de chat) lleno de gente: busca donde encontrarás

[128] Cacioppo, J. T., Cacioppo, S., Gonzagia, G. C., Ogburn, E. L. y VanderWeele, T. J. (2013). *Marital satisfaction and break-ups differ across on-line and off-line meeting venues*. PNAS. Puedes descargar o ver este artículo en http://www.pnas.org/content/early/2013/05/31/1222447110.full.pdf+html

[129] Darley, J. M. y Berscheid, E. (1967). *"Increased liking as a result of the anticipation of personal contact"*. Human Relations, 20, 29-40.

[130] Fielding, Helen. *El diario de Bridget Jones*. Debolsillo, 2011. Éste puede ser el libro más divertido que he leído, y un gran ejemplo de cómo no tener citas.

[131] No es tanto una "ley" como una sugerencia muy fuerte, también conocida como distancia funcional. Véase Myers, David G. *Psicología social* (8a edición). McGraw-Hill/Interamericana de México, 2005. Dicho esto, a partir de 1932 hasta hoy, los estudios repetidos muestran que quizá te

cases con alguien cuyo escritorio o casa estaba muy cerca del tuyo (llegarías caminando). Por ejemplo, véase McPherson, M., Smith-Lovin, L. y Cook, J. M. (2001). *"Birds of a feature: Homophily in social networks"*. *Annual Review of Sociology*, 27, 415-444.

[132] Buss, D. M. y Dedden, L. A. (1990). *"Derogation of competitors"*. *Journal of Social and Personal Relationships*, 7, 395-422. Para ver qué dijeron los lectores (hombres y mujeres) de *LoveScience* sobre cómo deshacerse de un rival, véase Welch, D. C. (26 de junio de 2012). *How to get rid of a rival: Survey says…* Extraído de http://www.lovesciencemedia.com/love-science-media/how-to-get-rid-of-a-rival-survey-says.html

[133] Moore, M. (1985). *"Nonverbal courtship patterns in women: Context and consequences"*. *Ethology and Sociobiology*, 6, 237-247. Véase también Walsh, D. y Hewitt, J. (1985). *"Giving men the come-on: The effect of eye contact and smiling in a bar environment"*. *Perceptual and Motor Skills*, 61, 837-844.

[134] Myers, David G. *Psicología social* (8a edición). McGraw-Hill/Interamericana de México, 2005.

[135] Curiosamente, no sólo los participantes prefieren la imagen de espejo de su foto (es decir, la imagen que ven cada día), sino que sus amigos eligen la imagen opuesta, prefiriendo ver a su amigo desde el punto de vista que encuentran en la vida real. Véase Mita, T. H., Dermer, M. y Knight, J. (1977). *"Reversed facial images and the mere-exposure hypothesis"*. *Journal of Personality and Social Psychology*, 35, 597-601.

[136] Newcombe, Theodore M. *The Acquaintance Process*. Holt, Rinehart & Winston, 1961.

[137] Back, M. D., Schmukle, S. C. y Egloff, B. (2008). *"Becoming friends by chance"*. *Psychological Science*, 19, 439-440.

[138] Kalish, N. *Lost & Found Lovers: Fact and Fantasy About Rekindled Romances*. Amazon Digital Services, 1997. Toda la información de esta sección es de este libro o de mi entrevista con la doctora Kalish (a menos que indique lo contrario). Puedes leer o escuchar la entrevista de *LoveScience* a la doctora Kalish en http://www.lovesciencemedia.com/love-science-media/got-obsession-rekindled-lovers-expert-dr-nancy-kalish-is-her.html

[139] Kalish, N. y Welch, D. C. (16 de octubre de 2012). *Got obsession? Rekindled Lovers expert Dr. Nancy Kalish is here to help*. Extraído de http://www.lovesciencemedia.com/love-science-media/got-obsession-rekindled-lovers-expert-dr-nancy-kalish-is-her.html

140 Cacioppo, J. T., Cacioppo, S., Gonzagia, G. C., Ogburn, E. L. y VanderWeele, T. J. (2013). *Marital satisfaction and break-ups differ across on-line and off-line meeting venues.* PNAS. Puedes descargar o ver este artículo en http://www.pnas.org/content/early/2013/05/31/1222447110. full.pdf+html

141 Estadísticas de los Centros para el Control y la Prevención de Enfermedades (Centers for Disease Control and Prevention): http://www. cdc.gov/nchs/nvss/marriage_divorce_tables.htm

142 Welch, D. C. (19 de junio de 2013). *eBliss: Is love best begun online?* Extraído de http://www.psychologytoday.com/blog/love-proof/201306/ebliss-is-love-best-begun-online

143 Cacioppo, J. T., Cacioppo, S., Gonzagia, G. C., Ogburn, E. L. y VanderWeele, T. J. (2013). *Marital satisfaction and break-ups differ across on-line and off-line meeting venues.* PNAS. Puedes descargar o ver este artículo en http://www.pnas.org/content/early/2013/05/31/1222447110. full.pdf+html

144 Welch, D. C. (19 de junio de 2013). *eBliss: Is love best begun online?* Extraído de http://www.psychologytoday.com/blog/love-proof/201306/ebliss-is-love-best-begun-online

145 Comunicación personal con el doctor John T. Cacioppo; véase también Valkenburg, P. M. y Peter, J. (2009). *"Social consequences of the Internet for adolescents: A decade of research".* Current Directions in Psychological Science, 18, 1-5.

146 Welch, D. C. (15 de enero de 2014). *How to write a great personals ad: Phishing on the (Inter)net.* Extraído de http://www.lovesciencemedia. com/love-science-media/how-to-write-a-great-personals-ad-phishing-on-the-internet.html

147 *Ibid.*

148 Rudder, C. (20 de enero de 2010). *The 4 big myths of profile pictures.* Extraído de http://blog.okcupid.com/index.php/the-4-big-myths-of-profile-pictures/

149 Lee, L., Lowenstein, G. F., Ariely, D., Hong, J. y Young, J. (2008). *"If I'm not hot, are you hot or not? Physical-attractiveness evaluations and dating preferences as a function of one's own attractiveness".* Psychological Science, 19, 669-677.

150 Goode, E. (1996). *"Gender and courtship entitlement: Responses to personal ads".* Sex Roles, 34, 141-169. También, para la investigación que

muestra que los hombres no tenían una preferencia de una manera u otra en cuanto a si buscaban la ambición en una esposa, véase Buss, D. M. y Schmitt, D. P. (1993). *"Sexual strategies theory: An evolutionary perspective on human mating".* Psychological Review, 100, 204-232.

[151] Baize, H. R. y Schroeder, J. E. (1995). *"Personality and mate selection in personal ads: Evolutionary preferences in a public mate selection process".* Journal of Social Behavior and Personality, 10, 517-536. Véase también Weiderman, M. W. (1993). *"Evolved gender differences in mate preferences: Evidence from personal advertisements".* Ethology and Sociobiology, 14, 331- 351.

[152] Rudder, C. (20 de enero de 2010). *The 4 big myths of profile pictures.* Extraído de http://blog.okcupid.com/index.php/the-4-big-myths-of-profile-pictures/

[153] Goode, E. (1996). *"Gender and courtship entitlement: Responses to personal ads".* Sex Roles, 34, 141-169.

Nota adicional no relacionada con el texto: Si quieres leer el estudio personal realizado por una mujer para encontrar a su señor Correcto en el ciberespacio, lee a Webb, Amy. *Data, a Love Story: How I Cracked the Online Dating Code to Meet My Match.* Dutton Adult, 2013.

PASO 7: Por fin se conocen: no arruines la cita

[154] Brown, Brené. *Los dones de la imperfección.* Gaia, 2016.

[155] Page, Susan. *If I'm So Wonderful, Why Am I Still Single?: Ten Strategies That Will Change Your Love Life Forever.* Three Rivers Press, 2002.

[156] Fisher, Helen. *Por qué amamos: naturaleza y química del amor romántico.* Punto de Lectura, 2005.

[157] Comunicación personal con el doctor Gary Lee. Él fue un profesor de sociología de la familia en la Universidad de Florida durante mi educación de posgrado, y fue él quien me introdujo por primera vez en estas ideas en los años de 1990.

[158] Welch, D. C. (22 de noviembre de 2011). *How not to suck at dating (special double issue).* Extraído de http://www.lovesciencemedia.com/love-science-media/how-not-to-suck-at-dating-special-double-issue.html. Por favor, revisa todas las respuestas a la encuesta Best & Worst Dates al final de la publicación.

[159] Esto también se llama teoría de la recompensa de la atracción y muchos estudios la fundamentan. Para revisarla, véase De Houwer, J.,

Thomas, S. y Baeyens, F. (2001). *"Associative learning of likes and dislikes: A review of 25 years of research on human evaluative conditioning"*. *Psychological Bulletin*, 127, 853-869.

[160] Alrededor de la mitad de los hombres a los que la mujer les dio su número en el puente colgante la llamaron, en comparación con alrededor de 10% de aquellos a los que les dio el número en el puente sólido y estable. En la probabilidad, los chicos realmente eran más atraídos por la mujer cuando la situación era emocionante, y no por miedo en sí. Cuando se repitió el estudio con un entrevistador masculino, casi ningún hombre llamó para obtener los resultados, sin importar el tipo de puente. Para el experimento, véase Dutton, D. G. y Aron, A. P. (1974). *"Some evidence for heightened sexual attraction under conditions of high anxiety"*. *Journal of Personality and Social Psychology*, 30, 510-517.

[161] Buss, D. M. (2006). *"The evolution of love"*. En Sternberg, R. J. y Weis, K. (editores), *The psychology of love* (pp. 65-86). New Haven/Yale University Press.

[162] *Ibid.*

[163] De Houwer, J., Thomas, S. y Baeyens, F. (2001). *"Associative learning of likes and dislikes: A review of 25 years of research on human evaluative conditioning"*. *Psychological Bulletin*, 127, 853-869. Desde E. L. Thorndike en la década de 1890, numerosos experimentos en psicología han demostrado que los comportamientos recompensados tienden a repetirse. Así que, si salir contigo es gratificante para tu cita, es probable que quiera volver a verte.

[164] Baumeister, R. F., Bratslavsky, E., Finkenauer, C. y Vohs, D. K. (2001). *"Bad is stronger than good"*. *Review of General Psychology*, 5, 323-370.

[165] Para uno de muchos ejemplos, véase Montoya, R. M. e Insko, C. A. (2008). *"Toward a more complete understanding of the reciprocity of liking effect"*. *European Journal of Social Psychology*, 38, 477-498.

[166] Mostrar y decir a otros que te gustan es atractivo. De hecho, una de las mejores maneras de atraer a alguien es decirle que te gusta. Cuando alguien nos lo dice, tendemos a sentir gusto por ellos a cambio; véase Berscheid, Ellen y Walster, *Elaine Hatfield. Interpersonal Attraction.* Addison-Wesley, 1978.

[167] Baumeister, R. F., Bratslavsky, E., Finkenauer, C. y Vohs, D. K. (2001). *"Bad is stronger than good"*. *Review of General Psychology*, 5, 323-

370. Otro estudio enfatiza el mismo punto: nos gustan más las personas si dicen ocho cosas positivas que si dicen ocho positivas y una negativa. Un resumen de este estudio se puede ver en Berscheid, Ellen y Walster, Elaine Hatfield. *Interpersonal Attraction*. Addison-Wesley, 1978.

[168] Flaherty, Francis J. *The Elements of Story: Field Notes on Non-fiction Writing*. Harper Perennial, 2010.

[169] Las investigaciones muestran que los hombres valoran menos la virginidad que antes, pero más que las mujeres cuando consideran a un compañero. Para los hombres, la castidad es vista como un signo de futura fidelidad. Véase Buss, D. M., Shackelford, T. K., Kirkpatrick, L. A. y Larsen, R. J. (2001). *"A half century of American mate preferences"*. *Journal of Marriage and the Family*, 63, 491-503. Además, los hombres estadounidenses generalmente no buscan la virginidad en una posible esposa, tanto como buscan un número bajo de compañeros sexuales pasados o poca experiencia sexual; véase Buss, D. M. y Schmitt, D. P. (1993). *"Sexual strategies theory: An evolutionary perspective on human mating"*. *Psychological Review*, 100, 204-232.

[170] Welch, D. C. (27 de julio de 2011). *Kiss-n-tell? How to time telling our (sexual and other) secrets to a new partner*. Extraído de http://www.lovesciencemedia.com/love-science-media/kiss-n-tell-how-to-time-te-lling-our-sexual-other-secrets-to.html

[171] Centros para el Control y la Prevención de Enfermedades (Centers for Disease Control and Prevention, junio de 2014). *Sexually transmitted disease surveillance 2012*. Extraído de http://www.cdc.gov/sTD/stats12/Surv2012.pdf

[172] Baumeister, R. F., Bratslavsky, E., Finkenauer, C. y Vohs, D. K. (2001). *"Bad is stronger than good"*. *Review of General Psychology*, 5, 323-370.

PASO 8: Corta sin dolor: termina las relaciones equivocadas para conseguir al Indicado

[173] Gonsalkore, K. y Williams, K. D. (2006). *"The KKK would not let me play: Ostracism even by a despised outgroup hurts"*. *European Journal of Social Psychology*, 36, 1-11.

[174] DeWall, C. N., MacDonald, G., Webster, G. D., Masten, C. L., Baumeister, R. F., Powell, C., Combs, D., Schurtz, D. R., Stillman, T. F., Tice,

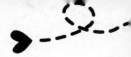

D. M. y Eisenberger, N. I. (2010). *"Acetaminophen reduces social pain: Behavioral and neural evidence".* Psychological Science, 21, 931-937.

[175] Lamentablemente, a veces parece que hay que aceptar lo positivo y lo negativo. Muchos de nosotros justificamos permanecer en situaciones equivocadas porque ya hemos pasado mucho tiempo ahí. Véase Shubik, M. (1971). *"The Dollar Auction Game: A paradox in noncooperative behavior and escalation".* Journal of Conflict Resolution, 15, 109-114.

[176] Page, Susan. *If I'm So Wonderful, Why Am I Still Single?: Ten Strategies That Will Change Your Love Life Forever.* Three Rivers Press, 2002.

[177] Seligman, M. E. P. *Helplessness: On Depression, Development, and Death.* Freeman, 1975.

[178] Townsend, J. M. (1995). *"Sex without emotional involvement: An evolutionary interpretation of sex differences".* Archives of Sexual Behavior, 24, 173-206.

[179] Myers, David G. *Exploraciones de la psicología social.* McGraw-Hill/Interamericana de España, 2004.

[180] Blesky, A. L. y Buss, D. M. (2001). *"Opposite sex friendship: Sex differences and similarities in initiation, selection, and dissolution".* Personality and Social Psychology Bulletin, 27, 1310-1323.

[181] *Ibid.*

[182] Welch, D. C. (7 de julio de 2010). *Q&A from Can men and women really be just friends—and nothing more?* Extraído de http://www.lovesciencemedia.com/love-science-media/qa-from-can-men-and-women-really-be-just-friends.html

[183] Aunque aproximadamente el doble de personas casadas que las personas no casadas se autodescriben como "muy felices", la satisfacción conyugal tiende a disminuir un poco con el tiempo para la mayoría de la gente. Empezar un compromiso cuando ya estás infeliz o cuestionándote si lo estás, es probable que sea una mala idea. Por ejemplo, véase VanLaningham, J., Johnson, D. R. y Amato, P. (2001). *"Marital happiness, marital duration, and the U-shaped curve: Evidence from a five-wave panel study".* Social Forces, 78, 1313-1341.

[184] Buss, D. M., Abbott, M., Angleitner, A., Asherian, A., Biaggio, A. y otros 45 autores. (1990). *"International preferences in selecting mates: A study of 37 cultures".* Journal of Cross-Cultural Psychology, 21, 5-47.

[185] Buss, David M. *La evolución del deseo.* Alianza, 2009. Los demás hechos de esta sección también se cubrieron y referenciaron en el Paso 5.

[186] *Ibid.*

[187] *Ibid.*

[188] *Ibid.*

[189] Gazzaniga, M. S. (1983). *"Right hemisphere language following brain bisection: A 20-year perspective".* American Psychologist, 38, 525-537. Véase también Gazzaniga, M. S. (1988). *"Organization of the human brain".* Science, 245, 947-952.

[190] Becker, Gavin de. *El valor del miedo: señales de alarma que nos protegen de la violencia.* Urano, 1999.

[191] Gladwell, Malcolm. *Inteligencia intuitiva: ¿Por qué sabemos la verdad en dos segundos?* Punto de Lectura, 2006.

[192] Brown, Brené. *Los dones de la imperfección.* Gaia, 2016.

[193] He leído tanto de la doctora Helen Fisher que ya no sé dónde ni cuándo dijo esto, sólo sé que lo dijo, o algo muy, muy parecido, y es la verdad confirmada por la ciencia.

[194] Haselton, M. G. (2003). *"The sexual overperception bias: Evidence of a systematic bias in men from a survey of naturally occurring events".* Journal of Research in Personality, 37, 34-47.

[195] Welch, D. C. (26 de mayo de 2009). *Texting your breakup? Whether, when, how, why.* Extraído de http://www.lovesciencemedia.com/love-science-media/texting-your-breakup-whether-when-how-why.html

[196] *Ibid.*

PASO 9: Induce el "¡Sí, acepto!": éxito llamando al 911

[197] Whitehead, B. D. y Popenoe, D. (2001). *The state of our unions 2001: The social health of marriage in America.* Rutgers University: The National Marriage Project.

[198] Por ejemplo, véase Wallerstein, J. (2002). Festering. In Anderson, K., Browning, D. y Boyer, B. (editores), *Marriage: Just a piece of paper?* (pp. 96-97). Grand Rapids, Michigan: William B. Eerdmans Publishing Company.

[199] Buss, David M. *Evolutionary Psychology: The New Science of the Mind* (tercera edición). Allyn & Bacon, 2008. Véase también Symons, D. *The Evolution of Human Sexuality.* Oxford, 1979.

[200] Buss, David M. *Evolutionary Psychology: The New Science of the Mind* (tercera edición). Allyn & Bacon, 2008.

[201] Buss, David M. *The Dangerous Passion: Why Jealousy is as Necessary as Love and Sex*. Free Press, 2000.

[202] En la actualidad, en Estados Unidos, los hombres se casan por primera vez a la edad promedio de 29 años, la más alta que se haya visto. Véase Cohn, D. (13 de febrero de 2013). *Love and marriage*. Artículo extraído de Pew Research Social & Demographic Trends http://www.pewsocialtrends.org/2013/02/13/love-and-marriage/

[203] Myers, David G. *Exploraciones de la psicología social*. McGraw-Hill/ Interamericana de España, 2004.

[204] *Ibid*. Véase también Cohn, D. (13 de febrero de 2013). *Love and marriage*. Artículo extraído de Pew Research Social & Demographic Trends (http://www.pewsocialtrends.org/2013/02/13/love-and-marriage/).

[205] Barbara Dafoe Whitehead y David Popenoe encabezaron muchos de estos estudios, publicados por la Universidad Rutgers bajo la denominación de The National Marriage Project, con el título *The State of Our Unions*, en diferentes años. Por desgracia, al momento de escribir esto, el sitio web del National Marriage Project no funcionaba: http://marriage. rutgers.edu. Véase Whitehead, B. D. y Popenoe, D. (2004). The marrying kind: Which men marry and why. Ensayo en *The state of our unions 2004: The social health of marriage in America*. Rutgers University: The National Marriage Project. Véase también Trees, Andrew. *Decoding Love: Why it Takes Twelve Frogs to Find a Prince, and Other Revelations from the Science of Attraction*. Avery, 2009.

[206] Gary Lee, comunicación personal. El doctor Lee fue profesor de sociología de la familia en la Universidad de Florida, cuando estudié mi posgrado, y él fue quien me inculcó estas ideas en los años de 1990.

[207] Para datos relevantes del Censo sobre estos porcentajes específicos véase http://www.census.gov/hhes/families/data/cps2013UC.html; table UC1

[208] Por ejemplo, véase Waite, Linda J. y Gallagher, Maggie. *The Case for Marriage: Why Married People are Happier, Healthier, and Better off Financially*. Broadway Books, 2000.

[209] *Ibid*. Véase también Waite, L. J. (2002). *Looking for Love*. En Anderson, K., Browning, D. y Boyer, B. (editores), *Marriage: Just a piece of paper?* (pp. 163-169). Grand Rapids, Michigan: William B. Eerdmans Publishing Company.

[210] A menos que se indique lo contrario, los datos de este paso se encuentran en Waite, Linda J. y Gallagher, Maggie. *The Case for Marriage:*

Why Married People are Happier, Healthier, and Better off Financially. Broadway Books, 2000.

[211] *Ibid.* Para otras muchas fuentes recientes que muestran que el matrimonio (no la unión libre) augura mejor salud física y mental, más sexo, más satisfacción sexual, más capital económico e ingresos y mayor felicidad, véase Scott, K. M. y otros 18 autores (2010). *"Gender and the relationship between marital status and first onset of mood, anxiety and substance use disorders".* Psychological Medicine, 40, 1495-1505.

[212] Whitehead, B. D. y Popenoe, D. (2001). *The state of our unions 2001: The social health of marriage in America.* Rutgers University: The National Marriage Project.

[213] Véase prácticamente cualquier referencia en este paso. Por ejemplo, véase cualquiera de *"state of our unions"* de Whitehead y Popenoe, las investigaciones del doctor Kurdek, Linda Waite, Scott y otros, etcétera.

[214] Waite, L. J. (2002). *Looking for Love.* En Anderson, K., Browning, D. y Boyer, B. (editores), *Marriage: Just a piece of paper?* (pp. 163-169). Grand Rapids, Michigan: William B. Eerdmans Publishing Company.

[215] El legado del doctor Kurdek incluye una gran cantidad de investigaciones publicadas sobre el matrimonio y la unión libre en parejas heterosexuales y homosexuales (gays y lesbianas). Véase Kurdek, L. A. y Schmitt, J. P. (1986). *"Relationship quality of partners in heterosexual married, heterosexual cohabiting, and gay and lesbian relationships".* Journal of Personality and Social Psychology, 51, 711-720.

[216] Waite, Linda J. y Gallagher, Maggie. *The Case for Marriage: Why Married People are Happier, Healthier, and Better off Financially.* Broadway Books, 2000.

[217] Welch, D. C. (27 de julio de 2009). *Put a ring on it: Trial separation versus trial marriage.* Extraído de http://www.lovesciencemedia.com/love-science-media/put-a-ring-on-it-trial-separation-versus-trial-marriage-2.html

[218] Exigir y prohibir pueden provocar que la gente haga lo opuesto; véase, por ejemplo, Brehm, S. y Brehm, J. W. *Psychological Reactance: A Theory of Freedom and Control.* Academic Press, 1981.

[219] Si no la has visto, prepárate para darte un gusto: http://www.amazon.com/Bridget-Jones-Diary-Renee-Zellweger/dp/B00ID-4HUP8/ref=sr_1_1?s=movies-tv&ie=UTF8&qid=1401751619&sr=1-1&keywords=bridget+jones+diary

Paso 10: Progreso, no perfección: persiste, ten esperanza, ¡sé valiente!

[220] Brown, Brené. *Los dones de la imperfección*. Gaia, 2016.

[221] Mitchell, Margaret. *Gone With The Wind*. Reissued by Simon & Schuster, 2007 (publicado originalmente en 1934).

[222] El poema de Shel Silverstein titulado "Melinda Mae" puede verse en Silverstein, Shel. *Where The Sidewalk Ends: Poems and Drawings*. Harper & Row (primera edición), 1974. También puedes buscar el poema y la imagen en línea aquí: http://shelsilverstein.yolasite.com/melinda-mae.php

[223] Según los doctores Peter Todd y Geoffrey Miller, tenemos que pasar por 12 relaciones para encontrar una buena pareja permanente: véase Todd, P. F. y Miller, G. F. (1999). *"From 'Pride and Prejudice' to Persuasion: Satisficing in Mate Search"*. En Gigerenzer, G., Todd, P. M. y the ABC Research Group (editores), *Simple Heuristics that Make Us Smart*. New York: Oxford University Press.

[224] Brown, Brené. *Los dones de la imperfección*. Gaia, 2016.

[225] Gottman, John M. y Silver, Nan. *Siete reglas de oro para vivir en pareja: un estudio exhaustivo sobre las relaciones y la convivencia*. Debolsillo, 2010.

[226] Gottman, John M. y Gottman, Julie Schwartz. *And Baby Makes Three: The Six-Step Plan for Preserving Marital Intimacy and Rekindling Romance After Baby Arrives*. Three Rivers Press, 2007.

[227] Varios estudios muestran que los hombres son más propensos a enamorarse rápidamente. Puedes ver uno en Kanin, E. J., Davidson, K. R. y Scheck, S. R. (1970). *"A research note on male-female differentials in the experience of heterosexual love"*. *The Journal of Sex Research*, 6, 64-72. El Paso 5 cubre otros detalles de esta afirmación. Véase también Cavanaugh, John C. y Blanchard-Fields, Fredda. *Adult Development & Aging* (cuarta edición). Wadsworth, 2002.

[228] Lee, G. R., DeMaris, A., Bavin, S. y Sullivan, R. (2001). *"Gender differences in the depressive effect of widowhood in later life"*. *Journal of Gerontology: Social Sciences*, 56B, S56-S61.

[229] Welch, D. C. (9 de noviembre de 2010). *Getting over her: How to heal a broken heart*. Extraído de http://www.lovesciencemedia.com/love-science-media/getting-over-her-how-to-heal-a-broken-heart.html

[230] Brown, Brené. *Los dones de la imperfección*. Gaia, 2016.

[231] Gilovich, T. y Medvec, V. H. (1995). "*The experience of regret: What, when, and why*". *Psychological Review*, 102, 379-395.

[232] Li, J., Laursen, T. M., Precht, D. H., Olsen, J. y Mortensen, P. B. (2005). "*Hospitalization for mental illness among parents after the death of a child*". *New England Journal of Medicine*, 352, 1190-1196. Véase también Malikson, R. y Bar-Tur, L. (1999). "*The aging of grief in Israel: A perspective of bereaved parents*". *Death Studies*, 23, 413-431.

[233] Como individuos, parecemos tener un nivel de felicidad al que volvemos después de los eventos buenos y malos. Para uno de muchos ejemplos, véase Brickman, P., Coates, D. y Janoff-Bulman, R. (1978). "*Lottery winners and accident victims: Is happiness relative?*". *Journal of Personality and Social Psychology*, 36, 917-928.

[234] Baddeley, J. L. y Singer, J. A. (2009). "*A social interactional model of bereavement narrative disclosure*". *Review of General Psychology*, 13, 202-218.

[235] El apoyo es importante en todos nuestros ensayos, pero parece ser más importante tener relaciones de calidad que cantidad; véase Dimond, M., Lund, D. A. y Caserta, M. S. (1987). "*The role of social support in the first two years of bereavement in an elderly sample*". *The Gerontologist*, 27, 599-604.

[236] Aunque los resultados de muchos estudios están en contra de la idea de que hay etapas predeterminadas de aflicción, o un orden preestablecido, sigue estando el caso de la doctora Kübler-Ross, quien describió algunas de las reacciones de duelo más notables. Véase Kübler-Ross, E. *On Death and Dying*. Macmillan, 1969. Véase también Kübler-Ross, E. *Questions and Answers on Death and Dying*. Macmillan, 1969.

[237] Hoffman, H. G. (Agosto de 2004). *Virtual-reality therapy. Scientific American*, pp. 58-65.

[238] Cavanaugh, John C. y Blanchard-Fields, Fredda. *Adult Development & Aging* (cuarta edición). Wadsworth, 2002.

[239] Welch, D. C. (9 de noviembre de 2010). *Getting over her: How to heal a broken heart*. Extraído de http://www.lovesciencemedia.com/love-science-media/getting-over-her-how-to-heal-a-broken-heart.html

Sobre la autora

La doctora Duana Welch (se pronuncia Duei-na) es conocida por usar las ciencias sociales para resolver los problemas de las relaciones personales en la vida real. En 2009 lanzó el aclamado blog *LoveScience*: Consejos para todos sobre relaciones personales basados en investigaciones. También colabora en *Psychology Today* e imparte clases de psicología en universidades de Austin, Texas. Dos veces han votado por ella para ser Profesor del Año y recibió el premio NISOD a la Excelencia en la Docencia en 2012.

Vive con su esposo, su hija y bichos varios. Cuando no está pensando en el amor, la ciencia o ambos, le gusta consentir a su nerd interno, llevar a su perro de excursión y probar el chocolate oscuro.

Para conocer más sobre Duana visita:
LoveScienceMedia.com

Para mayor información, por favor escríbele a:
Duana@LoveScienceMedia.com